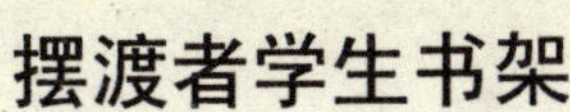

学习方法真经

——听申屠老师讲学习

申屠待旦　著

教育科学出版社

·北京·

出 版 人　所广一
责任编辑　殷　欢
责任校对　曲凤玲
责任印制　曲凤玲

图书在版编目（CIP）数据

学习方法真经：听申屠老师讲学习／申屠待旦著．—北京：教育科学出版社，2012.1

ISBN 978-7-5041-6145-1

Ⅰ.①学…　Ⅱ.①申…　Ⅲ.①学习方法—研究　Ⅳ.①G442

中国版本图书馆 CIP 数据核字（2011）第 243497 号

学习方法真经——听申屠老师讲学习

XUEXI FANGFA ZHENJING——TING SHENTU LAOSHI JIANG XUEXI

出版发行	教育科学出版社		
社　　址	北京·朝阳区安慧北里安园甲 9 号	**市场部电话**	010-64989009
邮　　编	100101	**编辑部电话**	010-64981269
传　　真	010-64891796	**网　　址**	http://www.esph.com.cn
经　　销	各地新华书店		
印　　刷	莱芜市东方彩印有限公司	**版　　次**	2012 年 1 月第 1 版
开　　本	169 毫米×239 毫米　16 开	**印　　次**	2012 年 1 月第 1 次印刷
印　　张	18	**印　　数**	1-6 000 册
字　　数	280 千	**定　　价**	33.80 元

如有印装质量问题，请到所购图书销售部门联系调换。

写在前面

Foreword

《学习方法真经》全书共12讲，可分为三大部分。1—4讲主要分析了学习动力的问题，“为了成长、为了成功”是目标动力，学习兴趣是核心动力，而养成“谦虚、主动、乐学”等态度，则是持久性的态度动力。5—8讲重点介绍不同学习类型的具体方法，可理解为“学习战术”内容。为了提高操作性，结合学科学习、课内学习、课外学习与探究学习四个方面来介绍。最后四讲，是从宏观层面、能力养成角度来分析，主要介绍如何把他人经验吸收到自己的学习方法体系中来，形成适合自己的、较系统的学习策略，而习惯的养成与学习能力的提高则是每一个学习者掌握学习方法的落脚点，因此放在全书最后，这部分属于“学习战略”内容。全书框架示意图如下：

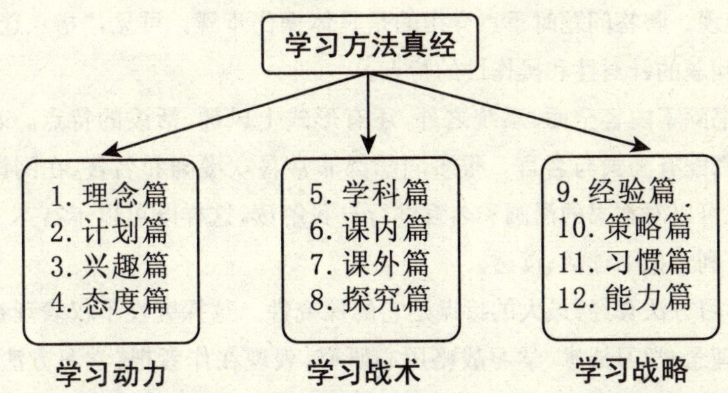

每一篇都选用了《孙子兵法》中的一段话作为导入。虽然战争与学习是性质完全不同的活动，但它们有相通的地方，因为《孙子兵法》中也同样有“理念、计划、态度、战术、战略、经验、能力”等核心观点。孙子主张用“谋攻”，我们主张用“谋学”。因此，这就为《孙子兵法》与《学习方法真经》架起了一座桥梁。采用《孙子兵法》的内容作为导入，还可以引导大家将两本书对比研读，这样，就可以更深入地探索“谋攻”与“谋学”的相似之处。

统观全书，它具有内容全面、可读性强、分析问题有针对性、方法易操作、趣味性和探究性等特点。

每一节用“故事启示”、“状元讲经”、“心理效应”等内容来导入，主要引导大家探究他人故事、经验、理论中蕴涵的道理。本书选用了寓言故事、名人故事、学生故事作为导入内容。为了帮助理解故事的用意，每一故事都进行了简要分析，并指出故事带给我们的启示，以帮助学生挖掘故事背后蕴涵的道理。

“方法真经”是本书的重点栏目。书中用一句话提炼出本节内容的核心观点，随后的内容紧紧围绕这一核心观点而展开。为了让读者容易抓住重点，采用分要点陈述，条理清楚，中心突出，这要点不局限于学习方法介绍，还有对学习问题的原因分析，更有对学习策略的归纳总结。以对问题进行透彻分析，并方便读者对学习方法的学习和使用。

“指点迷津”是对学生的学习问题进行具体指导的栏目。这些问题全来自学生的日常学习活动，因此，问题较具体，内容也很丰富。但考虑到版面的要求，每一节只选用两个最突出的问题进行解答。为了尽量不让“解答问题”与“知识点”重复，很多知识点在“方法真经”中不做介绍，而是在“指点迷津”中出现。解答问题时重点介绍的是具体操作步骤。可见，“指点迷津”具有分析问题的针对性和操作性的特点。

本书除了内容全面、系统之外，还有形式上风趣、活泼的特点。表现在每一讲都配有漫画与名言。很多同学都非常喜欢漫画和名言，在阅读本书时，你也可以对本书的漫画和名言进行自我解读，这样既可以丰富本书的内容，也有利于把书读活、读透。

《学习方法真经》最大的特点是它的探究性。这探究性不仅表现在作者对学习理念、学习战术、学习战略用心研究，表现在作者把《学习方法真经》与《孙子兵法》进行比较研究，更体现在引导学生进行自我探究。最后的栏目“探究活动”就是要求读者用探究的方法去发现自己学习上存在的问题和寻找适合自己的学习方法。作者不要求读者机械地去接受书中的观点，而是建议每一位读者从自己的实际出发，去探究自己的学习问题和适合自己的计划、策略，从而不断增强自己的学习动力，完善自己的学习方法与学习策略，养成良好的学习习惯，提高自己的学习能力，快乐地学习，做一个成功的学习者。这也是作者撰写本书的心愿。

方法真经81条
（核心观点）

理念篇

1. 学习的目的是实现梦想，人人都能成为学习的成功者。
2. 成长是学习的最强动力，同时，学习又是成长的动力。
3. 认识来自实践，与生活相联系的学习内容才有生命力。
4. 学习方法成千上万，但最有效的方法是自己寻找获得的。
5. 学习的过程是信息加工的过程，更是信息管理的过程。
6. 每个人的学习结果会有不同，但快乐应该是最重要的收获。

计划篇

1. 既要做到计划有预见性，更不能忘记计划具有约束性。
2. 可行的计划才可能有效，不可行的计划只能是漂亮的谎言。
3. 全面的计划让人满意，突出重点的计划才真正有效。
4. 对计划的选择，实质就是对未来的选择。
5. 珍惜时间最好的方法就是按照科学的计划努力地学习。
6. 果断地执行计划需要有一双慧眼和一颗坚强的心。

兴趣篇

1. 兴趣会影响我们对学习内容的选择，它还能影响到每一阶段的学习效果。
2. 有了兴趣，就有了方向；有了兴趣，就有了动力；有了兴趣，就有了最好的老师。
3. 成就感好比兴趣的催化剂。
4. 干一行爱一行，这是因为责任感的作用；学一科就爱一科，同样也有责任感的功劳。
5. 没有兴趣是可怜的，但被兴趣牵着走则是可悲的。
6. 培养兴趣是一种能力，发展兴趣是更为重要的能力。

态度篇

1. 认真是学生首先要具备的学习态度，也是最重要必不可少的态度。
2. 知识越丰富的人越谦虚，因为他明白有更大的未知世界等待他去探索。
3. 勤奋可以弥补先天的不足，而偷懒则是在浪费自己的宝贵时间。
4. 等待，永远不可能品尝到学习的乐趣，只有努力钻研，才会发现源源不断的学习乐趣。
5. “我要学”是一种主动学习的态度，它能引导你发现越来越多的“宝藏”。
6. 一个成功的学习者，不是因为他的学习目标多么远大，而在于他为了这目标永远不会说放弃。

学科篇

1. 学好语文必须要做到勤读与勤写。
2. 如果喜欢做数学题，是不可能学不好数学的。
3. 学英语最有效的方法就是天天读、天天记、天天用。
4. 发明创造才是有难度的，只学会书本中的公式与定理又有何难？
5. 只有熟练掌握学习方法，才能有效提高学科能力。
6. 生命的奥秘只有用系统的方法才能真正解释清楚。
7. 抓住政治的两个特点才能学好政治。第一是理论的深刻性，第二是思维的辩证性。
8. 史料的繁杂不要怕，历史人物的复杂也不要怕。
9. 学好地图就等于抓住了学地理的突破口。

课内篇

1. 学习成绩不好，原因是多方面的，但一般来说是从上课分心开始的。
2. 只用耳朵听，只听到声音，如果眼到、手到、心到，这样的听课一定会高效。
3. 最好的笔记主要不是看记下来的知识是否全面，而是看记下的内容是否经过了自己大脑的加工。
4. 经常讨论可以使自己表达流畅，使自己的思辨更敏锐。
5. 好问的人首先具有质疑的精神，同时又讲究问问题的方法。
6. 不要把写作业当成任务，而要把它当成提高学习能力的手段。

课外篇

1. 记忆是积累知识的要求，而整理则是高效记忆的有效途径。
2. 练习是为了巩固知识，而反思则是为了能举一反三。
3. 不要把课外阅读停留在娱乐这一层次，而要努力体验其中的真、善、美。
4. 娱乐本身也需要学习，要想在娱乐中学到更多的东西，就更需要学习。
5. 特长能让人更自信，而自信又能促进特长的形成。
6. 只有纯粹的书本学习，而没有实践的学习，这是遗憾的学习生活。

探究篇

1. 从接受式学习到探究学习的转变，这意味着学习方式层次的提高。
2. 培养自己探究学习的能力可以从研读一本书开始。
3. 我们身边有很多有趣的内容值得我们去探究。
4. 探究学习的一个重点就是解决社会问题中的热点问题。
5. 不要小看实验，很多发明都离不开反复的实验。
6. 想象力的开发非常必要，也非常重要。

经验篇

1. 不仅要向任课老师学知识，更要向他们学方法。
2. 同学的经验有很多，所以，要有选择地学。
3. 状元的经验不一定就是最好的，因此，只能借鉴，不能照搬。
4. 我们不仅能从作家身上学到写作的经验，而且能学到做人的道理。
5. 学习科学精神、探究方法，最好的途径就是向科学家学习。
6. 我们要找到适合自己的学习方法，可以从教育家的身上得到启示。

策 略 篇

1. 不管是顺境还是逆境，都要用积极的心态来对待。
2. 要经常对学习的三个系统进行反思，找出自己的问题所在。
3. 学会迁移，其实就找到了学习的一条捷径。
4. 文科生必须过好阅读关、积累关、记忆关。
5. 理科生必须重视母题、变题与错题。
6. 男生应重视学习力、竞争力与创新力的自我培养。
7. 女生最重要的一点就是要培养自信心。

习 惯 篇

1. 高效预习要做到读、记、查、问、练。
2. 要养成听、想、问、记相结合的听课习惯。
3. 要养成及时、独立、认真完成作业的习惯。
4. 养成及时复习的习惯，才能消化更多的知识。
5. 考前、考中、考后的习惯都需要培养。
6. 良好的自学习惯会让你终生受益。
7. 养成良好的观察习惯，培养敏锐的观察能力。
8. 切磋是合作学习，琢磨是自主学习，两者形成合力，威力无穷。
9. “一前两后”的反思习惯是方便可行的。
10. 创新的习惯最难培养，但最有价值。

能 力 篇

1. 我们要努力提高阅读的速度、理解力、鉴赏力、创造力。
2. 重复是记忆之母，重复的方法有多种。
3. 在信息时代，特别要重视表达能力的培养。
4. 思维能力是学习能力的核心。
5. 要在愉快解题中培养解题能力。
6. 在竞争时代，应考能力也是必须要培养的。
7. 探究能力是衡量一个创新型人才的核心指标。

目录

Contents

第一讲　理念篇

一、为了梦想而学习/3
二、成长与学习互为动力/6
三、学习内容源于生活/9
四、寻找最有效的方法/12
五、学习是管理信息的过程/16
六、学习是快乐的活动/19

第二讲　计划篇

一、计划的特点与分类/27
二、计划的可行性分析/30
三、制订学习计划的方法/33
四、提高计划的选择力/35
五、计划实施与时间管理/38
六、提高计划的执行力/40

第三讲　兴趣篇

一、兴趣是最重要的财富/47
二、兴趣是最好的老师/50
三、兴趣来自于成就感/52
四、兴趣来自于责任感/54
五、提升兴趣的品位/57
六、掌握养趣的方法/59

目录

Contents

第四讲　态度篇

一、要认真不要随便/65
二、要谦虚不要骄傲/67
三、要勤奋不要偷懒/70
四、要乐学不要厌学/72
五、要主动不要被动/75
六、要坚强不要悲观/78

第五讲　学科篇

一、如何学语文/84
二、如何学数学/87
三、如何学英语/89
四、如何学物理/92
五、如何学化学/94
六、如何学生物/96
七、如何学政治/99
八、如何学历史/101
九、如何学地理/104

第六讲　课内篇

一、上课分心原因有哪些/111
二、如何听课效果好/114
三、如何记课堂笔记/116
四、如何参与课堂讨论/119
五、如何进行课堂提问/121
六、高效作业的策略/123

第七讲　课外篇

一、知识整理讲及时/131
二、巩固练习讲反思/134
三、课外阅读讲方法/137
四、娱乐学习讲策略/142
五、特长学习讲探究/146
六、实践学习讲实效/149

第八讲　探究篇

一、学习方式的四大层次/156
二、研读一本好书/159
三、趣味问题探究/161
四、社会热点研究/165
五、学会实验探究/167
六、培养自己的想象力/171

第九讲　经验篇

一、如何学习老师的经验/179
二、如何学习同学的经验/181
三、如何学习状元的经验/184
四、如何学习作家的经验/187
五、如何学习科学家的经验/190
六、如何学习教育家的经验/194

目录
Contents

第十讲　策略篇

一、适应环境的策略/201
二、积极反思的策略/203
三、快速迁移的策略/206
四、文科生的学习策略/208
五、理科生的学习策略/210
六、男生的学习策略/212
七、女生的学习策略/215

第十一讲　习惯篇

一、认真预习的习惯/221
二、专心听课的习惯/223
三、完成作业的习惯/225
四、及时复习的习惯/227
五、积极应考的习惯/231
六、主动自学的习惯/233
七、仔细观察的习惯/236
八、切磋琢磨的习惯/240
九、学后反思的习惯/242
十、创新学习的习惯/244

第十二讲　能力篇

一、阅读能力的培养/251
二、记忆能力的培养/253
三、表达能力的培养/256
四、思维能力的培养/259
五、解题能力的培养/261
六、应考能力的培养/264
七、探究能力的培养/267

理念篇

◉导　读◉

【方法真经】

1. 学习的目的是实现梦想，人人都能成为学习的成功者。
2. 成长是学习的最强动力，同时，学习又是成长的动力。
3. 认识来自实践，与生活相联系的学习内容才有生命力。
4. 学习方法成千上万，但最有效的方法是自己寻找获得的。
5. 学习的过程是信息加工的过程，更是信息管理的过程。
6. 每个人的学习结果会有不同，但快乐应该是最重要的收获。

【思维纵横】

理念、计划、兴趣、态度都是学习的动力，对于学习高效率、有意义地进行发挥着不同的作用。人是有意识的动物，学习是在意识的指导下对信息收集、加工、管理、使用的过程。在不同的学习理念指导下，其学习方法、学习策略就会不同。因此，在学习本书后面的内容时，可与“理念篇”联系起来，思考它们是如何体现学习理念的。

兵者，诡道也。故能而示之不能，用而示之不用，近而示之远，远而示之近；利而诱之，乱而取之，实而备之，强而避之，怒而挠之，卑而骄之，佚而劳之，亲而离之。攻其无备，出其不意。此兵家之胜，不可先传也。

用兵打仗，实际上是一种诡异、欺诈的行动。因此要做到：有能力，要装作没有能力；要行动，装作不会采取行动；在逼近对方的时候，要使对方感到很远；当离对方很远的时候，要使对方感到已经临近了。对方贪利，就用小利引诱他；对方混乱，就乘机攻取他；对方力量充实，就注意防备他；对方兵强卒锐，就暂时避开他；对方士气旺盛，就设法衰竭它；对方辞卑沉静，就设法使他骄横丧智；对方休整良好，就设法使之疲劳；对方内部团结，就设法制造矛盾离间他。要在对方不备之时和不备之处发动进攻，要在对方意想之外采取行动。这是军事家制胜的奥秘，无法事先来讲明、规定。

以上是《孙子兵法》计篇中的一段话。“兵者，诡道也”集中体现了孙子的战争理念，虽然用于战争的诡道12法并不可照搬到学习中，但对学习还是有启示意义的。战争有兵法，用兵打仗要讲谋略，同样，学习有学法，要做一个成功的学习者就必须讲谋学。这也是本书中最重要的学习理念。

所谓学习理念就是对学习本质、特征的根本看法。对学习的本质把握，一般是从学习过程中所体现出来的特征，或者这一过程给学习者带来的影响来概括的。一个人的学习理念到底怎样，我们可以从他对学习目的、学习动力、学习内容、学习方法、学习过程、学习结果的看法中来了解。不同的人，学习的动力与目的不同，动力越大达到的目标也就可以越多。不同的时代，要求学习的内容和方法也不一样，内容决定方法，人们会根据内容的不同来选择不同方法。

因此，古代重继承，现在重传承基础上的创新，也就成了必然。

我们认为，最根本的学习目的是实现自己的梦想，最大的学习动力是成长，最需要学习的内容一定是与生活紧密相关，最好的学习方法一定得自己去寻找，学习是加工信息和管理信息的过程，学习最重要的结果应该是快乐。

一、为了梦想而学习

故事启示

百灵鸟在成为歌王之前，只是一只胸怀大志却默默无闻的小鸟，但它相信自己的能力，相信有朝一日能和当时的歌王夜莺一起登台唱歌。

百灵鸟从遥远的山头飞到夜莺所在的拉迪山时，因一路风尘，羽毛已经失去原有的光泽，在其他鸟儿的眼里它就像一个流浪者。但百灵鸟没有在意别人的嘲弄和讥讽，因为，它心里怀着一种非常强烈的“像梦又像希望的异乎寻常的东西”，这种希望无时无刻不在激励着它，促使它去行动，去叩响夜莺的大门。夜莺被百灵鸟的精神感动，同意以后有机会带它同台演出，但前提条件是要百灵鸟先拜它为师，跟它学习一段时间的基本乐理后，再考虑带它上台一展歌喉。

百灵鸟同意了，为了把梦想变成现实，它觉得什么样的付出都值得，它明白所有的努力和付出都是为了实现自己的目标。一年后，百灵鸟终于和夜莺同台演出了，它优雅的歌声征服了所有的听众，有的鸟儿甚至认为它的歌声能与夜莺相媲美。百灵鸟终于让自己的梦想变成了现实，它的成功就是因为它把内心深处的梦想转化为一种自我激励的驱动力。

启示：百灵鸟终于让自己的梦想变成了现实，它的成功是梦想的力量以及坚持不懈的努力行动。百灵鸟学唱歌的故事告诉我们一个道理：要拥有有意义的人生必须得有梦想，要实现梦想就必须努力行动并坚持下去。对于学生来说，要想收获学习的成功和快乐，就得把爱学习、善于学习作为自己的行动目标，牢记心头，用心坚持，使其成为我们学习的强大动力。

方法真经

核心观点：学习的目的是实现梦想，人人都能成为学习的成功者。

不管什么样的学习理念，都非常关注学习目的的问题，对为什么而学习都要作出相应的回答。历史上关于学习理念主要有两种观点，一种认为学习的目标应是掌握科学知识，另一种认为学习的目的是使一个人得到发展，得到幸福。我们赞成这两种观点的结合，但应有自己的侧重点，申屠老师认为，学习的目的应该是实现自己的梦想。

1. 人人都应有梦想

每个人都有自己的梦想。有的想当科学家、文学家、企业家，还有的想当记者、律师、法官、军人、教师、演员、歌手，等等。对于学生来说，职业理想是长远的梦想，我们还应有眼前的梦想，比如，学习成绩在全班或全校名列前茅，能评上三好学生或者某方面的特长生，在各项竞赛中能获得大奖，自己的文章能在报刊上发表，通过自己的努力，一天比一天有进步，等等。

“梦想学习”是以实现梦想为学习目标的一种学习理念与策略。具体地说，人人都能获得学习的成功，人人都能通过学习实现自己的梦想。学习者以实现人生价值为目标，采用各种适合自己的学习方法高效率学习，挖掘出自己的潜能，通过学习的成功来强化自己的梦想意识、梦想技能，最终实现自己的梦想。

2. 分数不是唯一的标准

长期以来，我们认为成功就表现为学习成绩好，考上名牌大学的都是成功的。其实不然，现实社会需要的不是简单的分数和文凭，而是实实在在的实践能力与创新能力。如果你考上了名牌大学，但是不注重自己实践能力的培养，不注重情商的提高，不仅成不了人才，而且还有可能不适应社会。所以，我们关注学习结果时，不能仅看分数、看名次，而是要看自己在德、智、体、美、劳、实践能力、创新能力等方面是否都有收获，是否自己每天在进步，这一点才是最重要的。

人是有意识的高级动物，做每一件事情都是在理念指导下进行的，有什么样的理念就会有什么样的行动，而方法是对具体行动的操作步骤的指导。就像开车一样，方向盘决定了方向，而刹车、换挡的方法只能影响速度的快慢。可见，理念比方法更重要。如果我们心中存有梦想，就一定会转化成学习的强大动力。

3. 成功学习要从今天做起

很多同学会认为成功学习是一个复杂的过程，要有理念、有原则、有方法，学起来比较困难，不知从哪里下手，也不知如何才算已经学会。学会成功学习，是一场理念上的变革，要从理念上的更新开始；但看你是否学会，则要以是否掌握了具体的方法为标准。成功学习法也是有具体要求的：它要求学习者认识自己的认知特点，选择适合自己的认知特点、能提高自己的学习成绩的学习方法进行学习，品尝学习的成功来强化自己的梦想，通过励志教育，学习成功者的经验，找到自己走向成功的途径。而且必须做到不能等待，今天就得开始行动。

指点迷津

1. 成功不一定就是要考第一名，每天能够进步一点点就是最大的成功。老师，你赞同我的观点吗？

我赞同你的观点。在考试中得到第一名，这是考试竞争中的成功，当然也值得高兴。但是，我们在确定目标时，不能局限于分数，而要看得更高，看得更远。学习的最终目标是提升自己的素质。因此，要看重方法的学习，素质的提高，而素质的发展需要一个过程。因此，只要做到每天都进步一点，就会有大的成功等着你。

2. 我想实现自己的梦想，实现梦想先从方法着手，还是先从改变理念开始？

人的学习都是在意识的指导下进行的。因此，实现梦想首先应从改变理念开始。相信自己一定能实现自己的梦想，对自己的未来充满信心。然后，对自己形成正确的认识，不断积累好的、适合自己的学习方法，坚持自主、合作、探究地学习；另外，实现梦想还需要有恒心的支持。

二、成长与学习互为动力

故事启示

刚刚学会奔跑不久的小老虎，看到爸爸妈妈捕猎时的威风劲儿，羡慕极了。它嚷嚷着要跟妈妈一块出去捕捉猎物。虎妈妈严肃地说："你现在还不行，老老实实待在家里。"

委屈的小老虎只好回到山洞。不甘心的它站在洞口，想找个机会表现一下。一头野猪从洞前经过，小老虎想，我逮头野猪让妈妈看看。它跳跃着冲过去，张口就咬。野猪皮坚肉厚，根本咬不透，还因此惹怒了野猪。虎猪一场大战，小老虎遍体鳞伤，幸好虎妈妈及时赶到，小老虎才脱离危险。

虎妈妈严厉地对小老虎说道："你奔跑的速度没练出来，牙齿的力量还不够强大，想捉野猪是不可能的。"小老虎知错了，在妈妈的帮助下，先学捉兔子，捉狐狸，然后去捉羊、鹿。两年后，小老虎终于打败了那头让它受伤的野猪，成为森林之王。

启示：小老虎很有上进心，也盼望自己早点长大。正因为有了对"成长"的渴望，才会冒险去挑战野猪。这次冒险虽然失败了，小老虎却学会了"成长"的方法，捕捉猎物应遵循从易到难、一步一个脚印的过程。要成长，学会本领，必须学习，而每一次学习的成果又成为实现最终梦想的动力。

方法真经

核心观点：成长是学习的最强动力，同时，学习又是成长的动力。

学习目的与学习动力是密切相关的，目的是动力的核心内容。如果把动力分成推力、拉力与压力，那么，学习目的就是一种拉力，而兴趣、好奇心就是内在的推动力，外在的合理竞争就是另一种学习动力——压力。

1. 学习动力有多种

当问到为什么读书时，我们会想到周恩来少年时提出的“为中华之崛起而读书”，这也成了很多仁人志士的座右铭。确实，作为一个中国人来说，应尽到自己的社会责任，应为国家的繁荣昌盛贡献出自己的力量。而这种远大的抱负，也会成为自己学习强大的动力。有人说，我目前还没达到那么高的境界，我现在只能做到为自己读书、为父母读书、为老师读书，这种想法也并非没有道理。为自己读书，具体地说是为了丰富自己的知识、提升自己的能力、完善自己的人格、实现自己的理想而读书，这是一种内在的学习动力。为父母读书反映了学习是为了达到父母的要求，最终满足父母的心愿，为父母争光。而为老师读书就是报答老师的辛勤劳动，努力考上一所好的学校，提升班级的升学率。

其实，一个人的学习动力不仅仅只有一个，兴趣、爱好、责任、目标、荣誉、奖励等都可以成为学习的动力。一般来说，可分外在动力和内在动力两个方面。如果学习是因为自己的兴趣、爱好，是为了提升自己的素质、才干，为了明天的梦想而学习，这就是内在的动力，若是为了得到老师的表扬、父母的肯定而学习，它就是一种外在的动力。很多人同时拥有以上几种动力，既有内在动力，又有外在动力。从小处说，为了自己成才而读书，从大处说，不正是为了国家的富强而读书吗？

2. 成长是学习最重要的动力

每一个人都希望自己有一个辉煌的人生，很多同学会把保尔·柯察金的名言作为自己的座右铭，即“人最宝贵的是生命，生命属于我们只有一次。人的一生应当这样度过，当他回忆往事的时候，不因虚度年华而悔恨，也不因碌碌无为而羞愧”。而一个人是否能实现自己的理想，就看你是否掌握了实现理想必须具备的知识、经验、方法、能力。要实现成功学习这一理想，就要靠一步步的成长累积。成长是学习的动力，同时，学习也是成长的动力。在学校，认真学习使我们的理念得到更新，知识不断丰富，能力不断提高，身心得到发展。而走上社会之后，还要继续加强职业培训，提升专业素养，全面推动自己事业的发展。

3. 终身学习的理念也是一种动力

终身学习是指社会每个成员为适应社会发展和实现个体发展的需要，贯穿于人的一生的，持续的学习过程。“终身教育”这一术语是 1965 年在联合国教科文组织主持召开的成人教育促进国际会议期间，由联合国教科文组织成人教育局局长保罗·朗格朗正式提出。目前，已在世界各国广泛传播。终身性是终身教育最大的特征，它突破了仅在学校接受教育的框架，把教育看成是个人一生中连续不断的学习过程，是人们在一生中所受到的各种培养的总和，实现了从学前期到老年期的整个教育过程的统一。

说到终身学习，申屠老师想到了“师旷劝学”的故事。春秋时代，晋国的国君平公有一天对一个名叫师旷的著名乐师说：“我已经 70 岁的人了，再想学习恐怕太晚了吧？”师旷是个聪明人，他故意问：“晚了。那为什么不赶快把蜡烛点起来？”晋平公认为师旷很不礼貌，生气地说：“哪有做臣子的戏弄他的君王的呢？”师旷认真地说道：“我听人家说过，少年时期就刻苦好学的人，好像早晨的太阳，前途无量；壮年时期开始刻苦学习的人，好像是烈日当空，虽然只有半天，可是锐气正盛；老年时期才开始刻苦学习的人，好像是蜡烛的光，虽然远远比不上太阳，但是比在黑暗中瞎碰乱撞，可要好上不少倍啊！”晋平公听了，连连点头称是。俗话说“活到老学到老”，这一故事不正是终身学习的最好写照吗？

终身学习概念的提出对于我们学生来说意味着什么？终身学习的起点在青少年，一个人能否做到终身学习，关键就在于他是否有终身学习的理念，有无强烈的学习欲望、兴趣，是否掌握了学习的一些基本方法。而学习理念、兴趣、方法的培养是应该在青少年时期就完成的。可见，转变学习观念、培养学习兴趣、完善学习方法就是青少年为终身学习而应做的必要工作。

指点迷津

1. 我或许不能算是个好学生，因为想到有父母可以依靠，所以就整天无忧无虑地生活，可后来终于意识到应好好对父母尽责任，所以也曾努力过，包括现在都还在努力。除此之外，不知是否还有更强大的动力？

为了父母这种责任感而努力不是学习的最大动力。一些学生在考上了好大学、找到了一个好工作后，父母也不会对你学习上提什么要求，自己也觉得已对得起父母了，因此，也就放弃了学业上的进步。但也有一部分人，即使大学毕业了，找到好工作了，也从没有放弃学习，因为他喜欢学习，懂得坚持学习的意义，能够在学习中体验到快乐。可见，兴趣、快乐、成长是一种比责任更强烈、更持久的学习动力。学习是将来谋生的需要，也是自己不断成长、进步的需要，更是丰富自己生活、提升精神境界的需要。这种需要是人们努力学习的强劲动力。

2. 我觉得只要保持充足的学习欲望就可以了，因为它是取得理想学习成绩的动力。可是，我的求知欲为什么会随着年龄的增长而减退呢？

求知欲减退可从两个方面寻找原因。从客观上说，学习内容增多，难度加大，趣味性降低，从而影响了求知欲；从主观上说，学习不够努力，成绩不够理想，没有体验到学习的快乐和成功，这也会影响求知欲。

要增强自己的求知欲，要做到两点：第一，在认识上，要明白学习的重要性，认识到知识的价值，认识到求知欲是学习进步的强大动力；第二，在行动上，不要因学习上暂时的困难而退却，努力克服困难，通过学习上的成功来强化自己的求知欲。

三、学习内容源于生活

小花猫在《醋的妙用》一书上看到了食醋可以除锈的常识，就赶紧跑回家里，一边拿出锈迹斑斑的大铁桶，一边对妈妈说：“妈妈，我有办法把这铁桶擦干净”。妈妈笑了：“小孩子有什么好办法啊？还是我擦吧。”说着，妈妈就拿来草木灰。小花猫忙说：“妈妈，您那个老办法不怎么好啊，容易把铁桶划出‘道道’来，那‘道道’就再也不好擦了。您还是让我擦吧!”妈妈问:“你有什么好办法?”小花猫举起食醋瓶子说:“用这个擦，这铁桶上的锈斑很快就掉了。”妈妈将信将疑:“那你试试。”小花猫立即动手，用抹布蘸上食醋，轻轻地擦起来。果然，铁桶上锈斑很快就擦掉了!妈妈见了，高兴地夸奖了小花猫。

启示：故事“小花猫除锈”告诉我们一个学习道理：要把知识学活，就必须把书本知识与生活结合起来。认识来源于生活，又服务于生活。因此，在学习过程中，要联系生活来学习知识，又要把知识运用于生活中。只有这样，才能把知识学活。

方法真经

核心观点：认识来自实践，与生活相联系的学习内容才有生命力。

人一出生就与生活连在了一起，在上幼儿园之前，学习已经开始，学吃饭，学说话，学走路，这些学习就与生活的内容密切相关。同样的道理，小学、中学、大学，哪一项学习内容与生活没有关系呢？只是关联度的大小不同而已。需要学习的内容有很多，生活就是试金石，只有与生活相联系的学习内容才有生命力。

1. 教材不是唯一的学习内容

什么内容是我们应该学的？对这一问题，很多同学都会选择教材。教材是专家根据课程标准，结合我们的身心特点，经过反复研讨，编写而成的读本。应当说教材具有权威性，我们应当认认真真地去研读。在课堂上，教师会根据自己的教学经验，结合本班的实际，在使用教材时，增加或删减内容，因此，有人觉得老师讲课的内容才是我们该学习的内容。书店有很多辅导用书，这些书一般是根据考纲来编写的，考试的重点介绍得很详细，不考的内容就没有编入，而且还有高考状元的学习经验，有的同学觉得直接学这样的辅导书，效果最好，它才是最应该学习的。一个成功的学生，绝不会把教材当成唯一的学习内容，他必定会认真听老师有特色的解读，也会参考一些比较好的辅导书。除此之外，我们还要从生活中学习，生活中总结。哲学也告诉我们这样一个道理“认识来源于实践”，我们要通过积极的实践获得直观的认识，并用知识进一步指导我们的学习实践。

2. 为生活而学习的合理性

在20世纪初，美国教育家杜威提出“教育即生活”。他说：“生活就是发展，而不断发展，不断生长，就是生活。”在他看来，教育就是要给儿童提供保证生长或充分生活的条件。教育不是把外面的东西强迫儿童去吸收，而是要使人类与生俱来的能力得以生长。陶行知在批判杜威“教育即生活”的基础上，提出“生活即教育”，陶行知说：“生活教育是生活所原有，生活所自营，生活所必需的教育”。

我们不仅要继承“生活教育”的理念，而且要发展这一理念。有的同学会说，杜威与陶行知的“生活教育”理念很难理解，它与我们中学生的学习又有什么关系呢？通俗一点，可以这样理解：我们的学习不能局限于书本，学习要与生活紧密地联系起来，这样的学习就是杜威的“教育即生活”；此外，我们还要走向社会，因为社会就是一个学校，从真正的生活中我们可以学到很多宝贵的道理，这就是陶行知说的“生活即教育”。这两种理念都把生活看做我们学习的途径，其实，除了途径，我们的学习还必须要有一个明确的目的：学习不仅是为了今天的充实和快乐生活，还要为了未来的美好生活，只要能带给我们美好生活的内容都值得我们去学习，这就是我们要坚持的新理念。

指点迷津

1. 我认为试卷分数的多少就代表学科的重要性，从中考、高考看，语文、数学、英语分数多，所以它们是重要的，而政、史、地相对就不重要了。这观点对吗？

就从中考、高考的分数上看，语、数、外的分数要多一些。语、数、外是工具性的课程，其重要性不必多说，但如果仅将考试分数作为标准来判断是不全面的。以考试的角度来判断一门学科是否重要，这是应试教育下产生的评价标准。一门学科是否重要，要从学科本身的内容对一个人成长的影响角度来判断，这才是更为客观的做法。比如生理卫生的内容，中考与高考中不会涉及，我们就能否定这门课程的重要性吗？中小学是打基础的时期，如果从终身学习的角度看，中小学的课程都是基础课程，都是重要的课程，我们没有理由否认其中的任何一门课程的价值。因此，都应该认真学好。

2. 我觉得学习应该是做人的基础，因为，从小时候什么都不知道，到如今懂得了许多道理和知识，都是得益于学习。我热爱学习，我想学很多有用的东西，做自己想做的事，但是我很多时候并不清楚学什么对自己有用。能告诉我吗？

为什么会出现“不清楚学什么对自己有用”这一现状呢？这是因为，长期以来，我们在学校里学习的内容不是自己选择的，是考纲规定的，是老师决定的、教材限定的。而有些内容与你的生活关联度并不高，你不是因为生活而学习，而是遵循由他人规定的学习生活。要改变这一局面，你就要改变学习内容的理念，即结合自己的生活来学习。第一，做到把教材的知识点与生活紧密结合起来；第二，从生活中自己发现问题，然后自己去查阅文献，解决问题，把知识学习的范围突破“教材”的限制。只有这样，你才明白学习什么内容对自己是最有用的了。

四、寻找最有效的方法

故事启示

春天，发芽的西瓜种开始爬藤了。一西瓜藤开始向田边的树上攀去，西瓜家族顿时慌了：“小伙子，赶紧刹住头，你方向错了。”“是吗？”西瓜藤继续爬着。“小伙子，告诉你，我们祖祖辈辈都是在泥土上爬藤、生根、开花、结果的，爬树结西瓜没有先例。”“我知道没有想象就没有创新。”西瓜藤一步一步爬上树，一段时间后，在树上发枝、打苞、开花，结出一个个小西瓜来。田里的西瓜藤见此，担心起来：“没有泥土托着，小西瓜长大了，怎有能力挂住？”西瓜藤听后，默默地努力着，它一天比一天成熟，藤蔓粗了，壮了，小西瓜变圆，变绿，变大了。没有掉下来的西瓜，在炎热的夏天成熟了。这天，农夫来到田里一看，笑了起来：“树上能结西瓜？”他觉得奇怪，打开树上的西瓜，一看，一点白瓤都没有，一尝，很甜。还未成熟的西瓜家族见此，纷纷不好意思起来。

启示：认为西瓜只能在田里生长，这是定式思维、墨守成规。树上也能结西瓜，这是一种创新思维。如果要想寻找最有效的方法，也得改变定式思维，即使是稀奇古怪的方法也得去尝试一下，就像故事中的“西瓜藤”一样，通过实践，来发现新方法。

方法真经

核心观点：学习方法成千上万，但最有效的方法是自己寻找获得的。

学习方法是每个人总结自己的经验，从经验中提炼出好的学习方法。早期学习心理学家，通过动物实验来探究学习的本质，从而找到有效的学习方法。比如桑代克的“猫实验”、斯金纳的“白鼠实验”、苛勒的“黑猩猩实验”，等等。这些实验都是对动物进行的实验，得出的结论不能直接照搬到我们的学习中，不过了解一下心理学家探索学习方法的实践，对我们还是很有启发的。

1. “猫实验”与“试误法”

这是美国著名的教育心理学家桑代克所做的实验。具体实验情况为：桑代克用木条钉成的箱子里，有一能打开门的脚踏板。当门开启后，猫即可逃出箱子，并能得到箱子外的奖赏——一条鱼。实验开始了。一开始，饿猫进入箱子中时，只是无目的地乱咬、乱撞，后来偶然碰上脚踏板，饿猫打开箱门，逃出箱子，得到了食物。接着第二次，桑代克再把饥饿的猫关进箱子中，如此多次重复，最后，猫一进入箱中即能打开箱门。桑代克据此认为，学习的过程是一种渐进的尝试错误的过程。在这个过程中，无关的错误的反应逐渐减少，而正确的反应最终形成。其核心思想就是肯定“强化”对学习的作用。

比如，我们在复习阶段，采用循环复习法，对知识点不断地进行记忆巩固，就是利用了“强化”的作用。我们在寻找好方法时也可用采用“试误法”，通过积极、不断的尝试寻找打开大门的钥匙。如果效果好就保留，如果效果不好就改进或放弃。

2. “白鼠实验”与学习机学习法

斯金纳在实验箱内放进一只白鼠或鸽子，并设一杠杆或键，箱子的构造尽可能排除一切外部刺激。动物在箱内可自由活动，当它压杠杆或啄键时，就会有一团食物掉进箱子下方的盘中，动物就能吃到食物。箱外有一装置记录动物的动作。这样，白鼠不断地压控制杆，不断地得到食物，不久就“学会”了这种取食方法。现在，很多中学生借助学习机进行学习。这种学习机的学习法就是受到了斯金纳学习实验的启示，其实质就是“教学机器”。特别是一些选择题，学习机会自动提示你做对了还是做错了，这就是机器对你发出了“肯定”或“否定”的强化指令。当然，我们不能神化学习机的功能，不要对学习机过度依赖。

3. “黑猩猩实验”与顿悟法

苛勒为研究黑猩猩的学习，设计了六大类不同的实验，其中最著名的是“接竿问题”。他将饥饿的黑猩猩（苏丹）关在笼中，笼外远处放置香蕉，并在笼与香蕉之间放置数条长短不同的竹竿，每条竹竿的长度均不能单独用来取到香蕉。苏丹必须解决的问题是：如何将两条竹竿接在一起，以取到香蕉？结果发现：黑猩猩面对情境时，动作并不紊乱，在几次尝试用单条竹竿取香蕉失败后，突然显露出领悟的样子，于是将两条竹竿接在一起从而达到了目的。苛勒称此种学习现象为顿悟学习。

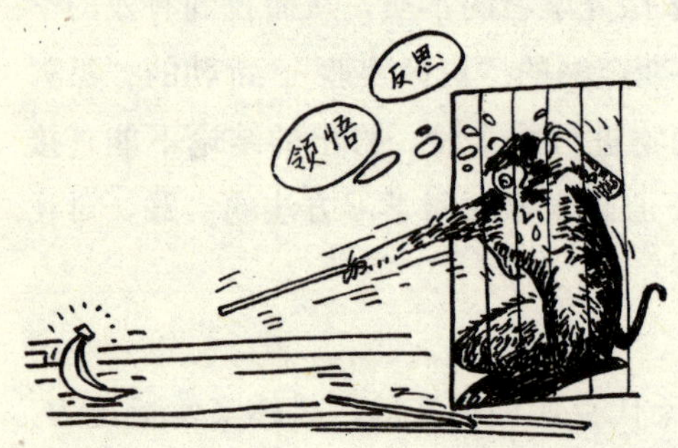

有的中学生练习做得不多，但成绩却不错，而有的同学题目做了不少，但成绩却不理想。很多人把两者的差别归结为智商的不同。这是一种片面的理解。其实大多数人的智力处于相似的水平，题目做得少反而成绩好的最主要原因在于他能做到练后反思，有一个顿悟、提升的阶段。在寻找学习方法时，我们也可用一用“顿悟”，为什么不能快速找出解题的突破口，并加以总结？找到了原因，也就悟到了新的对策。

4. 自己去寻找最有效的方法

上述三个动物实验，相信会对我们的学习有一定的启发。我们可以用“尝试”、“顿悟”、“强化”作为寻找最有效学习方法的三大策略。虽然，这些动物实验不能直接告诉我们具体的学习方法，但心理学家的理论为我们寻找最有效的学习方法提供了理论依据。老师、父母、同学有很多学习经验，我们开始也不清楚哪些经验适合我们。所以，首先得学会“尝试”，如果发现学习效果不好，要么调整改进，要么就停止使用。如果发现效果不错，就可以继续使用，这就是对学习方法的“强化”；同时，还应在实践中“顿悟”出更好的方法。比如，有的同学起初在学习方法上模仿老师，常采用“归类法”来复习，感觉效果不错，就经常使用这一方法。在后来的复习过程中，又找到了如何归类的方法，而这个更细致的方法就是自己独创的，学习效果又提升了一个档次。可见，要找到最有效的方法，就应在学习理论、学习经验的基础上，经过自己的一步步实践体验去发现、去探索。

指点迷津

1. 盲目跟从他人的学习方法去学习，有时候非但没有进步，反而会导致成绩的退步。我很希望自己有几个效果特别好的学习方法，这些方法能在较短时间内掌握吗?

盲目照搬他人的学习方法、不结合自身的学习实际，难以取得理想的效果。要学会学习方法，并不是看了书中的文字，听了同学的介绍，明白了操作步骤，就表明你已经掌握了，真正学会要有一个反复操作的过程。总之，方法只能在学习的过程中逐步体会、掌握，想在短暂的几天学会效果特别好的方法难以实现。

2. 有人说学习成绩好的人学习方法一定也好，也有人说聪明能干的人方法一定好。我自我感觉也不笨，但为什么没有好的方法呢?

成绩好的原因有两种，第一是学习很勤奋，也许方法并不是很突出，但也取得了好成绩。第二种是学习方法不错才取得了好成绩。如果聪明人善于学习，学会好方法，就能取得好成绩。

你自我感觉不笨，但还是没有好的学习方法，这可能与没有掌握方法习得的途径有关。多向周围的老师、同学学习，多向课外书学习，多反思自己的学习情况，总结自己学习成功的地方，分析失败的地方，相信通过努力你会找到适合自己的学习方法。

五、学习是管理信息的过程

故事启示

在一名农夫家生活着一只老母鸡和三只小鸡。有一天，老母鸡带着小鸡外出觅食，突然遇到了蚂蚁搬食的大队伍。老母鸡感到很奇怪，就向旁边的一只蚂蚁问道："你们把食物搬到哪里去啊？"蚂蚁回答说："当然是搬到洞里啊。"母鸡又问："有东西还不吃，搬到洞里做什么啊？"蚂蚁笑一笑说："我们没有你这么幸运啊，肚子饿了主人会喂你，我们只能把食物先储存起来，等到需要时再享用。"母鸡若有所思地回家了。此后，每次主人喂养时，老母鸡都要把一部分食物储藏起来。

启示：蚂蚁在一年中的大部分时间里都在辛勤地劳动。冬天来临前，它们会为自己准备充足的粮食。这说明蚂蚁是懂得管理的动物，母鸡也向蚂蚁学习管理食物的技能。其实，对于同学们来说，学习的过程也需要对"食物"进行管理，这"食物"就是各种各样的信息。当然，我们的管理要求远远高于蚂蚁，不仅要懂得储存，还要懂得加工、输出、创新。

方法真经

核心观点：学习的过程是信息加工的过程，更是信息管理的过程。

所谓的学校管理和班级管理，主要指的是纪律的管理，保证学习活动的顺利进行。到了信息时代，有了"知识管理"、"信息管理"这样的新名词。若把这些概念运用到学习活动中，我们不难发现，学习的过程其实就是管理信息的过程。

1. 孔子学习观的反思

《论语》告诉我们，"学而时习之，不亦乐乎？"这句话强调了"习"的重要性。这"习"字可以有多层含义，可以理解为练习、复习、实践。如果我们学了一个公式，一个定理，一道例题，我们就应该通过练习来巩固它，掌握了这种解题方法，当然是快乐的；如果我们阅读了很多优美的文章，记忆了一些新知识点，那么，事后要通过复习来巩固它，这自然也是快乐的。而最快乐的事，就把学到的知识在实践中应用出来。

"学而不思则罔，思而不学则殆。"这句话表明孔子提倡"学"与"思"要紧密结合。一味地读书，而不思考，只能被书牵着鼻子走，就会为知识所累，就会被知识表象迷惑而不得其解。若只是一味地埋头苦思而不进行一定的书本知识的积累，也不对知识进行研究推敲，也只能是流于空想，问题仍然不会得到解决，也就会产生更多的疑惑而更加危险。只有把学习和思考结合起来，才能学到有用的真知。

在此基础上，我们还可以反思得出学习是管理信息的过程。对此，又如何理解呢？不管是接受知识的"学"，还是理解知识的"思"，以及运用知识的"习"，都要有管理的意识。不管对新知识懂不懂，先要把它有序地整理好，这就是整理笔记；在思考时，则把笔记中的知识存储到大脑里；最后，在运用时，可以快速提取知识；而遇到困难时，要把自己的困难记录下来，把失败的经验记录下来。这些都是对信息的管理。

2. 学习时要管理的信息

我们学习的内容都可以转变为信息的形式，因此，教材中的信息需要管理，老师上课时传达的信息需要管理，课外用书上呈现的信息也需要管理，实践活动中自己收集的信息更需要管理。现在的学习往往会在网络环境下进行，这就突破了狭小的教室空间和短暂的课堂时间局限，使其变成一种开放、持久的学习，更能适应学生的"终身学习"。此时的"知"已经远远地超越了教材和教师课堂讲授中涉及的人类积累的知识，这给我们的信息管理也提出了新的挑战。

课程整合对信息管理来说是第二个挑战。课程整合是针对教育领域中各学科课程存在割裂和对立问题而提出的。新课程的理念给我们学习内容的转变指明了方向，也给我们管理学习信息指明了方向，即要把不同学科的信息，按照一定的线索整合起来。

3. 信息管理的方法

信息管理是要讲方法的。具体包括课堂学习要记笔记，课后要整理笔记，复习时要重视归类复习，要有错题集，网上学习要重视知识的积累，建好学习文件夹。另外，还要重视各学科间的综合题的收集。客观事物是普遍联系的，各学科知识都是对客观事物的反映，这些信息、这些联系等待着我们去探索和挖掘。有的同学会有这样的担忧：现在作业这么多，还要自己管理学习信息，这种知识管理多累啊。申屠老师告诉各位同学，在开始阶段，管理起来不习惯，方法也没有熟练掌握，学起来肯定有点累，但是，掌握了管理的方法就不会感觉累，而且经过管理后的信息更有利于自己理解掌握。

指点迷津

1. 在我看来，学习最主要的就是学好课堂上的内容，而课外就很少涉及学习，除了完成作业，就是游戏、玩乐。这观点对吗？

很多同学课外大多数的时间用于娱乐的原因有两个方面。第一，目前的学业任务很重，同学们天天盼着休息时间的到来，可以好好放松一下。第二，有的同学对学习本来就不感兴趣，他们的兴趣就在玩上。这样，就出现了学习与玩不和谐的现象：在学校学习任务太重，同学们的神经绷得太紧，而在课外在学习上花的时间太少，又让自己太放松。理想的状态是：在学校课业负担减轻点，在课外主动学习增加点。其实，学习与玩耍也不是截然分开的，学习中有游戏，游戏中有学习，有意地做到渗透，会让学习学得快乐，让游戏玩得有品位。

2. 强化优势科目，弱势科目再说。这样做可以吗？

每一个人都会有自己的强势科目，也会有自己的弱势科目。面对科目的强与弱，采取的对策主要有两种：第一种对策是你可以先补好弱势科目，不让它成为你学习中的“短板”，第二种是你也可以让强势科目变得更强，让它成为你的特长，从而增强你的信心，等形成自己的优势科目后，再来抓自己的弱势科目。当然，也有的同学会采取错误的对策，面对自己的强势科目，愿意不断地投入时间、精力、情感，而对自己的弱势科目不管不问，投入的时间、精力、情感越来越少。这种情况不属于“弱势科目再说”，而是“不再关注弱势科目”，结果，就会导致偏科现象的出现，若你有这种情况，就要引起注意了。面对科目的强与弱，在学习方法上是否有讲究呢？有的同学喜欢先把自己擅长学科做好，这样可以减少一些学习时间，而有的同学认为应该“明知山有虎，偏向虎山行”，要集中精力做好自己的弱势科目的作业，只有这样，才能让自己慢慢地赶上来。这两种方法都是可行的，要具体情况具体分析。

六、学习是快乐的活动

故事启示

一个10岁的男孩有一天走进了一座金碧辉煌的宫殿。宫殿的主人请求他留下来居住。男孩说:“我天天忙于看书学习，现在只想睡觉，我讨厌学习。”宫殿主人乐呵呵地说道:“若是这样，那么世界上没有比这里更适合你居住的了。我这里有山珍海味，你想吃什么就吃什么，不会有人来阻止你。我这里有舒服的床铺，你想睡多久就睡多久，不会有人来打扰你。而且，我保证没有书给你看，也没有任何作业让你做。”

男孩一听，非常高兴，便住了下来。开始的一段日子，男孩因为远离了书本作业，只有吃饭、睡觉，感到非常快乐。渐渐地，他觉得有点寂寞和空虚。于是，就去见宫殿主人。抱怨道:“这种生活每天只有吃饭和睡觉，时间长了也没有意思。我对这种生活已经提不起一点兴趣了，你能否给我找几本书，给我出几道题?”

宫殿主人答道:“对不起，我们这里从来就不曾有过作业。”又过了几个月，男孩实在忍不住了，又去见宫殿主人，说道:“这种日子我实在受不了了。如果你不给我书，没有作业做，我宁愿去下地狱，我不要再住这里了”。宫殿主人轻蔑地笑了:“你以为这里是天堂吗?这里本来就是地狱啊!”

启示：故事中的男孩起初认为看书学习是痛苦的，有吃有喝才是快乐的。可是一旦天天过着吃吃喝喝而没有看书写作业的生活，那日子就像地狱一样。现在，我们的学习内容日益丰富，学习方法多种多样，课堂上有多媒体演示，还可以走出课堂，参与社会实践活动。学习能满足我们的好奇心、求知欲，可以丰富我们的精神世界。其实，学习就是一种快乐的活动。

方法真经

核心观点：每个人的学习结果会有不同，但快乐应该是最重要的收获。

有人说学习是痛苦的，因为他体验到的是痛苦；有人说学习是无聊的，因为他体验到的是无聊；也有人说学习是快乐的，因为他体验到的是快乐。不同的人对学习会有不同的体验，如果我们要努力做到发现学习的快乐之处，就会体验到更多的快乐。快乐不仅是学习过程中的体验，也应该是一种重要的学习结果。

1. 学习过程需要去体验

每一个同学都会对学习的过程有自己切身的体验，有快乐、有痛苦、有困惑、有惊喜。要让自己对学习的体验多一点开心，少一点烦恼，就要像漫画中的人一样，要掌握知识体系，先好好地感觉，充分调动自己的感觉器官来感知，然后在此基础上，进入信息的加工管理过程，经过不断地分析和思考，达到理解的境界。收获理解以后，你就能更好地体验学习带来的感受了。

2. 享受学习是最美好的体验

学习的过程给我们带来诸多享受。比如背英语单词前，你抵制了电视的诱惑，拒绝了游戏的邀请，找到勤奋的自我而产生享受感；背的过程中，你全神贯注，目不旁视，有一种超脱于低层次玩乐的庄严感；背熟后，记忆力增强了，知识丰富了，考试成绩提高了，你又有了成功的喜悦感。听课是享受，写作业是享受，演算数学题是享受，写作文是享受，归纳知识结构也是享受。每一门学科，每一项学习任务都可以从享受的角度去思考，去品味。

学习的结果也让我们快乐。当你取得进步老师表扬你时，你不感到骄傲吗？当你通过自己的思考解答出一道题目时，你不觉得高兴吗？当你取得成功，别人用赞扬的眼神看你时，你不觉得自豪吗？这些不都是认真学习换来的一种精神上的享受吗？

3. 感觉很累怎么办

学到了新知识、新技能，自然会带来愉悦和满足。但是，我们的学习是在一个班集体的环境中进行的，别人可能比你学得更好、更快，有时会感觉自己已远远落后于同学了，这时候不管老师上课多么风趣，你也快乐不起来。因为你并不是学习的优胜者，而是学习的落后者。如果你是学习的落后者，那么保持信心最重要，要相信自己只是暂时落后，只要努力一定会赶上去。人在追赶的时候往往会很辛苦，这好比长跑比赛，你已经落后别人几十米，你很想迎头赶上，可别人也在努力地奔跑。所以，追赶也要讲方法，一次比赛落后并不意味着永远落后，我们要总结落后的原因，增强自己的能力，争取在下一次比赛中，真正地超过对方。

有了兴趣，就不会觉得学习很累。因此，重视兴趣的培养也很重要。孔子曾说："知之者不如好之者，好之者不如乐之者。"爱因斯坦说："兴趣是最好的老师。"苏霍姆林斯基说："学习兴趣是学习活动的重要动力。"语文课让我们懂得什么叫诗情画意，数学课训练我们思维缜密，英语课带我们领略西方世界的风情，物理课带我们揭开分子和力量的秘密，化学课给我们展示物质变化的奥秘，历史课让我们通晓古今，政治课让我们不出门也知晓天下事，生物课揭开生命的悬疑，地理课告诉我们宇宙不仅仅是"天圆地方"这么简单，更别提快乐的音、体、美又蕴涵着多少乐趣。

指点迷津

1. 我实在对学习没有多大兴趣，无论我怎么做题，怎么记公式，考试成绩就是不及格，越是这样，我对学习越不感兴趣，可我想学得快乐一点，怎么办呢？

学习不快乐，是因为对学习不感兴趣，再加上考试成绩也不尽如人意，失败的体验也难以使我们获得快乐的感受。所以，找到了不快乐的原因，就应该努力寻找解决的对策。要想品尝到学习的快乐就要从培养兴趣开始。有的同学会说，我明明对学习已经不感兴趣了，又怎么能培养起兴趣呢？每个人总会有自己的兴趣，我们可以把学习与自己已有的兴趣联系起来。把无趣的学习内容渗透到你感兴趣的活动当中。另外，成功感有助于兴趣的激发，因此，对待考试也可以换一换思路，每次考试前确定一个小目标，而且是经过努力可以实现的目标，虽然和同学比，你还处于弱势，但对你自己来说已经是一个进步。这样，经过几次努力，成功感增强了，兴趣也会慢慢地产生。

2. 回想起小学时，经常有游戏活动，而且体育课、音乐课、美术课也很多，那时候还真的让我品尝到快乐学习的滋味。可现在功课难起来了，不可能像小学那样学习了，所以，快乐学习也就结束了。

认为小学时是有快乐学习的时光，而到了中学快乐学习就逐渐消失，这种对快乐学习的理解狭窄化了。美术课、音乐课可以让我们很直观地欣赏到美，体育课可以让我们进行很多有趣的活动，这些课程比较容易产生快乐学习的效果。但到了中学，文化课的内容多了更多抽象的理论，老师在上课时也少了很多游戏活动，但快乐学习依然能继续，而且会有更深刻的体会。关键看你用什么方法来学习，看你是否用心去体验学习的过程。如果我们用快乐学习法来学习，多一点探究、多一点讨论、多一点反思，我们会收获很多成果，我们同样可以品尝到快乐。

探究活动

学完第一讲，请同学们对自己的学习理念进行客观的评价，并提出努力方向。

	我的观点与问题	具体对策
学习目的		
学习动力		
学习内容		

续表

	我的观点与问题	具体对策
学习方法		
学习过程		
学习结果		

方法提示：这六个方面是学习理念的主要内容，请大胆写出你的观点和问题，对照书中内容，找一找自己理念上存在的问题，也可从自己失败的行动中想一想是否有因理念偏差所导致的，然后想一想具体的对策。

理念篇名言

1. 成功的花，人们只惊慕她现时的明艳！然而当初她的芽儿，浸透了奋斗的泪泉，洒遍了牺牲的血雨。

——冰　心

2. 知识有如人体血液一样宝贵。人缺了血液，身体就会衰弱；人缺少知识，头脑就要枯竭。

——高士其

3. 我想一切胸襟宽广的人都有雄心大志；但是我所器重的心怀大志的人，却是那些坚定而有信心地走这条道路的人，而不是那些企图一蹴而就、浅尝辄止的人。

——狄更斯

4. 人的一生可能燃烧也可能腐朽，我不能腐朽，我愿意燃烧起来！

—— 奥斯特洛夫斯基

5. 生活只有在平淡无味的人看来才是空虚而平淡无味的。

—— 车尔尼雪夫斯基

6. 我们的事业就是学习再学习，努力积累更多的知识，因为有了知识，社会就会有长足的进步，人类的未来幸福就在于此。

——契诃夫

7. 读书是最好的学习，追随伟大人物的思想，是富有趣味的事情。

——普希金

8. 人的天才只是火花，要想使它成熊熊火焰，那就只有学习！学习!!!

——高尔基

9. 成功的人，都有浩然的气概，他们都是大胆的，勇敢的。他们字典上，是没有“惧怕”两个字的，他们自信他们的能力是能够干一切事业的，他们自认他们是个很有价值的人。

——戴尔·卡耐基

10. 如果你希望成功，当以恒心为良友，以经验为参谋，以当心为兄弟，以希望为哨兵。

——爱迪生

计划篇

导 读

【方法真经】

1. 既要做到计划有预见性，更不能忘记计划具有约束性。
2. 可行的计划才可能有效，不可行的计划只能是漂亮的谎言。
3. 全面的计划让人满意，突出重点的计划才真正有效。
4. 对计划的选择，实质就是对未来的选择。
5. 珍惜时间最好的方法就是按照科学的计划努力地学习。
6. 果断地执行计划需要有一双慧眼和一颗坚强的心。

【思维纵横】

每一种学习都需要有计划，而计划实施情况与“兴趣”、“态度”密切相关。“理念篇”中指出“为梦想而学习”，而计划就是对实现“梦想”的步骤作出具体的安排。学习本讲内容时，可以与后面“学科篇”、“课外篇”、“探究篇”结合起来研读。

> 故经之以五事，校之以计，而索其情：一曰道，二曰天，三曰地，四曰将，五曰法。道者，令民与上同意也，故可以与之死，可以与之生，而不危也。天者，阴阳、寒暑、时制也。地者，远近、险易、广狭、死生也。将者，智、信、仁、勇、严也。法者，曲制、官道、主用也。凡此五者，将莫不闻，知之者胜，不知者不胜。

因此，要通过对敌我五个方面的分析，通过对双方各种情况的比较，来预测战争胜负的情势。一是道义，二是天时，三是地利，四是将领，五是法制。道义，就是要让民众和君主的意愿一致，这样才可以同生共死而不惧危险。天时，就是指昼夜、晴雨、寒冷、炎热、四季气候的变化。地利，就是指高陵洼地、远途近路、险要平坦、广阔狭窄、死地生地等地形条件。将领，就是指智谋、诚信、仁慈、勇敢、严明。法制，就是指军队的组织编制、将吏的管理、军需的掌管。对于这五个方面，身为将领要深刻了解。了解了就能胜利，否则就不能胜利。

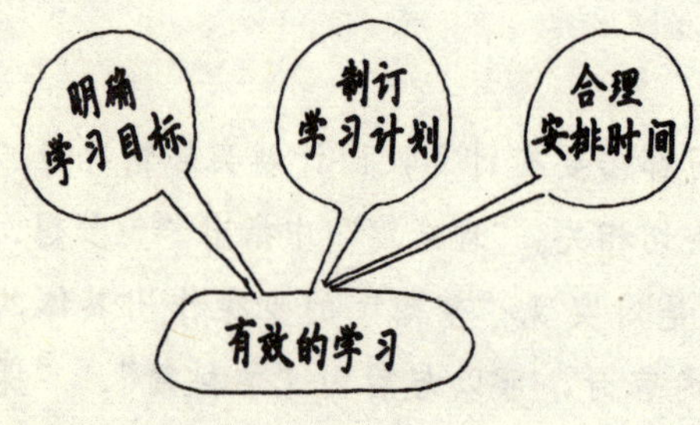

以上是《孙子兵法》计篇中的一段话。意思是说，在打仗之前，就要对双方五个方面的情况加以对比分析，从而决定是否打这一场仗。这说明，孙子的谋略特别重视预测。预测也是一种计划。计划除了对活动的结果作出预测之外，最重要的就是对实施计划的方法作出选择。这一点，学习与打仗一样，要取得成功，也务必有学习计划。

“凡事预则立，不预则废。”按照计划学习是有目的的学习，目标指向明确，可以有效地利用好学习时间，从而提高学习效率。同时，学习计划还可以促使学习习惯的养成，不折不扣地执行计划还可以培养我们的意志力。

关于学习计划的问题，申屠老师在所在学校进行了相关调查。结果显示，有学习计划的同学占70%，按照计划进行学习的同学占55%，按计划学习效果认为好的同学占66%，可见，学习计划与学习效果有着密切的联系。有的同学虽然觉得学习计划很重要，但如何制订计划并不清楚，只提出一个笼统的学科成绩目标：如语文、数学争取达到班级前五名，物理、化学争取在85分以上。这样的计划很难有效实施，效果也不会理想。

一、计划的特点与分类

故事启示

一条猎狗将兔子赶出了窝，一直追赶它，追了很久仍没有捉到。牧羊人看到此种情景，讥笑猎狗说："你们两个之间，小的反而跑得快得多"。猎狗回答说："你不知道我俩的跑是完全不同的！我仅仅为了一顿饭而跑，它却是为了性命而跑呀！"猎人听后想：猎狗说的对啊，那我要想得到更多的猎物，得想个好法子。于是，猎人又买来几条猎狗，凡是能够在打猎中捉到兔子的，就可以得到几根骨头，捉不到的就只能饿肚子。这一招果然有效，猎狗们纷纷去努力追兔子，因为谁都不愿意看着别人有骨头吃，自己一无所获。

启示：兔子比猎狗跑得还快，这是因为它有保全自己的目标和需要，因此潜力全部激发出来了。而猎狗的目标只是为了一顿饭，动力不足，就没有把自己的潜力激发出来。可见，目标高，压力也就大，就越能激发出自己的潜力。猎人就是听了"牧羊人与猎狗"的对话后，调整了他的打猎计划，原本是一条猎狗，现在是多条猎狗，只有能捉到兔子的猎狗才能得到骨头，有了这种竞争机制后，猎狗的积极性明显提高。这则故事告诉我们，在制订计划时要学会确定激励性目标，懂得依靠某些措施，调动自身的积极性。

方法真经

核心观点：既要做到计划有预见性，更不能忘记计划具有约束性。

开学初，班主任就要求大家制订学习计划，可很多人不知道如何定一个适合自己、可以操作的学习计划，往往写上一个目标就结束了。这样的计划是不全面的计划，也往往是低效的计划，甚至是名存实亡的计划。因此，要定好计划，先要对计划的特点与分类有所了解。

1. 计划的特点

预见性是计划最明显的特点之一。计划不是对已经形成的事实和状况的描述，而是在行动之前对行动的任务、目标、方法、措施所作出的预见性确认。可以说，预见是否准确，决定了计划的成败。计划具有约束性，计划一经通过、批准或认定，在其所指向的范围内就具有了约束作用，在这一范围内必须按计划的内容开展工作和活动，不得违背和拖延。很多同学一开始兴致勃勃地定下计划，并记录在纸上，而且将其贴在桌子上或墙上，头几天，会照着计划，一步步地实施，可过了一阵子，便将计划抛于脑后，于是，预期想要的结果也难以实现。

2. 学习计划的分类

学习计划是对学习目标、学习内容、学习时间的整体安排。从时间上看，可分为长期计划与短期计划。从内容上看，可分为阅读的计划、记忆的计划、练习的计划、复习的计划等。

例一：长期计划

上学期情况	数学 100 分、语文 99 分、英语 97 分、科学 96 分，进入班级前 3 名，被评为校优秀少年。钢琴已通过五级考核。
目标	1. 数学、语文、英语、科学平均成绩 98 分以上。 2. 课外阅读：《我的同桌是班长》、《学生爱吃的菜》、《亲爱的笨笨猪》、《世界著名童话》、《分类作文》。 3. 兴趣与爱好：音乐——钢琴达到七级，体育——每天踢毽子最好有突破。
课堂时间	早读：星期一、星期三是语文，星期二是英语，星期四是科学。做到认真听讲，做好课堂笔记，积极参与课堂讨论，积极发言，不懂就问老师。
自由时间	1. 放学后，参加体育锻炼半小时，打羽毛球、踢毽子等。(16：00—16：30)

续表

	2. 晚饭后散步 20 分钟。(17：30—17：50) 3. 完成家庭作业。(18：00—19：00) 4. 每天练琴 1 小时。(19：00—20：00) 5. 上网或看电视一小时。(20：00—21：00) 6. 星期六复习与预习语文和数学。 7. 星期日复习与预习英语和科学。

以上是五年级小学生制订的第二学期的计划。什么样的学期计划才是好计划呢？首先要分析自己原来的学习情况，在此基础上确定奋斗目标，这个目标既不能太容易，也不能太难。其次，要明确学习内容，由于课堂内的学习内容不是由自己确定的，所以，我们可重点明确课外阅读的内容，买什么课外书，如何利用这些课外书都可写进计划内。第三，最重要的就是要制定学习策略，用什么策略来提高自己的薄弱学科，用什么样的策略来培养自己的特长。如例一把“兴趣与爱好”的内容写入计划，就做得很好。第四，对每天的学习时间要作出具体的安排。从早上起床做什么到晚上做什么，还有星期六与星期天做什么，这是计划的必要部分。

例二：一周计划

语文	记忆《词语手册》第一课、第二课的词语，预习课外辅导书《天天要我学》第一课、第二课，做《课堂作业本》第一课、第二课中的练习。
数学	预习辅导书《天天要我学》第一课、第二课的内容，做《数学作业本》第一课、第二课中的练习。
英语	听磁带，跟随老师上课的进度。
科学	复习第一课内容，在家做浮力实验——神奇的糖水。

以上是五年级小学生制订的第二学期第一周的学习计划。学期计划只能把一学期每天要做的事进行概要的计划，写出学期目标和长期的学习策略，而每周的学习计划则要把具体的学习内容写出来。因此，在列周计划前，先要预习教材，预测本周会学习什么内容，然后，明确自己该预习什么内容，做哪一部分练习，也就是说，周计划的主要内容就是本周的预习、复习、练习的内容，明确这周该做哪些事。

指点迷津

1. 学习计划中，目标的确定很重要，有什么窍门吗？

目标太高难以达到，会导致没信心，目标太低容易达到，达到以后没有成就感。可见目标确定要根据自己的实际情况，不能太高也不能太低。这目标不是简单的考试成绩达到多少，而应考虑自己德、智、体、美、劳各个方面。有长远计划，却没有短期安排，目标是很难达到的，两者缺一不可，长远计划是明确学习目标和进行大致安排，而短期安排则是具体的行动计划。

2. 既然计划具有约束性，那么，制订好的计划可以改变吗？

一般来说，制订好的计划应成为行动的指南，要尽量按照计划来学习。但是，并不意味着计划不可以改变。我们常有这样的感觉，计划跟不上变化，由于客观环境、主观条件的变化，原有的计划不适应实际情况，就必须对计划进行调整、修改。

二、计划的可行性分析

故事启示

有这样一只猴子，从出生就不甘心平庸，发誓一定要做一个顶天立地的“人”。开始时，它后腿直立着站起来了，学“人”的样子，因为它听说，上帝就是那个样子。但没多久，它发现成为一个全人实在太难了，不如在动物界里奋斗更容易些，便重新确立目标，去做万兽中的强者——狮子。但没多久，它又灰心了。它觉得自己天生一副滑稽相，学不来狮子的威武和尊贵。可是，它又不甘心虚度此生，思来想去，便又决心发挥自己的脑力，学做大森林中的智囊——狐狸。这次，猴子坚持了很长时间，但最终它还是泄气了。因为即便想成为一只并不那么显眼的狐狸，也不是一件容易的事。这样，猴子尽管奋斗了一生，但到头来，却还是一只猴子。

启示：猴子不从自己的实际情况出发，一会儿想做人，一会儿想做狮子，后来又想学做狐狸。显然，这种脱离实际的计划是不可能实现的。在现实生活中，很多同学也会犯类似于故事中的猴子的错误，目标定得很高，而行动又没有跟上，这样就会出现“语言的巨人与行动的矮子”的情况。我们都会有这样的感觉，说起来容易做起来难。要想保证行动的坚持和行动能实现目标，就要对计划的可行性进行分析。

方法真经

核心观点：可行的计划才可能有效，不可行的计划只能是漂亮的谎言。

计划的可行性分析，是正确制订计划，切实落实计划的前提。很多人都会有计划，但很少人会在制订计划前对可行性进行分析，往往会制订出一个不切实际的计划。学习计划的可行性分析就是要求在制订计划前，对学习内容、学习时间、学习环境、自身实际、学习效率有充分的认识，对自己在特定的环境下，在规定的时间内学习想学的内容是否可能实现的估计。

1. 内容上分析

尽量多学一点是我们的心愿，每个人都希望在有限的时间内学得越多越好。因此，计划里要学习的内容往往很杂，超过了自己目前的承受能力，这样，计划中的任务就是不可能完成的任务。如果你有这种情况，你要做的就是把“我想学”与“我能学”区别开来，我们要计划的是“我能学”的内容，而不能不顾实际把想学的内容都列入计划中。

2. 学习环境分析

对我们来说，所在的班级是小环境，学校是大环境，社会则是更大的环境。对环境进行分析，就是对所处的环境哪些方面对学习有利，哪些方面对学习不利，要做到心中有数。干扰少的环境可以提高学习效果。学校是最好的学习环境，很多同学有这样一种体验，在学校学习时，计划完成得比较好，而一回到寝室学习或回家后学习，不能完成计划的概率就大大提高。这是因为寝室、家里，干扰学习的因素会增加，比如，同学找你有事，家里有客人来访，电视、网络的诱惑，等等，这自然就减少了学习时间。因此，若对环境因素有客观的分析，就会针对不同的环境安排适当的内容。

3. 自身因素分析

影响计划完不成的最重要原因还是自身原因，如自己无法抵制电视、游戏的诱惑，懒惰情绪时常出现，不想努力，或自己没有恒心。在列计划前，要对自我基本情况有一个清晰的了解。如果会因为自己的不良习惯影响计划的实施，就要在计划中把预防措施写进去。这样能尽量减少消极因素对计划的实施产生影响。

指点迷津

1. 每当周末前，我都会给自己制订一份排得满满的学习计划，看着完美的计划，信心满满的。但实施效果总会不尽如人意，安排好的计划总会落空，或是因为不认真，或是有突发事件发生。总之，周末学习效率很低。我该这么办？

很多同学想在假期里多学点东西，把计划排得满满的，学习内容比在学校里还多。这种超出自己的精力以外的学习计划往往会落空。假期里，毕竟还有休息、娱乐、交友的时间，因此，学习内容应少于在校时的内容。周末两天时间，只要明确重点学什么并努力完成就行了。制订好的计划尽量要富有弹性，给自己留有一定的机动时间。

2. 放假之前都会计划好这个假期我每天要怎么学习，怎样把成绩提上去。到了假期时，虽然会告诉自己一定要按照计划进行，不能疯玩，可还是忍不住睡懒觉或者出去玩，甚至连计划好在假期前几天完成的作业也总是拖到假期快结束了才开始做。我该怎么办？

计划没有完成，有两种可能，第一种是计划的目标定得太高，不可行。第二种是目标并不高，可是自己没有真正行动起来，特别是在假期里，同学们容易被电视、游戏、小说等吸引。在列假期计划时，要给自己留出适当的娱乐、休息时间，但也应加入自我监督、管理办法，保证在计划的指导下，过一个快乐、充实的假期。

三、制订学习计划的方法

故事启示

一天，两只蚂蚁外出觅食，找到了一个大桃，因为很重，它们难以搬动，但又实在舍不得丢下，就开动脑筋思考。忽然一只蚂蚁说道："没关系啊，我们搬不动一个整桃，干脆就一次咬一小块下来搬回去不就可以了吗？这样多搬几次，肯定可以搬回家。"于是两只蚂蚁开始用牙把大桃分成很多小块，然后再一块块往回搬。虽然速度不是很快，路上花费的时间很多，但它们还是成功地把一个大桃都搬了回去。这天晚上，蚂蚁全家美美地吃了一顿丰盛的桃子宴。

启示：这则故事告诉我们解决问题时既要看到整体，也要看到局部。从整体看，这是一个大桃，对于蚂蚁来说，要一次性搬回家是不可能的任务。但整体是由局部构成的，蚂蚁就是把大桃分成一个个小块，才完成了搬桃的任务。我们在制订学习计划时，首先要有全局观念，要明确总目标，而在实施计划时则要把目标分解。这样做，最大的困难都会在不知不觉中得到解决。

方法真经

核心观点：全面的计划让人满意，突出重点的计划才真正有效。

有人觉得知道了计划的特点、分类，就可以制订计划了。其实，这只是制订计划的最基本要求，如果在制订计划前能进行可行性分析，就能制订出科学的计划。如果要使计划再上一个台阶，就得优化计划的各种要素，就要学会制订计划的具体方法。

1. 统筹兼顾法

在制订学习计划时，我们可以借鉴统筹学的观点。学习者就是主体，学习内容就是客体，学习计划就是在有限的时间内合理安排学习内容，采用有效的学习策略。掌握知识、发展能力就是学习计划的目标，而学习策略与学习方法是达到这一目标的手段。在运用统筹兼顾法制订学习计划时，要考虑到影响学习的各个因素，包括智力因素与非智力因素，随着学习内容、学习环境的变化，要不断调整自己的学习计划，使计划优化。

此外，把知识能力的实际、时间的实际、教学进度的实际全盘考虑进来。制订计划，不要脱离学习实际，要符合自己现在的学习状况和水平。有些同学制订计划时，满腔热情，计划得非常完美，可执行起来却寸步难行。这便是因为目标定得太高，计划订得太死，脱离实际的缘故。

2. 重点突破法

学习时间是有限的，每个人的精力也是有限的，所以学习要有重点。在列计划时，重点一般是指我们学习中的弱势学科和知识体系中的重点内容。只有抓住重点、兼顾一般才能取得更好的学习效率。

3. 任务分解法

从学科来看，全部学科是整体，每一门学科就是部分；从一天的学习时间来看，一天的学习时间是整体，每一节课就是局部；从内容上看，一本书的系统知识是整体，每一课、每一节的内容就是局部；从练习上看，整体练习试卷是整体，每一题就是部分。整体是由部分构成的，而部分是不能脱离整体而存在的。因此，制订计划时，既要有宏观的整体计划，也应有部分的具体措施，只有这样，才是一个完善的好计划。

指点迷津

1. 整个学习过程杂乱无章，完全没有计划，想到什么就做什么，想

不到就发呆，学习效率很低，而且由于没有计划，总是丢三落四，我该怎么办？

没有计划的人做事缺乏全局观念，往往会想到什么就做什么，学习效果自然不好。因此，要改变这一局面，首先要树立全局观念，采用统筹兼顾法，对学习时间、学习内容、学习方法事先都作出安排，让学习有序进行。

2. 周末前我会大致安排一下回家后的事宜，每次都告诉自己要先做完作业再看电视，玩电脑，但一回到家就全忘了，先玩电脑，再看电视，等快要回校了，就狂补作业。我这种行为与计划背离的原因是什么呢？

虽然计划中对周末时间有明确的安排，但实际行动却没有按照计划进行，主要原因是自己的克制力差，被电视与电脑吸引了。那为什么我们的克制能力较差呢？主要是因为全局观念不强，要增强全局意识，就要时刻提醒自己，先完成重点任务再做次要事情。

四、提高计划的选择力

故事启示

有两只蚂蚁想翻越一段围墙，寻找墙那头的食物。一只蚂蚁来到墙脚就毫不犹豫地向上爬去，可是每当它快成功时，就会由于劳累、疲倦而跌落下来。但是它不气馁，一次次跌下来，又迅速地调整自己的状态，重新开始向上爬去。另一只蚂蚁观察了一下四周的环境，决定绕过墙去，于是这只蚂蚁绕过墙来到食物前，开始享受起来。

启示：两只蚂蚁的选择不一样，但都能给我们启发。第一只蚂蚁的精神值得我们学习，做任何事要坚持，为了实现目标百折不挠。第二只蚂蚁很聪明，知道观察，会开动脑筋，选择最恰当的方法。如果我们综合两只蚂蚁的优秀品质就完美了。这两只蚂蚁告诉我们，既要坚定目标，去行动，去全力以赴追求目标，又要灵活机动，多动脑筋选择最佳办法。

方法真经

核心观点：对计划的选择，实质就是对未来的选择。

计划是未来行动的方案。一般说来，计划是指人们为了实现某种目的而对未来的行动所作的设想和部署。学习内容、学习时间、学习方法、学习目标是学习计划的四大要素。制订学习计划的过程，就是对四个方面的具体选择过程。

1. 学习内容的选择

在学校，教材的学习内容是固定的，但教材内容怎么学还是要有所选择的。比如，预习的时候看什么内容，复习的时候重点是什么，都要做到心中有数。除了教材之外，我们还要看课外书。为了拓宽自己的知识面，每一门学科都应有课外阅读书籍。课外书的知识水平和内容应尽量与教材相吻合。这样，学习难度就不会太大。因此，每个学期要买什么课外书，在新学期开始时，就要结合教材来选择。

2. 学习方法的选择

计划中除了目标之外，还要列出具体的实施措施，即要对不同的学习内容选择不同的学习方法。如阅读，有的内容要用精读法，有的内容要用泛读法。又如记忆，有的内容要用归类法记忆，有的内容要用比较法记忆，还有的内容适用形象法记忆。再如在复习时，有时以看教材为主，有时以做复习题为主，有时以整理笔记为主。这些方法的选择都不是固定的，自己可以根据实际情况来决定。

3. 学习时间的选择

同样的学习内容，时间安排不同，效果也会不一样。比如，起床后与睡觉前的半小时，记忆力比较好，我们一般安排读语文和英语；而政、史、地也需要记忆，我们可以利用一些零碎的时间；数理化有大量时间需要花在习题上，只能安排在自修课时间。通常来说，文理学科交叉起来学习效果比较好。因此，每天的学习计划就要把时间进行具体分配，什么时间学什么要清清楚楚。

4. 学习目标的选择

很多同学在计划中都加入了对目标的描述，但大多数都是以分数和名次作为目标。如这学期期末考试语文成绩进入班级前 5 名，数学成绩达到 90 分以上，等等。这样的目标选择不够科学。若只以名次为目标，有可能你相对于自己进步了，名次也不一定进步，因为别人进步比你还要快。以分数为目标就更不科学了，因为试卷有难易之分，难易程度不同的考试不能用分数作为绝对的衡量。那么，我们应以什么为学习目标呢？我们可以参考课程标准，目标可分为知识目标、能力目标、价值观目标，而知识目标又有识记、理解、应用三个层次。这样的目标比较科学，检验起来也容易操作。

指点迷津

1. 我很想每天都有一定的时间学习每一门学科，但总是无法合理地安排好时间，而且往往一段时间内在理科上下的工夫多一些，最后文科成绩就会相对下降。如何合理安排每门学科的学习时间呢？

每天的学习时间安排肯定要与课程表有关。一天要上好几节课，对每一节课我们都要做到认真听讲，不可能放弃课堂，自己单独看书。课外时间的安排一般分这么两大块：课后一定要完成当天的作业，即时复习巩固；如果还有时间，那就预习一下明天的课程。因此，每天的计划是要结合课程表来规划，每门学科的课余学习时间一般与上课时间成正比。如果采用让每门学科的时间平均分配的方法，这是不合理的。

2. 老师说，能力比知识更重要。那我该不该制订一个提高能力的学习计划呢？

计划中应把知识目标与能力目标统一起来，不必单独制订能力训练目标。但要明确每一门课程的学科能力是什么，要明确这些能力的培养有哪些途径。其实，预习、上课、练习、复习等环节的学习都能培养自己的能力。有了能力目标，就会思考具体的提高措施，就不会只计较分数与名次。在列计划时，知识与能力都要关注。

五、计划实施与时间管理

故事启示

在一次时间管理的课堂上，教授在桌上放了一个装水的杯子，然后又从桌子下面拿出一个大约拳头大小，正好可以从杯口放进杯子的鹅卵石。当教授把石块放完后，问他的学生："你们说，这杯子是不是满的？""是。"所有的学生回答说。"真的吗？"教授笑着问，然后再从桌底下拿出一袋碎石子，把碎石子从杯口倒下去摇一摇，再问学生："你们说，这杯子现在是不是满的？"这回学生们没有立即作出回答。最后，班上有位学生怯生生地答道："也许没有满"。"很好！"教授说完后，又从桌下拿出一袋沙子，然后把沙子慢慢倒进杯中，倒完后再问班上的学生："现在你们告诉我，这个杯子是满的呢，还是没满？""没有满。"大家都很有信心地回答说。"好极了！"教授再一次称赞道，随后教授从桌子底下拿出一大瓶水，把水倒在看起来已经被鹅卵石、小碎石、沙子填满了的杯中。

启示：这个故事告诉我们时间是挤出来的，但要挤出时间，就要懂得管理时间的技巧。故事中的教授如果不先将大的鹅卵石放进杯中，而是先放沙子和水，也许永远没机会把鹅卵石放进去。在学习生活中，什么是我们的"鹅卵石"这一问题，不值得我们深思吗？比如，课堂中的45分钟有自己的"鹅卵石"，晚自修的时候也会有自己的"鹅卵石"，即使在星期六的时候，还会有自己的"鹅卵石"。合理安排好"鹅卵石"、"小碎石"、"沙子"的先后次序，会帮助我们收获意想不到的学习效果。

方法真经

核心观点：珍惜时间最好的方法就是按照科学的计划努力地学习。

时间管理就是用技巧、技术和工具帮助人们完成工作，实现目标，它强调有效地使用时间。时间管理的目的除了要决定应该做些什么事情之外，还要决定什么事情不应该做。时间管理最重要的功能是通过事先的规划，作为一种提醒和指引。具体技巧有以下三种。

1. 重要的事情先做

一个人的精力是有限的，我们不可能保证做每一件事都能投入很旺盛的精力，因此，我们只有集中力量抓主要问题，合理安排好常规时间与自由时间。常规学习时间指学校规定的学习时间，主要用来完成老师布置的学习任务，消化当天所学的知识。而自由学习时间指常规学习时间外的由自己支配的时间，我们可以用来弥补自己学习中欠缺的知识，或者提高自己在某一学科上的优势和特长，或者深入钻研一件有意义的事情。自由学习时间的安排是制订学习计划的重点。

2. 有的事情不能做

很多同学在实施计划的时候，突然又想起另一件事情也得做，或者，出现了一件非常有趣的事情很想去做，然后，就改变计划，开始做计划外的事情。若长期这样，计划就成了一纸空文。我们在学习时，经常会遇到一些意料之外的事情，比如，做作业时你的同桌要找你聊天；在课外活动时，你正好在复习功课，你的朋友找你去打球。这两种情况下，你不要只想着得照顾同桌、朋友的面子，勉强答应他们，而是要向对方陈述理由，请求对方的理解与支持。敢于说“不”需要勇气，它也是管理自己时间的必然要求。

3. 要善于挤时间

一天的时间是有限的，作为学生除了休息等日常生活时间的支配外，其他时间都可用于学习。一般来说，可以保证10小时左右用来学习，但有效学习时间是一个变量，学习效果的高低也会因人、因地、因时各有不同。对于一个有较强求知欲的学生来说，会感到时间非常紧张。记得鲁迅先生曾说过，时间好比海绵里的水，只要去挤总会有的。我们要向鲁迅学习，合理安排、计划好宝贵的时间，不虚度年华，抓紧时间学本领，提高自己的综合素质。

指点迷津

1. 计划每次都设计得很好。可是，“梦想很丰富，现实很骨感”。一放假，心想学习了一个学期，先放松一下，过几天再实施计划，可是接着，好几个“几天”过去了，计划仍未实施，还是每天在玩中度过，快开学的时候，才想起补作业。我该怎么办呢？

假期里管理好自己的时间，对每一个同学来说都是考验。因为，在假期里，没有学校这么规范的作息时间表，也没有老师的监督，身边有精彩的电视、游戏。为了对时间进行有效的管理，每天要把重要的事情先做完，要保证学习完成的前提下，进行适当的娱乐活动以调节大脑，而不能把娱乐放在第一位。

2. 我现在的学习时间主要分为三大块：校内的课堂学习时间、自修课时间、节假日时间。针对三块不同的学习时间应采用什么样的对策？

在校内的课堂学习时间里，学习什么不是由自己决定，而是由老师决定，但学习的方法则能由自己决定。申屠老师认为这一阶段应努力做到认真听课、记笔记，积极参与讨论，把教材中的重点和难点搞明白。自修课时间应在复习课堂内容的前提下进行习题的训练和知识整理的工作，把当天学习的知识巩固下来。节假日时间主要目标是拓展知识，注意实践能力与创新能力的培养，不能局限于书本知识，要努力培养自己的特长。

六、提高计划的执行力

故事启示

有几个小孩听完了关于天使的故事，也想当天使，于是就求助于上帝。上帝给他们一人一个烛台，叫他们保持烛台光亮，说只有这样才能够成为天使。孩子们很高兴，都仔仔细细地将烛台擦得很干净。结果几天过去了，上帝一直没有来。于是很多小孩都决定不再擦拭烛台。有一天上帝突然造访，可是他们每个人的烛台都蒙上了厚厚的灰尘，只有一个小孩，大家都叫他笨小孩，即使上帝没来，他也每天都坚持擦拭烛台。最后，只有这个笨小孩成为了天使。

启示：笨小孩在智力上没有优势，但他勤奋，有恒心，而且也不功利，经过努力和坚持，他最终成为了天使。学习高手也是我们每一个同学梦寐以求的目标，要成为学习高手，就得有成为高手的成长计划，而且需要持之以恒地坚持下去。坚持是提高计划执行力的首要条件。

方法真经

核心观点：果断地执行计划需要有一双慧眼和一颗坚强的心。

执行力指的是完成预定目标的操作能力，它包含完成任务的意愿，完成任务的能力，完成任务的程度。如何提高学习计划的执行力，申屠老师认为可从以下三个方面去努力。

1. 提升自己的行动意识

很多同学在开学初制订了学习计划，但迟迟没有按计划实施，其主要原因就是行动意识不强，有拖拉的行动习惯。我们应该持有“马上行动”的理念，相信“一分耕耘一分收获”。渴望成功的激情是提高个人执行力的源头，我们可以想一想实现计划后将会带来的成功、喜悦，按照预先的计划行动起来。

2. 完善自身素质

有人将执行力强的人具有的特征归纳为以下 9 个方面：①自动自发；②注重细节；③为人诚信，敢于负责；④善于分析判断，应变力强；⑤乐于学习，追求新知，具有创意；

⑥对工作投入；⑦有韧性；⑧有团队精神，人际关系良好；⑨求胜的欲望强烈。其中前两点最为重要。这些特征的形成不是一朝一夕就能实现的，只要坚持在日常生活中认真严格要求自己，努力改变自己的一些不良习惯，我们就会变成一个执行力强的好学生。

3. 反思执行情况

每一个计划执行结束或经过一个阶段后，就应反思一下执行的效果。如果效果不好，就应该找原因，进行必要的调整。如是否完成了计划中的学习任务？有无严格按照计划去执行任务？学习效果如何？如果有任务没有完成，原因是什么？等等。反思之后要记得补上缺漏，重新修订计划。制订计划不要太满、太死、太紧，要留出机动时间，使计划有一定的弹性和灵活性。毕竟现实不会完美地跟着计划走，给计划留有一定的余地，提高计划完成的可能性。

指点迷津

1. 我会把每天要做的事写在一张纸上，做一件划一件，让自己有点成就感。这种习惯好吗？

这是一种很好的习惯，也是训练自己执行力的方法。每天的计划没必要很详细，只要把当天该做的事一一列出就行。这样，目标也就非常明确，当然，先做什么后做什么还是得有所安排。

2. 我有时给自己定一个很周全的学习计划，但最后实施效果却往往不尽如人意。比如，我计划在放假时将最近所学的知识复习一遍，多做些题，可一放假，我会一拖再拖。我该怎么办？

要提高执行力，果断行动这一点非常重要。无法落实计划，既不是学习的内容太多、太难，也不是时间太紧张，而是自己没有用心去完成计划，一拖再拖。这种放任自己、缺乏自制力的现象是影响计划无法完成的主要原因。同学们，如果你也曾出现上述情况，一定要记住果断行动，努力坚持，相信坚持就会胜利。

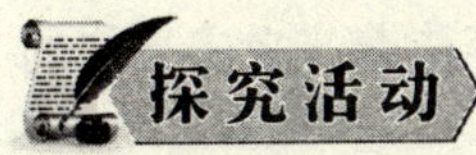

探究活动

小李同学经常会制订一些学习计划。如早点写完作业，预习第二天的课程，等等。可是，每天都无法完成，经常会因为累了、烦了或者作业完不成而导致计划难以实现。双休日之前往往有雄心壮志，但回家之后就忍不住会看电视、玩电脑，计划往往实现不了。请你为小李提几条提高计划执行力的建议。

方法提示：第一步，分析计划无法完成的原因。可能是目标太高，不可行，也可能是外界的影响，最主要是自己缺乏执行力。第二步，结合上述原因，具体写几条对策建议。

原因分析	
具体对策	

计划篇名言

1. 希望是附丽于存在的，有存在，便有希望，有希望，便是光明。

——鲁　迅

2. 目标既定，在学习和实践过程中无论遇到什么困难、曲折都不灰心丧气，不轻易改变自己决定的目标，而努力不懈地去学习和奋斗，如此才会有所成就，而达到自己的目的。

——吴玉章

3. 今天很残酷，明天更残酷，后天很美好，但是绝大部分人都死在明天晚上。所以你必须每天努力，才能看到后天的太阳。

——马　云

4. 必须记住我们学习的时间是有限的。时间有限，不只由于人生短促，更由于人事纷繁。我们应该力求把我们所有的时间用来做最有益的事情。

——斯宾塞

5. 立志、工作、成功是人类活动的三大要素。立志是事业的大门，工作是登堂入室的旅程，这旅程的尽头就有个成功在等待着，来庆祝你的努力结果。

——巴斯德

6. 在一个崇高的目的的支持下，不停地工作。即使慢，也一定会获得成功。

——爱因斯坦

7. 想得好是聪明，计划得好更聪明，做得好是最聪明又是最好。

——拿破仑

8. 理想的人物不仅要在物质需要的满足上，还要在精神旨趣的满足上得到表现。

—— 黑格尔

9. 像产品或服务一样，计划如果被管理者作为进行战略决策的工具，那么它本身也必须被加以管理和塑造。

—— 罗伯特·伦兹

10. 计划往往夭折于实施之前，这或者是由于期望太高，或者是由于投入太少。

—— T. J. 卡特赖特

兴趣篇

◉导 读◉

【方法真经】

1. 兴趣会影响我们对学习内容的选择，它还能影响到每一阶段的学习效果。
2. 有了兴趣，就有了方向；有了兴趣，就有了动力；有了兴趣，就有了最好的老师。
3. 成就感好比兴趣的催化剂。
4. 干一行爱一行，这是因为责任感的作用；学一科就爱一科，同样也有责任感的功劳。
5. 没有兴趣是可怜的，但被兴趣牵着走则是可悲的。
6. 培养兴趣是一种能力，发展兴趣是更为重要的能力。

【思维纵横】

在制订学习计划时，要考虑到培养和发展自己的学习兴趣。兴趣影响对学习时间、环境、内容、方法、策略的选择。因此，学习“兴趣篇”时，可结合“态度篇”、“计划篇”、“学科篇”、“策略篇”进行。

凡战者，以正合，以奇胜。故善出奇者，无穷如天地，不竭如江河。终而复始，日月是也。死而更生，四时是也。声不过五，五声之变，不可胜听也。色不过五，五色之变，不可胜观也。味不过五，五味之变，不可胜尝也。战势不过奇正，奇正之变，不可胜穷也。奇正相生，如循环之无端，孰能穷之哉！

凡是作战，都是以正迎敌，以奇取胜。所以善于出奇制胜的将帅，其战法变化就像天地那样不可穷尽，像江河那样不会枯竭。终而复始，如同日月的运行；去而又来，就像四季的更替。声音不过五种音阶，可这五种音阶却能变化出听不完的乐章；颜色不过五种色素，可这五种色素却能变化出看不完的图画；味道不过有五种味觉，可这五种味觉却能变化出尝不完的佳肴；作战运筹不过奇、正，但奇、正却能变化出无穷无尽的战法。奇、正相互转化，就像圆环那样旋转不断，无始无终，谁能够穷尽它呢？

以上是《孙子兵法》势篇中的一段话，强调出奇制胜对于作战的意义。善战者善于出奇制胜，同理，善于学习的人，也必须做到趣、实、活、新、美五字。其中的“兴趣”是求实、求活、求新、求美的前提，也是学习中能出奇制胜的法宝。

如果你爱上了学习，就好比兴趣之火燃烧之时，你感觉不到学习是一件苦差事，你会把自己的一切精力投入到学习之中，思维特别敏捷，效率特别高，收获也特别多。但是，如果你把这把火放到其他地方，如玩游戏、听音乐、看小说，等等，它们也会让你着迷，当你迷上它们后，就会在课堂学习时分心，整天想着游戏的成败、音乐的旋律、小说的情景。一个人没有兴趣，生活是乏味的，但有了兴趣忘记了自己的主要任务，则同样是得不偿失的。

一、兴趣是最重要的财富

故事启示

2001 年 5 月，美国内华达州的一所中学在入学考试时出了这么一道题目：比尔·盖茨的办公桌有五只带锁的抽屉，分别贴着财富、兴趣、幸福、荣誉、成功五个标签，盖茨总是只带一把钥匙，而把其他的四把锁在抽屉里，请问盖茨带的是哪一把钥匙？其他的四把锁在哪一只或哪几只抽屉里？

一位刚到美国的中国学生，恰巧赶上这场考试，在这道 9 分的题上得了 5 分。老师认为，他没答一个字，至少说明他是诚实的，凭这一点应该给一半以上的分数。让他不能理解的是，他的同桌回答了这个题目，却仅得了 1 分。同桌的答案是，盖茨带的是财富抽屉上的钥匙，其他的钥匙都锁在这只抽屉里。后来，他的这位美国同桌写信去向比尔·盖茨请教答案。比尔·盖茨在回信中写了这么一句话：在你最感兴趣的事物上，隐藏着你人生的秘密。

启发：我们应该牢记比尔·盖茨说的这句话："在你最感兴趣的事物上，隐藏着你人生的秘密"。比尔·盖茨的成功就是把自己的兴趣都用在了自己喜欢的事业上。1995 年到 2007 年的《福布斯》全球亿万富翁排行榜中，比尔·盖茨连续 13 年蝉联世界首富。财富可分为物质财富与精神财富，比尔·盖茨的兴趣给他带来的是巨大的物质财富。

方法真经

核心观点：兴趣会影响我们对学习内容的选择，它还能影响到每一阶段的学习效果。

兴趣是最重要的内在动力，它对我们选择学习内容有影响，对选择学习方法有影响，还会对我们在学习过程中的注意力分配、思维的广度与深度带来影响。兴趣对于我们的学习如此之重要，因此，每一个同学都要对自己的兴趣取向作出全面而深入的分析。

1. 兴趣的特征分析

（1）显性与隐性：自己能明显感觉到的兴趣是显性兴趣，不能直接感觉到的兴趣是隐性兴趣。兴趣不只是对事物浅层次的关心，任何一种兴趣都是由于获得这方面的知识或参与这种活动使人体验到情绪上的满足而产生的。如果一个人对某项事物没有认识，也就不会产生情感，因而也就不会对它发生兴趣。相反，认识越深刻，情感越丰富，兴趣也就越浓厚。可见，对一些未知的知识，我们就不能断定是否对它有兴趣，因此，多接触、参与有意义的实践活动是发现兴趣的良好途径。兴趣不是天生的，随着环境的改变，自己认识的提高，兴趣也会发生发化，本来不感兴趣的东西也会变得有兴趣。

（2）长与短：有些同学在小学时对学习有兴趣，到了中学因课程难度加大了，兴趣就相应减弱了；而有的同学，在小学时对学习没有兴趣，到了中学，投入到学习中的时间增加了，慢慢地对学习开始感兴趣了；还有的同学，对某一学科的兴趣可以保持很长时间，而对一些学科的兴趣则相对较短。这说明从兴趣的保持时间来看，兴趣有长短之分。

（3）多与少：兴趣既受社会性环境的影响，也受遗传的影响；除此之外，父母的兴趣和爱好会对孩子有直接的影响，年龄的变化和时代的变化也会对人的兴趣产生直接影响。但不管人的兴趣是什么，都以需要为前提和基础，人们需要什么也就会对什么产生兴趣。每个人的奋斗目标是不同的，需求也是有差异的，如果需要的范围广，要求高，就会激发出多样的兴趣。而有的人接触的知识范围窄，参与活动少，需求不高，这样他的兴趣也就相应较少。漫画“青蛙赛跑”说的是对跑步兴趣大的青蛙，跑起来很投入，而对赛跑没什么兴趣的青蛙，就不愿尽力，只是敷衍了事，对赛跑没有兴趣的青蛙则已经开始打瞌睡了。

2. 兴趣对学习各阶段的影响

兴趣一方面改善了学习过程，另一方面也改善了学习的结果，促使形成质与量上更优越的学习。

（1）兴趣对阅读阶段的影响。兴趣会促进读者在阅读文章时采取深度加工的策略，对所读内容建立更多的联系和进行更深入的独立思考。此外，兴趣对阅读中的自我理解监控能力有一定的影响，记忆效果也特别好。

（2）兴趣对上课阶段的影响。兴趣可以使自已注意力高度集中，观察力敏锐，思维活跃，想象丰富，激发灵感，积极参与课堂交流。

（3）兴趣对练习阶段的影响。一个对某一学科产生强烈而稳定兴趣的学生，会把这门学科的学习作为享受快乐与成功的过程，有无穷的动力在某个领域中越钻越深。练习过程中会自觉地克服重重困难，排除种种干扰，主动累积可供运用和发挥的技术与技巧。

（4）兴趣对复习阶段的影响。有了兴趣，才有勤奋。心理学研究表明：一个人做其感兴趣的事，可以发挥智力潜能的80%以上；而做其不感兴趣的事情，则只能发挥智力潜能的20%左右。如果对某一学科有兴趣，就会主动去复习，坚持很长时间也不会有厌烦感。

（5）兴趣对提高阶段的影响。提高阶段主要是迁移能力、探究能力的提高以及特长、个性的发展。越有兴趣的东西就越有动力去探究，也更容易收获成功和快乐，并越有可能发展成为自身的特长。

指点迷津

1. 孔子曾说："知之者不如好之者，好之者不如乐之者。"对此应如何理解呢？

这话出自《论语·雍也第六》，意思是说，懂得它的人，不如爱好它的人；爱好它的人，又不如以它为乐的人。借鉴到学习知识或本领中，了解知识的人不如爱好它的人接受得快，爱好知识的人不如以此为乐的人接受得快。孔子的名言为我们现在提倡的"快乐学习"和"兴趣是最重要的财富"提供了理论依据。

2. 结合自己的兴趣学习，是否表明学习要依赖于心情的好坏来？心情好就多学一点，不好就少学一点，是这样的吗？

我们都有这样的体验，碰上感兴趣的学科，愿意多花时间和精力，并且始终抱有学好它的信心和决心，并且越学越开心。碰上不感兴趣的学科，时间和精力花得少，缺乏学好的决心，往往心情也不好。心情好时便学得好，心情不好时学习效果就差，这说明学习效果受到兴趣和心情的影响。但兴趣不同于心情，心情是指短暂的情绪，而我们对学习的兴趣是一种持久性的喜好或关切的情绪。如果心情长期不好，是会影响对学习的兴趣。因此，处于坏心情时，要努力调整自己的情绪，不让负面情绪影响自己的学习效果。

二、兴趣是最好的老师

故事启示

达尔文是著名的科学家，他只是沉溺于自己感兴趣的东西，喜欢思考复杂的问题和了解事物的真相，对于未知世界的探究有一种刨根问底的精神。正是在这种精神的支持下，达尔文用22年时间写成了《物种起源》一书，提出了进化论，推翻了“世界上的一切生物都是上帝创造的”这个流传许久的说法。

启示：是兴趣的驱动才让达尔文登上贝格尔号探险舰船，当时，他还是一个虔诚的基督教神学院学生，但是当他返回英格兰时，已经变成上帝的怀疑论者。达尔文又随船横渡太平洋，经过澳大利亚，越过印度洋，绕过好望角，历时五年的环球考察，积累了大量的资料。也是兴趣，支撑着他努力研究。从达尔文的例子中我们看到，人的成长需要正确的引导，除了老师，这种引导还来自我们自身的兴趣，它推动着我们去主动开拓进取，促使我们走向成功。

方法真经

核心观点：有了兴趣，就有了方向；有了兴趣，就有了动力；有了兴趣，就有了最好的老师。

在我们的成长历程中，会遇到四类老师。每一类老师都在我们的成长过程中发挥着不可替代的重要作用。

1. 父母是人生的启蒙老师

我们从出生到长大，学会说话、走路、认字以及做人的道理和养成好的生活习惯都是父母教给我们的。进入学校，父母也不忘记教育子女的责任，可以说，父母对子女的教育倾注了他们的全部心血。所以从这个意义说，父母也是最让人感动的老师。

2. 课堂中的老师

从上幼儿园开始，我们就有了课堂中的老师，小学、中学、大学，都离不开老师们的教育，我们成长中的大部分知识是通过这些老师的传授获得的。可见，课堂中的老师是专业水平最高的老师，也是教给我们知识最多的老师。

3. 生活中的老师

孔子曾说过“三人行必有我师”，也就是说，在生活中我们会遇到许许多多老师，这些人，我们可能不知道他们的名字。但是，他们身上有许多优点、长处和经验值得我们学习。这些老师，不会在固定的时间、地点，拿着教材来教我们，而需要我们自己注意观察，学会倾听，用心向对方学习。可以说，这些老师是我们成长路上的无名英雄。

4. 兴趣是最好的老师

这句由爱因斯坦首先提出的名言已被越来越多的人认同。它说明兴趣是人们活动强有力的动机之一，一个人一旦对某事物有了浓厚的兴趣，就会主动去求知、去探索、去实践，并在求知、探索、实践中产生愉快的情绪和体验，它能调动起人的活力，使大家热衷于自己的工作而乐此不疲。古往今来，许多成就辉煌的成功人士，他们的事业往往萌生于青少年时代的兴趣中，沿着兴趣开拓的道路走下去，找到了自己事业成功的路径。

指点迷津

1. 我觉得自己对学习一点兴趣也没有，即使能考出好成绩，也只是为了让父母高兴、放心。如何培养自己的学习兴趣呢？

问一问对学习感兴趣的同学为什么感兴趣，也要问一问自己为什么不感兴趣，对比后归纳出原因及对策。一般来说，不感兴趣是因为我们还没有感受到学习的魅力，或许是因为在这一学科上成绩差，基础不好，未曾体验到成功感。那么就得从基础抓起，从成功中求得乐趣。

2. 我实在对理科学习没有多大兴趣，无论我怎么做题，怎么记公式，考试成绩就是不及格，越是这样，我对理科的学习越不感兴趣，打从心底不喜欢那些相关知识。但现在无论如何都要继续学下去，可我想学得快乐一点，怎么才能把理科的东西学进去呢？

兴趣的激发和培养有赖于知识掌握的深度和广度，因此学习要有兴趣必须“钻进去”。要钻进去首先要有信心，相信自己能学好，自信心是增强兴趣的保障。其次，要投入感情，不要把学习当成一件苦差事，一种责任，要有“我想学”这样一种内在动力，感到学习是愉快的事，只有这样才会去爱书本，才会亲近老师，才会不断地去克服学习中的困难。此外，不断发现问题，不断增加兴趣。学贵有问，学问学问，有学有问。难题在问中击破，思维能力在问中提高，知识在问中增长。收获了成功，则有助于兴趣的产生。

三、兴趣来自于成就感

故事启示

拿破仑从小就有志于在军事上有所建树。在巴黎皇家军官学校还没有毕业时，拿破仑就迫不及待地参军做了一名军人。他英勇善战，很快就被提升为上尉，这激起了他对军事理论的兴趣。他废寝忘食地博览群书，做笔记，写心得，利用一切时间学习，下决心专攻军事学。他的一切欲望完全服从于他的理性目标。他躲避交际，不去娱乐，全身心地投入到钻研军事理论之中。

启示：拿破仑有一句名言：“不想当将军的士兵不是好士兵”。我们可以看出他的理想是当一名将军。他开始只是想早日当上将军，于是连军官学校都没有毕业就参了军。随着成绩的不断取得，促使拿破仑对军事的兴趣不断增大，并最终成为了一名军事家，是成就感促使了拿破仑的兴趣养成和进一步深化。

方法真经

核心观点：成就感好比兴趣的催化剂。

成就感是指一个人做完一件事情或者正在做一件事情时，为自己所做的事情体会到愉快或成功的感觉。学习的成就感表现在各种学习活动中，如，在限定的时间内记住了知识点，攻克了几道难题，写出了一篇自己觉得满意的文章，在考试中取得了优异的成绩，等等。成就感是学习的发动机，会给我们带来无穷的学习动力，也会增强我们的学习兴趣。

1. 成就感的缺失

学习的成就感来自努力完成目标后的喜悦和自豪，来自于完成艰苦卓绝的学习过程后的满足和欣慰，也来自于周围师长对我们努力的肯定和赞扬。我们在学习过程中都会遇到一些困难，有些同学难以在学习过程中得到成功的体验，学习效率不高，付出了努力不见成果，从而对学习缺乏兴趣，其根本原因就是成就感的缺失。

2. 确定合适的目标

很多同学在制订计划时往往把目标定得很高，而措施又不具体，因此难以达成目标、收获成功的体验。因此，合适的学习目标及达成目标的实际行动是获得成就感的关键。如果任务完成了，即使在成绩中还没体现出来，也应该为自己的努力而感到骄傲和自豪，体会任务完成后的成就感。

3. 学习方法要有效

要使自己的学习成绩突出，有目标还不够，选择适合自己、有效果的学习方法尤为关键。恰当的目标和好的方法有助于我们取得优异的成绩，显著提高学习效果。

指点迷津

1. 对我来说，兴趣忽有忽无，就像是自信心，当我会解题时，对学习就有强烈的兴趣，而当被困在题海里时，几乎毫无自信和兴趣。这是为什么呢？

这说明兴趣与成就感密切相关。兴趣越大，获得的成就可能越大，而成就感越大反过来又强化了自己的兴趣。

2. 原来对学习挺有兴趣，学习也很轻松，也就很乐意学。随着学科难度的增加，慢慢对学习失去了兴趣，有些科目只是勉强去学，从而导致我越来越不重视学习，越来越难以集中精力学习。我该怎么办呢？

学习内容从易到难，但我们的兴趣与学习难度不一定成正比。当疑难问题一一被你攻破，你的学习兴趣会随着难度的增加而增加。如果你不善于攻破难题，经过几次努力都无济于事，失败的经历就会影响信心、影响兴趣。有些同学喜欢挑战难度大的题目以增加自己的成就感，这必须要有心理准备。如果效果不好，得适当降低习题难度以免挫伤自己的学习兴趣。

四、兴趣来自于责任感

故事启示

傅勤是清华大学的高材生。他曾总结自己的学习经验，认为责任感是安身立命的基础，学习兴趣也因责任感而产生并得以延续。他小时候并不喜欢数学，上中学时，他却提出要报奥数班。当时他妈妈对他说：“要是你执意上奥数班，我们不反对，但是你一定要对自己的时间负责，合理地安排学习时间。”傅勤很听妈妈的话，对自己的课余时间计划作出了调整，取消了每周六下午的体育锻炼，把骑自行车学奥数当做锻炼身体。通过努力，他取得了不错的成绩，曾三次参加全国奥数比赛，分别获两个一等奖、一个二等奖。

启示：傅勤的妈妈说了一句很重要的话，“一定要对自己的时间负责”。傅勤是一个有责任感的人，他不愿意浪费自己的宝贵时间。有了这种责任感，就会自觉地去培养自己的兴趣，有了这种责任感，兴趣也得到延续与发展。

方法真经

核心观点：干一行爱一行，这是因为责任感的作用；学一科就爱一科，同样也有责任感的功劳。

责任心是指个人积极履行义务和责任的态度特征和行为倾向，它意味着个人对自己、家庭、社会的负责态度和奉献精神。责任心是青少年健全人格的基础，是能力发展的催化剂，也是决定一个人能否健康发展的重要因素。苏霍姆林斯基指出："人的最大不幸往往是从忘记自己的责任开始的，最初是在小事情上，然后就在重大事情上。"

列夫·托尔斯泰说："一个人若没有热情，他将一事无成；而热情的基点正是责任心。"认真学习是学生应尽的责任。把学习看成一种责任，这种学习态度就能充分调动他们的智力因素，就能使他们在学习过程中，不断地培养自己的智力，发展自己的能力，使观察力准确、敏感、全面，使记忆力持久，提取速度快、准确，使思维力灵活而流畅，使想象丰富而生动，使动作准确而敏捷。有了责任感做错题就会及时订正，不懂之处就会及时请教，遭遇挫折时就不会被沮丧淹没，情绪处于低谷时也会常常激励自我。正因为我们把学习看做是一种责任，我们才能有坚强的意志克服学习中的种种困难，排除自身的心理障碍和外界的压力，把学习上的压力变成学习上的动力。

1. 责任感如何变成兴趣

兴趣是感性的，而责任感是理性的，那么，为什么兴趣能够从责任感中产生呢？这是因为感性与理性并不是完全割裂的。感性可以向理性转化，而理性的东西也可通过感性的形式表现出来。我们承认很多兴趣与责任感并没有直接的联系。但有些兴趣则是有了责任感后才产生的。比如，有的同学并不喜欢数学，但阴差阳错考上了师范院校的数学系，这表明他一辈子与数学结缘，今后要当好一位数学老师要求他必须在大学里学好数学，就是责任感让他坚持和努力下来。随着与数学接触的增多，也就慢慢有了感情和兴趣。可以说这位同学对数学的兴趣就是因为责任感而产生的。

2. 认真学习是学生的责任

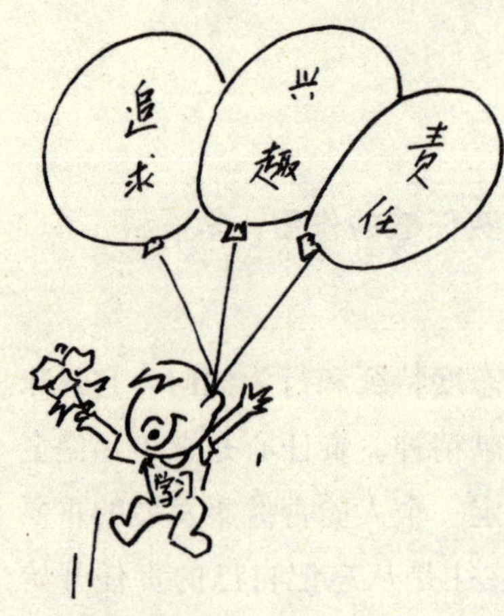

学习是一个学生务必承担的一种责任。文化知识要靠一代代人传承下去，国家建设要靠年轻一代来承担，父母、老师的期望以及自己人生理想的实现，都离不开学习。只有好好学习，才能为自己、为父母、为社会尽好责任。很多同学原本对学习兴趣不大，就是因为责任的动力使自己认真学习。经过一段时间的努力，兴趣也会培养起来。可见，学习兴趣的培养可以来自于自己的责任感。

指点迷津

1. 我觉得自己是一个有责任的人，对父母孝敬，对老师尊重，能认认真真听好每一堂课。可我为什么对数学没有兴趣呢？有责任感的人就会对学习有兴趣，这观点到底应如何理解呢？

兴趣来自于责任感，并不意味着有责任感的人就会有学习兴趣，责任感不强的人就没有兴趣。而是说有责任感的人容易让不感兴趣的学科变成自己感兴趣的学科，是因为责任感驱使他努力去培养兴趣。影响兴趣形成的因素有很多，你不妨认真分析一下是什么原因影响了你学习数学的兴趣。

2. 我是学文科的，可我对历史不感兴趣。老师的话如滔滔江水般连绵不断，可我上课老打不起精神。我不知该怎么办。

历史是文科的必考科目，要想在考试中取得好成绩必须学好历史。要培养学历史的兴趣，可以从挖掘有趣的历史故事入手，也可以从强化自己的责任感入手，双管齐下，想一想历史有趣的一面，用成绩的进步来增强成就感，用学习的责任来鞭策自己，这样，你就不会讨厌历史，而是会努力攻破难关，对历史感兴趣也就指日可待了。

五、提升兴趣的品位

故事启示

小蒋在小学时是老师喜欢的好学生。性格乖巧、听话，爱学习，成绩好，因而常常受到表扬。小学毕业后考入一所重点中学，竞争比小学激烈，好强的小蒋发现自己学习不像小学那么出类拔萃，也没有一个好朋友，父母也经常在她旁边唠叨，内心觉得很苦闷。寒假在家里上网，被各类“精彩纷呈”的网络游戏吸引，还以匿名的方式交上了几个网友。小蒋觉得心情很放松，可以在网上找到认同、安慰、发泄，可以无所顾忌地表达内心的感受，于是开始每天待在网上长达十多个小时。现在，小蒋厌学情绪严重，成绩显著下降，而且原来感兴趣的跑步、听音乐、看课外书也索然无味。

启示：小蒋同学因为成绩退步，缺少关怀，对学习的兴趣逐渐减退，而对网络产生了兴趣，并且到了沉迷其中的地步，导致她的兴趣结构发生了变化，连原来感兴趣的事情也变得索然无味。可见，学习上没有兴趣，要保持好的成绩是不可能的，而自己又被不良兴趣牵着鼻子走，不能健康地生活，必然给自己带来更多的烦恼。

方法真经

核心观点：没有兴趣是可怜的，但被兴趣牵着走则是可悲的。

对学习没有一点兴趣，甚至出现厌学、厌世的情况，是出现在学生当中严重的问题。但如今这种严重的问题并不是普遍现象，“趣无品”与“趣过度”的问题更值得我们深思。

1. 解决“趣无品”的问题

每个人都有自己的兴趣，但兴趣也有品位高低之分。所谓“趣无品”指的是兴趣的品位比较低，只对一些庸俗、低级、下流的内容感兴趣，而对健康、高雅、优秀的文化没有兴趣。造成“趣无品”的原因主要有两个。第一，自己认识上存在的问题。认为流行的就一定是进步的、先进的，因此认为网上流行的一些言情小说、武侠小说就是好东西。第二，周围环境、亲人、朋友品位的高低也影响我们的兴趣品位。有的父母爱好赌博，小孩也跟着学赌博。有的同学辨别能力较低，跟周围的朋友“学习”，染上了一些不良的习惯和兴趣。

兴趣的品位直接影响学习内容的选择。如果对高雅文学感兴趣，就会去认真阅读经典著作。要改变“趣无品”的问题，首先要提高自己的思想认识，树立正确的价值观。只有提高了自己的鉴别能力，才能对什么是先进的、科学的、高雅的文化，什么是落后的、反动的、低级的文化作出判断。其次，要改变自己不良的学习习惯。比如，有的同学已养成不读经典著作只看网络小说的习惯，必须改正。但兴趣、习惯的培养不是一朝一夕就能完成，行为心理学研究成果表明，21 天以上的重复会形成习惯，90 天的重复会形成稳定的习惯。即同一个动作，重复 21 天就会变成习惯性的动作。因此，要改变不良的阅读习惯、培养良好的阅读兴趣也必须坚持 21 天。

2. 解决“趣过度”的问题

“趣过度”指的是兴趣失衡的问题，即对某些对象出现痴迷的现象。判断是不是“趣过度”，要看是否影响了其他兴趣的发展，是否伤害了自己的身心健康。比如网络成瘾就是典型的“趣过度”表现。网络成瘾的人，连自己原来感兴趣的文体活动也渐渐失去了兴趣，把大量的时间用于上网玩游戏上，严重影响了自己的身心健康。

要解决“趣过度”问题，要做到以下三点。首先，要认识到“趣无度”带来的危害性。就以网络成瘾为例。网络成瘾不仅影响人的心理，还影响人的身体健康，会导致视力下降，脖子酸痛，头晕眼花，产生自闭倾向，因此要从思想上认识到改变“趣过度”的迫切性。其次，兴趣转移法。积极参加各种文体活动，参加各种兴趣小组，结合自己的特长，参加特色培训班，参加社会实践活动和各种有益的团体活动等，有意识地将自己的视线从网络中转移出来。最后，要培养自己的意志力。树立一个坚定、正确的奋斗目标，以此为动力培养自己的控制力与忍耐力。加强自身情操的陶冶，积极与外部沟通，寻求父母、老师、朋友等外部支持，如自己难以控制自己，还可让家长参与进来监督自己。

3. 把兴趣转化为特长

有些同学爱看一些精彩的杂志，这可以拓展自己的知识面，发展自己的兴趣，但若看杂志入迷到不顾其他的时候，也会对我们的全面发展带来不利。每个人都会有自己的兴趣爱好，同样每个人也会有自己的不足之处，如果要使自己全面发展就应把更多的精力放在自己的薄弱之处，更何况中学正是打基础的时候，否则，会有偏科的危险。当然，自己的兴趣、特长也不要放弃。事实上，发展自己的爱好，并不一定要用更多的时间来保证，因为，对自己感兴趣的东西，学习效果特别好，学习较少的时间往往就能取得较好的学习效果。

指点迷津

1. 现在到了中学，要学很多科目，有几门是我感兴趣的，可有几门是不感兴趣的。一个人能否做到对每一门学科都感兴趣呢？

每个人的个性不同，兴趣也不同，因此，有的同学喜欢数理化，有的同学喜欢政史地。那么，是否可以做到对每一门学科感兴趣，这要看能否做到自觉地去培养兴趣。因为，虽然学科不同，但每门学科都有有趣的内容，都有值得探究和挖掘的奥秘。有的学科你发现得早，有的学科还等待着你去发现。只要你用心钻研，就有可能产生兴趣。

2. 兴趣是各门学科平均好，还是对一门学科特别感兴趣好？

每个人的个性不同就决定了自己的喜好也不同。有的兴趣是天生的，有的兴趣是后天培养的。要学好所有的科目并不要求兴趣平均分配，可以在保证学好它们的基础上，突出某门学科的特长发展。

六、掌握养趣的方法

故事启示

德国大数学家高斯有数学王子的美誉，并被誉为历史上最伟大的数学家之一，和阿基米德、牛顿、欧拉同享盛名。他从小时候起就对数学感兴趣，很早就展现出过人的才华。三岁时就能指出父亲账册上的错误；十岁时，老师提出了那道著名的“从一加到一百”的数学题，高斯在极短的时间内以美妙的方法给出了答案；十五岁，高斯开始对高等数学进行研究。

启示：高斯的数学兴趣是从小就有的，正是有了这种兴趣，很早就显示出他过人的数学才华。高斯的可贵之处，还在于他不断地发展着自己的兴趣。拥有兴趣值得珍惜，但培养和发展兴趣更加难能可贵。也许你此时对数学并没有太大的兴趣，不要着急，从现在开始培养，你也一样能取得好的成绩。

方法真经

核心观点：培养兴趣是一种能力，发展兴趣是更为重要的能力。

有些兴趣是天生的，这与遗传有关，但大多数兴趣是后天培养的。每个人都会努力培养与自己人生理想直接相关的兴趣。这种对兴趣自我培养的能力，我们每一个同学都应该掌握，主要包括发现兴趣、培养兴趣、发展兴趣三部分。

1. 发现兴趣

有些同学学习时，接触的内容很有限，仅围绕教材和教辅书展开学习。因此，对于什么是自己真正的兴趣，也需要有一个发现的过程。首先，多多尝试新鲜事物。不能发现自己的兴趣，是因为长期把自己束缚在有限的范围内，多尝试新事物就有了发现新兴趣的机会。其次，要与朋友多沟通。借助他们的评价和建议来认识自己的兴趣。最后，要把情景兴趣与长期兴趣区分开来。情景兴趣是一种短暂的、由环境引发的兴趣，它可能会很突然地产生，也可能会很迅速地消失，是一种很随意的兴趣。我们要发现自己的兴趣，并要努力将其培养成长期兴趣。

2. 培养兴趣

第一，增加知识储备。知识是兴趣产生的基础条件，因而要培养某种兴趣，就应有某种知识的积累，如要培养写诗的兴趣，就应先接触一些诗歌作品，体验诗歌美的意境，了解一点写诗的基本技能，这样就可能诱发出诗歌习作的兴趣来。第二，积极参加各项活动。例如，有趣的游戏活动、生动的课外实践活动、体育比赛、文体活动，能激发我们对劳动、学习、体育、文体活动等的热情与兴趣。第三，明确目的意义，培养间接兴趣。所谓间接兴趣就是人对活动的结果及其重要意义有着明确认识之后所产生的兴趣。要培养自己间接、稳定的兴趣，就应当明确活动的目的和意义。

3. 发展兴趣

在培养兴趣的基础上，我们应努力发展自己的兴趣。主要包括兴趣广泛性、稳定性、平衡性、崇高性的培养。由于每个人所处的环境、所受的教育及主体条件各不相同，兴趣都带有个性特点，因而要根据自身条件进行兴趣爱好的自我培养。例如，有人兴趣广泛而不集中，就应加强中心兴趣的培养；有人兴趣单一而不广泛，就应加强兴趣广泛性的培养；有人兴趣短暂易变，就应加强兴趣稳定性的培养；有人兴趣消极被动，就应加强兴趣效能性的培养；有人兴趣在于沉迷网络世界，那么就要注意提高自己的认识和品位。

指点迷津

1. 勤奋能培养出兴趣，如何理解？

学习成绩好的人往往就是学习勤奋的人。学习勤奋的人也不是对每一门学科都感兴趣，但他有责任心，有良好的学习态度，这些能保证他努力地去学习，即使遇到挫折、失败，也会乐意去克服困难，促使活动达到预期的目标。这种勤奋的态度与行动必定会取得成果，而这成果就是激发兴趣的最好诱因。可见，勤奋能培养出兴趣。

2. 兴趣能激发创造力，如何理解？

心理学家马斯洛描述了兴趣与创造的关系：“处于创造过程中的人，此时此刻忘掉自己的过去和将来，全部沉浸于这件事中，被当前所进行的事吸引。”可见兴趣是多么重要。有了兴趣，就会不断地探究下去，而不断探究正是培养创造力的有效途径。

小王对玩游戏特别感兴趣，一上网就不想停止，就是到了头晕眼花，

还想继续玩下去。他还经常安慰自己，游玩戏能开发智力，可是他的成绩就是提不高。请你给小王提一些建议。

方法提示：兴趣不平衡的问题，玩游戏的兴趣过度，学习的兴趣淡薄。

兴趣篇名言

1. 爱好出勤奋，勤奋出天才。兴趣能使我们的注意力高度集中，从而使得人们能完善地完成自己的工作。

——郭沫若

2. 哪里没有兴趣，哪里就没有记忆。

——歌　德

3. 天才，就是强烈的兴趣和顽强的入迷。

——木村久一

4. 成功的科学家往往是兴趣广泛的人。他们的独创精神可能来自他们的博学。多样化会使人观点新鲜，而过于长时间钻研一个狭窄的领域，则易使人愚蠢。

——贝弗里奇

5. 对一切来说，只有热爱才是最好的老师，它远远胜过责任感。

——爱因斯坦

6. 读书是最好的学习。追随伟大人物的思想，是最富有趣味的一门科学。

——普希金

7. 学习是劳动，并且应当永远是劳动，是充满了思想的劳动，使求学的兴趣本身依赖于严肃的思想，而不是依赖于任何不合乎实际的表面文章。

——乌申斯基

8. 对所学知识内容的兴趣可能成为学习动机。

——赞科夫

9. 学习中经常取得成功可能会导致更大的学习兴趣，并改善学生作为学习的自我概念。

——布卢姆

10. 兴趣意味着自我活动。兴趣须是多方面的，因此，要求多方面的活动。

——赫尔巴特

第四讲

态度篇

导 读

【方法真经】

1. 认真是学生首先要具备的学习态度，也是最重要必不可少的态度。
2. 知识越丰富的人越谦虚，因为他明白有更大的未知世界等待他去探索。
3. 勤奋可以弥补先天的不足，而偷懒则是在浪费自己的宝贵时间。
4. 等待，永远不可能品尝到学习的乐趣，只有努力钻研，才会发现源源不断的学习乐趣。
5. “我要学”是一种主动学习的态度，它能引导你发现越来越多的“宝藏”。
6. 一个成功的学习者，不是因为他的学习目标多么远大，而在于他为了这目标永远不会说放弃。

【思维纵横】

态度与理念、计划、兴趣密切相关，它是学习过程中最重要的调节因素。态度影响对学习时间、环境、内容、方法、策略的选择，导致不同的人知识结构、学习能力的差异。不同的学习态度，不论在课堂学习中，还是在课外学习中，学习效果会有明显的不同。学习本讲内容可与“课内篇”与“课外篇”结合起来。

故知胜有五：知可以战与不可以战者胜；识众寡之用者胜；上下同欲者胜；以虞待不虞者胜；将能而君不御者胜。此五者，知胜之道也。故曰：知己知彼，百战不殆；不知彼而知己，一胜一负；不知彼，不知己，每战必殆。

预知胜利的情况有五种：知道可以战或不可以战的，能够胜利；明白实力强弱之运用规律的，能够胜利；上下同心同德的，能够胜利；以己有备对敌无备的，能够胜利；将帅有指挥才能而君主不加牵制的，能够胜利。这五条是预知胜利的方法。所以说，既了解敌人，又了解自己，百战都不会有危险；不了解敌人但了解自己，或者胜利，或者失败；既不了解敌人，也不了解自己，那么每次用兵都会有危险。

这是《孙子兵法》谋攻篇中的一段话，主要说明善于作战的人要作好充分的准备，做到“知彼知己”，这是一种主动、积极的态度，是保证胜利的前提条件。这就是我们常说的“态度决定成败”。对于一个学生来说，在学习前也要作好准备，端正学习态度，以积极、主动、乐观、探究的学习态度来学习。

学习态度调节学生的学习行为，影响着学生的学习效果和耐受力。学习态度在学习过程中不仅能充分调动和发挥学生的智力因素，而且能充分发挥我们的智力效应，使我们学的东西牢靠，基础打得好，既掌握了丰富的知识又培养了良好的学习习惯和适合自己的学习方法。这些无疑会促进我们学习成绩的提高。

研究表明，学习态度影响着学习的效率，决定着学习是否发生，以及学习的行为方式。有这样一个实验案例：在实验中，有个被试者没有听明白实验的要求，一遍又一遍地大声朗读 8 个无意义音节。

读完 46 遍，当主试者问他能否背诵时，他连一个音节也不会背。当被试者清楚要求后，以积极的态度进行学习，仅读了几遍，就达到了实验的要求。美国著名的希尔教授说:“造就人类的成就，除了能力外，还有一种催化剂，就是态度。当我们的态度正确时，能力便能发挥到极致，自然也就有好成绩出现。”

学习态度可分为积极与消极两种类型。积极的学习态度表现为：认真、谦虚、勤奋、乐学、主动、坚强等。消极的学习态度表现为随便、骄傲、偷懒、厌学、被动、软弱等。因此，要树立正确的学习态度，我们必须做到：要认真不要随便，要谦虚不要骄傲，要勤奋不要偷懒，要乐学不要厌学，要主动不要被动，要坚强不要软弱。

一、要认真不要随便

故事启示

大约在公元前 5 世纪，有一名工匠受雅典市政府的委托雕刻一座石像。经过一年的雕刻，雕像的正面工作已经基本完成。于是，他开始背面的雕刻。对于背面的雕刻，他表现出不同于一般的认真，甚至超过了正面的雕刻。最后当雕像雕琢完毕，工匠向雅典市政府索取薪酬时，财务官刁难工匠说:“你所做的雕像都是站在神庙的屋顶，并且神庙又是建在高高的山上，所有的人只能看到雕像的前面，而看不到雕像的背后，我只能付给你雕刻前面的费用”。这位工匠淡然自若地说道:“你错了，上帝看得见。”这位工匠就是古希腊著名的雕刻家菲狄亚斯，而这句“上帝看得见”的名言，也成了影响许多人的至理名言。

启示：菲狄亚斯不仅对雕像的正面进行了雕刻，就是对人们看不见的雕像反面也认真雕刻。这种认真的态度保证了雕像的质量，也成就了他的名望。作为一名学生，同样也要端正学习态度，它可以保证学习的效果。有些同学在自修课时，老师在时学习很认真，老师不在时就开始讲话、做小动作。这是完全应付老师的学习态度。

核心观点：认真是学生首先要具备的学习态度，也是最重要必不可少的态度。

态度的种类很多，如信心、细心、专心、恒心、粗心、放心、决心，等等。但对学生来说最重要的态度应该是认真。因为，它可以贯穿到每一个学习活动中。认真预习、认真听课、认真做作业、认真复习、认真考试。如果从“心”上理解，认真就是“专心”加“细心”。

1. 要有认真的态度

上课精力集中、认真听讲；课后按时完成作业、力求正确无误，努力做到融会贯通、举一反三；在各门功课的学习上一丝不苟、求真务实，力求全面发展，等等，这些都是认真学习态度的表现。“态度决定一切”，有了认真的学习态度，可以决定听课、做练习的效果，可以保证自己取得优秀的考试成绩，可以让自己对未来充满信心。所以，务必树立认真学习的态度。

2. 要有吃苦的思想准备

我们从小就知道“头悬梁、锥刺股”的故事，也熟悉“书山有路勤为径，学海无涯苦作舟”这一名言。学习毕竟不是娱乐，也不是玩游戏，因此，要学到真本领，艰苦的劳动还是必需的。积累知识是累的，掌握问题的解决方法也是需要经历挫折的。学习需要你耐得住寂寞，守得住孤独。

3. 努力去发现学习中的乐趣

学习是知识积累、技能提高和观念更新的过程，离不开艰苦的劳动，但它并非没有欢乐，因为，通过自己的汗水换来劳动成果就是最大的快乐。特别在新课程背景下的学习，往往是在“做中学”展开的，我们能从中得到莫大的快乐。我们面对的学习材料也不再是教师单一的粉笔板书和口头讲述，计算机的交互界面、逼真生动的实验模拟、饶有兴致的游戏探索，使我们感受到学习不再是一件枯燥乏味的事。

态度形成后并不是一成不变的。可以由坏变好，也可以由好变坏。可以由消极变积极，也可以由积极变消极。影响态度的因素主要有认知原因、情感原因和意志力的原因。我们得努力转变一些消极的态度，而已经拥有端正的学习态度的同学也应该依靠意志力将其保持下去。

指点迷津

1. 学习上我一直是处于放松状态，看到了不会做的题目也不着急，既不问老师也不问同学，我该怎么办？

“看到了不会做的题目也不着急，既不问老师也不问同学”表明目标意识不强，看不到学习的重要性，没有强大的求知欲。因此，得调整自己的态度，制订一个学习计划，而且每天的学习要按计划进行。建议同学们每天反思一下自己的表现，是否达到了预期目标。坚持走下去，就会提升自己的目标意识。

2. 学习态度不如以前端正了，上课不认真听了，老是想入非非，作业不认真做了，考前不认真复习了，常和同桌讲话，对老师的批评也不在意了。我该怎么办？

本来有认真的态度，可现在，上课、做作业也好，对待考试也罢，都失去了认真的态度。要改变这种局面，就要做到以下几点：第一，认识到学习的重要性，学习关系到一个人素质的提高，关系到自己的前途。第二，要意识到时间的宝贵，“少壮不努力，老大徒伤悲”。要珍惜青春时光，不要白白浪费。第三，明确自己的奋斗目标，列一个详细的学习计划约束自己，提高自己的上进心。

二、要谦虚不要骄傲

故事启示

兔子和乌龟比赛失败之后，几天不肯出门，它一直在反思自己输掉比赛的原因，终于，它想明白了。从那以后，兔子变得谦虚了。

有一天，兔子又遇到了乌龟，乌龟嘲笑兔子说：“长跑专家，怎么就输给我了？”兔子认真地说：“那是因为我太骄傲了，我虽然跑得快，但要论耐力却不如你。”“那你还敢和我比赛吗?”乌龟仰着头问。“你有那么好的耐力，要是再比赛，恐怕我还是会输的。”兔子谦虚地说。这回轮到乌龟骄傲了，非要和兔子再比一场。兔子无奈，答应了乌龟的要求。在比赛中，兔子再也没犯上次的错误，一鼓作气跑到了终点。等乌龟到达终点时，兔子还热情地上前对乌龟说:“你的耐力比我好，如果要进行长距离比赛，恐怕我就不是你的对手了。”乌龟惭愧地低下了头。

启示：在第一次龟兔赛跑中，兔子因为骄傲导致失败，而第二次，兔子懂得谦虚了，吸取教训，取得了胜利。可见，保持谦虚是一种美德，是进取和成功的必要前提。有些同学当一次考试成功后，就开始骄傲起来，认为不听课、不做作业也没有关系了。这种态度长期下去必然会导致学习成绩的退步。

方法真经

核心观点：知识越丰富的人越谦虚，因为他明白有更大的未知世界等待他去探索。

毛主席说过:“虚心使人进步，骄傲使人落后。”一个人谦虚了就不会满足已有的知识与成果，会不断地学习，也会不断地向他人请教。因此，知识越丰富的人就越明白自己还有更大的未知世界等待着自己去探索。

1. 牛顿的谦虚

牛顿是科学史上的巨人之一。他发现了万有引力定律，建立了成为经典力学基础的牛顿运动定律；他进行了光的分解，创立了光学；在热力学方面，他确定了冷却定律；在天文学方面，他创制了反射望远镜，考察了行星运动规律，科学地解释了潮汐现象，预言了地球不是正球体；在数学方面，他是微积分学的创始人。虽然牛顿取得了众多成就，然而他却说:“我不知道世人是怎样看我，我自己只觉得似乎是一个在海滨玩耍的孩子，偶然拾到了几只光亮的贝壳。但真理的汪洋大海在我眼前还未被熟悉”。

2. 姚明的谦虚

姚明的谦虚有目共睹。例如，在谈论 NBA 中国赛时，姚明是这样回答的："我认为 NBA 迟早会走进中国，我个人对这件事的影响和贡献很有限。中国总是有很多惊喜在等待着我们，每天都有新的变化，而我的思维还停留在一两年前，因此中国赛的影响超出了我的想象"。事实上，NBA 中国赛的成功举行，很大程度上归功于姚明在 NBA 的影响力，没有姚明便没有 NBA 中国赛，而姚明却将 NBA 中国赛的举办更多地归功于祖国的进步和发展，对自己发挥的作用却丝毫不提。

3. 谦虚的策略

申屠老师提倡要谦虚但不能太谦让。谦让是一种好品格，但在社交场合中若过多谦让，常会与很多机会失之交臂。首先，在人际交往中，很多人的缺点就是谦让太过，把事情、机会留给别人，常表现为"口欲行而趔趄"的犹豫不决，这样就会丧失很多机会。

其次，谦虚不等于太多礼貌和客气。与人来往应当注意礼貌，尤其是刚认识的朋友。但是过分的客气却像一道无形的墙，妨碍双方的进一步交流。人之相交，贵在知心。

最后，多向他人请教。质疑是发现的基础，请教是谦虚的表现，好问是一种积极的态度。我们的知识很多可以通过质疑来发现，通过请教来获得。特别是那些教材中没有介绍的知识，一些练习的解题技巧，如果我们多提问、多请教，就能少走很多弯路。当然，也不是一有问题就请教，也不是随时随地就发问。面对问题首先得有自我思考、分析的过程，若解决不出来再选择好问的内容、问的对象、问的时间、问的方式，这样的表现才是一个好问的学生。难题在问中击破，思维能力在问中提高，知识在问中增长。

指点迷津

1. 我们不能像皮球一样，一有成绩，就蹦得老高，蹦得越高，摔得也会越惨。这如何理解？

谦虚的反面就是骄傲，是指取得一点点成绩就忘乎所以，飘飘然，不懂得继续努力和保持成功的势头。"谦虚使人进步，骄傲使人落后。"一个人的实际力量就像一个分数的分子，而自己想象的力量是分母。如果把自己的地位放得越高，分母就越大，真实值就会越小。

2. 在学习上，养成谦虚的品质，得如何去做？

首先，在学习理念上树立终身学习的观念，“活动老，学到老”。其次，不管对方是什么地位，什么身份，只要他有比我们擅长的地方，就值得我们请教。最后，当你取得成绩时，在高兴之余也要看到自己的不足，要有危机意识，认识到“山外有山，楼外有楼”，总结成功的经验，继续前进。

三、要勤奋不要偷懒

故事启示

在森林小学里，每次考试，小乌龟总是第一，因为它平时听课认真，按时做作业，还爱看课外书。河马老师很喜欢它，让它当《学习报》的编辑。小乌龟从小学毕业后，《森林日报》聘请它去当小记者。小乌龟当了记者，一点儿也不摆架子，每天到森林各处采访新闻。大家有事求它，它都尽力办。

森林里开了歌舞比赛大会，黄莺唱歌被评为第一名，仙鹤的舞蹈也被评为第一名。小乌龟替它们拍照，写特写。小乌龟的文章，大家越来越爱看。三年以后，小乌龟出了一本书《大森林的报告》。大伙说：“小乌龟真的当作家啦！”小乌龟说：“没有大家的帮助，哪有我这个作家。”河马老师说：“这都是因为小乌龟很勤奋，所以才取得了这么大的成绩呀！”

启示：小乌龟的勤奋表现在“每天到森林各处采访新闻。大家有事求它，它都尽力办”。正因为它的勤奋，三年后才出版了《大森林的报告》。爱迪生也曾说过“成功是99%的汗水加上1%的灵感”。所以，我们既要向故事中的小乌龟学习，也要牢记爱迪生的这一名言，做一个勤奋的好学生。

方法真经

核心观点：勤奋可以弥补先天的不足，而偷懒则是在浪费自己的宝贵时间。

历史上，勤奋好学的例子很多。如屈原洞中苦读，车胤囊萤映雪、匡衡凿壁偷光，孙晋苏秦悬梁刺股，陈平忍辱苦读，陆羽弃佛从文，万斯同闭门苦读。因此，苦学精神也是中华民族优秀学子的优良传统。

1. 勤奋的重要性

文学家说勤奋是打开文学殿堂之门的一把钥匙，科学家说勤奋能使人聪明，政治家说勤奋是实现理想的基石。最宝贵的勤奋，不光是身体上的勤奋，还有精神上的勤奋，勤奋靠的是毅力和坚持。勤，就是要珍惜时间，勤学习，勤思考，勤探究，勤实践。勤奋可以弥补先天的不足，而偷懒则是在浪费自己的宝贵时光。

2. 勤奋的达·芬奇

达·芬奇从小就对绘画有特殊的爱好，14 岁时就被父亲送去有名的艺术家佛洛基阿的画坊学艺，佛洛基阿教达·芬奇的第一课就是画鸡蛋。达·芬奇天天拿着鸡蛋一丝不苟地画了一两年之后，有些不耐烦，佛洛基阿对他说画画要有耐心，要勤奋，懂得坚持。在老师的鼓励下，画鸡蛋的坚持练习使达·芬奇在绘画知识上有了很好的基础，最后成为有名的画家。

3. 勤奋的具体表现

第一，要勤奋观察。我们会遇到很多有趣和对于我们未知的自然现象与社会现象，要做一个有心人，仔细观察。第二，要勤于阅读，光看教材，知识面还非常狭窄，因此，申屠老师建议各门学科每个学期都要有课外阅读的书籍。第三，勤奋练习与复习，学习后的知识要巩固下来，必须做到及时练习与复习。第四，勤于思考，自学时要思考，老师提问时要思考，练习时要思考，讨论时更要思考。第五，勤于探究。探究学习是学习中的最高境界，但目前大部分同学这一能力还非常薄弱，因此，要努力补好这一课。

指点迷津

1. 信心与勤奋有什么关系？

自信是对自我能力和自我价值的一种肯定。美国作家爱默生也曾说过："自信是成功的第一秘诀。"俗语讲"有志者事竟成"，这个"志"也含有"信心"。对人生来说，树立一个目标，孜孜以求，日积月累，水滴石穿，最终可以到达其信心所追求的目标。可见，勤奋者往往都是有信心的人。

2. 决心与勤奋有什么关系？

学习上有决心是指对学习目标的确定，并且对学习困难有心理准备，鼓励自己为实现自己的愿望而努力奋斗。特别对那些学习基础不好、成绩不理想的同学来说，下定决心尤其重要。下定决心，我们就会勤奋学习，坚持不懈。可见，勤奋者面对困难时，一定会有战胜困难的决心。

四、要乐学不要厌学

故事启示

蜜蜂与苍蝇同在一个学校里学习。蜜蜂是一个酷爱学习，勤奋努力的学生，它每天认真学习各种植物的特点、分类及保存方法，学习如何用这些东西调制食品和蜂蜜；它还学习了如何与其他蜜蜂一起生活、合作等。毕业时，蜜蜂的成绩非常优秀，得到了校方的高度肯定和赞扬。

但苍蝇对学习不感兴趣，它不管干什么事情，都懒懒散散，马马虎虎，对任何课都不上心。上课时胡思乱想，总是精力不集中。就这样，在学校里它没有学到任何东西，等到毕业时，苍蝇一无所获。

启示：蜜蜂与苍蝇是同学，但蜜蜂对学习感兴趣，通过努力在学校里学到了很多知识，而苍蝇讨厌学习，上课经常开小差，没有学习目标，学不到什么东西。可见，是否乐学直接影响到学习的效果，影响到学到知识的数量和质量。

核心观点：等待，永远不可能品尝到学习的乐趣，只有努力钻研，才会发现源源不断的学习乐趣。

勤奋苦读与以学为乐并不是矛盾的。学习中会遇到很多困难，在遇到困难时会有烦恼、苦闷的体验；攻破疑难问题，也必须下一番苦功。但是，一旦我们学有收获，就会体验到成功的快乐，就是在艰苦的环境下苦苦钻研时，也伴随着探究的乐趣。如果只是等待，永远不可能品尝到学习的乐趣，只有努力钻研，才会发现学习的乐趣越来越多。

1. 享受学科乐趣

不同的学科会带来不同的享受。语文课让我们懂得什么叫诗情画意，数学课训练我们心思缜密，英语课带我们领略西方世界的风情，物理课带我们揭开分子和力量的秘密，化学课带我们体会变化的奥秘，历史课让我们通晓古今，政治课让我们体验辩证思维的妙用，生物课引导我们感受生命的秘密，地理课能告诉我们宇宙天体运行的规律，并能让我们了解世界各地的自然风光。只要我们认真学习，努力钻研，就能享受到学习这些学科带来的乐趣。

2. 享受学习过程

学习的过程给我们带来诸多享受。比如上课，老师精彩的讲解、丰富的知识、富有幽默感的语言、严密的逻辑、漂亮的板书，都会给我们带来精神上的享受。在课外，阅读一篇优秀的文章，我们学会了新知识、新方法、新理念，体验到文化的魅力。特别是在研究性学习过程中，我们可以走出课堂，参加社会调查、科学实验、发明创造等实践活动，在探究中发现新知识，充分满足了我们的好奇心。这样的学习过程也是快乐的。

3. 享受学习成果

阅读一本书，记住了一些好词好句，这是成果；学了一篇英语课文，记住了几个新单词，这也是成果；掌握了数理化公式，能顺利解出疑难题，这还是成果；考试成绩有进步了，这更是重要的成果。这些成果的获得是用自己的汗水换来的，能得到同学的肯定、老师的表扬和自信心的提升，自然是一种快乐。

4. 远离厌学症

厌学是消极态度中危害性最大的学习态度。成绩不好，担心老师批评、父母责怪是很多同学普遍具有的心理状况。如果考试多次失利，信心受到多次打击，就容易产生厌学这种心理疾病。患有厌学症的学生往往学习目的不明确，对学习失去兴趣；不认真听课，不完成作业，怕考试；甚至恨书、恨老师、恨学校，旷课逃学；严重者一提到学习就恶心、头昏、脾气暴躁甚至歇斯底里。厌学症对青少年的生理、心理健康具有极大的危害性。

厌学症是从厌学情绪产生开始的，一旦发现自己有厌学情绪，只要积极防御，是完全可以远离厌学症的。首先，反思自己的学习方法是否有问题，只要改善了学习方法，学习效果就会提高，就可避免因学习成绩不见提高而导致的厌学症。其次，培养自己的学习兴趣，增强学习动力。缺乏学习兴趣是厌学者的最大问题。因此，努力发现兴趣是远离厌学症的必然要求。最后，寻找帮助。从客观上看，产生厌学情绪与厌学者得不到应有的鼓励和帮助有关系。因此，要积极主动与老师、家长、同学多沟通，虚心向他们请教，同时，家长、老师也要多鼓励，增强他们的信心。

指点迷津

1. 我感觉压力很大。我就像一只沿着光滑的墙壁努力往上爬行的蜗牛，被身上的壳压得喘不过气来，却又有随时滑下来的危险，处于举步维艰的处境。我该怎么改善自己的心境？

要一分为二地分析压力。适度的压力是一种前进的动力，而过度的压力则会形成一种包袱，成为学习的负担。那么，意识到压力太重时，又如何来调节自己的心境呢？第一，客观地分析自己面临的任务与困难，分析凭借自己的努力是否能完成，如果确实任务太重，就得减轻任务。第二，努力寻找帮助。面对困难，仅靠自己的力量是不够的，必要时应向同学、老师、父母求助，得到他们的帮助。第三，感觉压力大有时并不是任务本身重，而是自己的心理问题。那么，就要进行心理咨询，尽快调整好自己的情绪。

2. 要改变厌学局面，增强自己的信心是最重要的，不知有什么好方法。

增强信心，要做到以下四点。第一，正确地评价和认识自己，客观地设定自己的期望值，不至于因达不到过高目标而打击自己的学习信心。第二，严格按照学习时间表完成每一个时间单元的目标，用获得的成就感来不断增强自己的信心。第三，与同学多交流，学习成功的经验，同学的帮助与鼓励也有助于增强信心。第四，养成良好的学习习惯，掌握一些必要的学习技巧，提高学习效率和效果，这样就会逐渐增强信心。

五、要主动不要被动

故事启示

《古兰经》上有一则故事：一位大师历经几十年练就了“移山大法”。一天，他带领几位徒弟参禅悟道。徒弟说：“师父，您的‘移山大法’能不能让我们见识见识?”师父说：“好，我就把对面那座山移过来吧。”说着，师父开始打坐。数个时辰过去了，山仍在对面。徒弟说：“师父，山怎么还不过来呢?”师父不慌不忙地站起来，说：“既然山不过来，那么我就过去”。其实，世界上本没有什么移山之术，唯一能移动山的方法就是“山不过来，我就过去”。

启示：这个故事告诉我们，如果事情无法改变，我们就改变自己。现实世界中有太多的事情就像大山一样，是我们无法改变的，或至少是暂时无法改变的。比如，社会环境、家庭环境、学校环境不是靠一个人就能瞬间改变的，我们能做的是适应环境，改变自己。有的同学觉得老师的教学方式不适应，就不想学这门学科，这是一种逃避的做法。在我们无法改变老师教学方式的前提下，我们只能去适应他，这才是一种主动的学习态度。

方法真经

核心观点："我要学"是一种主动学习的态度，它能引导你发现越来越多的"宝藏"。

主动学习是一种积极的学习态度，有了它就不会等着老师来"喂养"、来"灌输"，而是会主动地去预习与复习，主动提出问题，从而学到越来越多的知识，找到越来越多的"宝藏"。

1. "要我学"与"我要学"的区别

"要我学"是一种消极的学习态度，在这种态度指导下，学习完全处于被动状态。只读老师要求记的东西，只做老师布置的作业；不会主动去预习与复习，对学习不感兴趣。因此，上课也不可能专心听课，也不会积极思考问题，自然学习成绩也不会好。而"我要学"则是积极的学习态度。这种态度下能迸发出无穷的学习力量，认为学习是在自己的内部条件驱动下进行的，如需要、求知欲、兴趣、爱好等。因此，能保证学习的专心与持久。

2. 主动学习的表现

学习积极主动主要表现在学习过程能做到课前预习、课后复习、上课专心听讲、积极思考、主动参与课堂讨论。在课外，学习有计划、有目的，善于积累知识，能主动开展研究性学习。

主动学习可以学到更多的知识。如下面示意图所示。左边的图表示被动学习，白色之圆表示老师要求你学习的内容，而黑色之圆代表你所学到的内容。由于是被动学习，学到的东西肯定比要你学习的内容少。右边的图代表主动学习，白色之圆表示老师要求你学习的内容，而黑色之圆表示你学到的内容。由于是主动学习，会学习老师没有要求的内容，因此，学到的东西会比老师要求的内容还要多。

被动学习　　主动学习

3. “我要学”的动机分析

动机由内驱力和诱因两个基本因素构成。内驱力是动机中“推”的力量，诱因是动机中“拉”的力量，人的动机行为正是在这一推一拉中实现的。“我要学”表明学习是在自己的内部条件驱动下进行的，如需要、求知欲、兴趣、爱好等内驱力。增强自己的内驱力有以下几个方法。

第一，多看一看名人故事，学习他们勤奋学习、努力实现理想的拼搏精神；读一读有关学习的名言，激励自己努力学习。第二，在同学中找一个竞争对手，这个对手的学习成绩与你差不多或略好于你。这样就能形成你追我赶的竞争局面，推动自己努力学习。第三，从自己的兴趣、爱好入手。把兴趣转化为特长，如果自己的优势科目能在班里保持领先地位，这对维护自信心非常有利。有了信心，就有了主动学习的立足点。

指点迷津

1. 我学习很不主动，也不知是什么原因。老师要批改的作业，我能认真去做，不批改的作业，我就不想做，而且还存在偷懒的窃喜心理。在我身上“要我学”的情况还很严重，我该怎么办？

从小学到高中，我们已习惯于等着老师来要求自己，“要我学”的态度也就逐渐产生了。那么，如何培养自己主动学习呢？第一，思想观念要转变。我们是学习的主体，积极、主动地去学习是学生应尽的责任。第二，行动上要改变，不能仅完成老师布置的作业，开展如预习、复习等学习环节的工作都要靠自己主动去完成。第三，对自己提出更高如创新学习的要求。要努力地去发现问题，探究问题，这样，在品尝到主动探究的乐趣中增强主动学习的意识。

2. 主动学习就得做到好问。我记得画家郑板桥的“好问法”，具体是怎样的？

好问有两层含义，其一是说喜欢问问题，其二是善于提问题。画家郑板桥的“好问法”值得我们学习。他认为学习一定要多问，一问不得，不妨再三问，问一人不得，不妨问数十人，要使疑窦释然，精理并露。故其落笔精明洞彻如观火观水也。

六、要坚强不要悲观

故事启示

有一天，三只青蛙外出觅食，不小心分别掉进了同样大小和深度的盛着鲜奶的水泥坑中。第一只青蛙，顿足捶胸哭道："怪不得一清早眼皮就跳个不停，预兆着有血光之灾，这是上帝的旨意，命运的安排，干脆认命等死吧。"于是它恼恨上苍的不公、自己的命薄，无可奈何地收缩四腿，紧闭双眼一动不动地等待着死亡的来临。

第二只青蛙无精打采地伸出脖子看了看，懒洋洋地伸展四腿试着跳了跳，说道："看来这水泥坑还是挺深的，凭我的蹦跳技能，无论怎样努力都是徒劳无功的，是根本不可能跳出去的。今天只有死路一条了"。于是，它没有与困境作斗争，慢慢地沉入水泥坑底被鲜奶淹埋而亡了。

第三只青蛙掉进水泥坑后，如临大敌，目光如炬，仔细地打量着水泥坑四周，说道："哎哟！真是不幸！还好我没有摔伤，并且感觉身子仍然有劲。只要能寻找到坚硬点垫脚的东西就好了，我一定得想办法，尽快地逃出这只可怕的水泥坑！"青蛙根本没有考虑水泥坑的高度，而是在水泥坑内不停地一边游一边蹦，一次蹦跳，两次蹦跳，三次蹦跳……累了，休息一会儿，又振作精神继续顽强地蹦跳，慢慢地，鲜奶在它不断的蹦跳下浓缩成了坚硬的奶油块。在坚硬的奶油块的铺垫下，这只青蛙最后躬身一跃，终于胜利地蹦出了盛着鲜奶的水泥坑。

启示：这三只青蛙在同样的逆境下，却产生了不同的结果。第一只青蛙恼恨上苍的不公、自己的命薄，等待死亡；第二只青蛙面对困难没有信心，没有拼搏精神，没有去努力克服困难，最终也走向死亡；只有第三只青蛙拥有必胜的信心和坚定不移的战胜困难的意志以及不屈不挠、顽强拼搏的精神。这就是第三只青蛙赢得生命、创造奇迹的根本。这个故事告诉我们在遇到困难的时候不要去抱怨命运的不公，也不要向困难屈服，而是要有坚强的意志，努力去战胜困难。

方法真经

核心观点：一个成功的学习者，不是因为他的学习目标多么远大，而在于他为了这目标永远不会说放弃。

一个成功的学习者，首先是有明确的目标，在学习过程中，能认真、主动、愉快地学习，更重要的一点，即为了自己的学习目标，有恒心，有毅力，永远不会说放弃。

1. 坚强者的故事

爱因斯坦说："耐心和恒心总会得到报酬的。"晋代著名书法家王献之写字，用尽 18 缸水，终于成为一代大师。司马迁写《史记》花了 15 年，李时珍写《本草纲目》花了 27 年；曹雪芹写《红楼梦》花了 10 年；徐霞客写《徐霞客游记》花了 34 年。马克思写《资本论》，呕心沥血，花了 40 年时间；英国生物学家达尔文研究进化论花了 22 年；歌德写《浮士德》花了将近 60 年；托尔斯泰写《战争与和平》花了 37 年。由此可见，我们要成就一番事业，需要持久的恒心。正如巴尔扎克所说："持续不断的努力是人类的规律，也是艺术的规律。"

2. 恒心的作用

恒心是一种心智状态，是可以培养训练的。恒心来自于远大的理想和明确的奋斗目标。因此，明确目标，知道自己努力的方向，是培养恒心的第一步，而且是最重要的一步；此外要相信自己有能力执行计划，鼓舞自己坚持计划不放弃；同时，知道自己的计划是有经验或以观察为根据的，鼓励自己坚定不移。若仅是猜想，则易摧毁恒心。

3. 意志力的转变

有些学生不良学习态度的产生，往往是多次失败和挫折、多次消极情绪体验积累的结果。这些学生由于他们对学习缺乏兴趣，或学习方法不当，或刻苦努力不够，考试屡战屡败，深感挫败，缺乏信心，形成严重的悲观心理。面对多次的失败其实也是对意志力的一次考验。意志力从弱到强的转变，也是态度改变的内在要求。为此，要形成乐观积极的态度，就要认真总结考试的得失，总结出有效的对策，争取下次考试有明显的进步，只有这样坚强面对，才能逐步改变消极对待考试和学习的态度。

指点迷津

1. 每次考试失利后，父母总是唠叨个不停，我感觉压力很大，有时候还会出现考前心慌的现象，不知道该如何控制这种压力？

很多人怕考试失败，因为成绩不好，无法向老师交代，向父母交代。久而久之，就出现考前心慌的现象。那么，如何改变这种情况？第一，正确对待考试。平常的考试只是对一个阶段学习成果的检查，考不好可以弥补。所以，不要太看重这样的考试分数，要让自己轻轻松松进考场，要在考后抛开分数分析自己的学习效果。第二，要理解父母唠叨的原因。父母这样做表明他们关心你，如果你不喜欢他们唠叨，那就主动与父母多沟通，如果我们有良好的精神面貌，父母一定会放心。第三，做好检查和复习工作，不让一个问题遗留下来。争取考出好成绩，父母自然也就不会唠叨了。

2. 我经常告诉自己要坚持到底，可是做起事来总是坚持不了多久，怎样可以使自己始终保持向上的态度，可以做一件事就坚持到底而不是半途而废？

这说明不是你的学习态度不好，而是你缺乏恒心。培养恒心可以从以下几个方面努力。第一，去发现学习活动中快乐的因素。因为，快乐的体验有助于我们坚持下去。第二，养成良好的学习习惯，因为习惯的力量会使我们主动坚持下去。第三，加强自己的意志力的培养。可以通过锻炼身体来磨炼自己的意志，有了坚强的意志，一般的困难都不能阻挡你。第四，学会自我鼓励。要经常看到自己的优点，看到自己的成果，鼓励自己坚持下去。

探究活动

申屠老师建议同学们在考虑某一个问题时，先制成一览表，对所有检查方向逐一进行检查，以避免有所遗漏。此法可用来训练我们周密的思维，及有助于构想出新的思路。下面是一个学习态度检查表，请同学们对自己学习态度的好坏逐一进行检查、总结。

学习态度	自我检查
是否做到认真？	
是否做到谦虚？	
是否做到勤奋？	
是否做到快乐学习？	
是否做到主动学习？	
是否做到坚强？	

方法提示：要通过回忆自己学习过程中具体的行动表现来判断自己的学习态度。

态度篇名言

1. 少而好学，如日出之阳；壮而好学，如日中之光；老而好学，如秉烛之明。

——刘　向

2. 学习的敌人是自己的满足，要认真学习一点东西，必须从不自满开始。对自己，"学而不厌"，对人家，"诲人不倦"，我们应采取这种态度。

——毛泽东

3. 钉子有两个好处：一个是挤劲，一个是钻劲。我们在学习上要提倡这种"钉子"精神，善于挤和钻。

——雷　锋

4. 学习要注意到细处，不是粗枝大叶的，这样可以逐步学习、摸索，找到客观规律。

——徐特立

5. 在寻求真理的长征中，唯有学习，不断地学习，勤奋地学习，有创造性地学习，才能越重山，跨峻岭。

——华罗庚

6. 古来一切有成就的人，都很严肃地对待自己的生命，当他活着一天，总要尽量多劳动，多工作，多学习，不肯虚度年华，不让时间白白地浪费掉。

——邓　拓

7. 在天才和勤奋两者之间，我毫不迟疑地选择勤奋，她是几乎世界上一切成就的催产婆。

—— 爱因斯坦

8. 自暴自弃，这是一条永远腐蚀和啃噬着心灵的毒蛇，它吸走心灵的新鲜血液，并在其中注入厌世和绝望的毒汁。

——马克思

9. 学习这件事不在乎有没有人教你，最重要的是在于自己有没有觉悟和恒心。

——法布尔

10. 不知道并不可怕和有害。任何人都不可能什么都知道，可怕的和有害的是不知道而伪装知道。

—— 托尔斯泰

第五讲

学科篇

导读

【方法真经】

1. 学好语文必须要做到勤读与勤写。
2. 如果喜欢做数学题，是不可能学不好数学的。
3. 学英语最有效的方法就是天天读、天天记、天天用。
4. 发明创造才是有难度的，只学会书本中的公式与定理又有何难?
5. 只有熟练掌握学习方法，才能有效提高学科能力。
6. 生命的奥秘只有用系统的方法才能真正解释清楚。
7. 抓住政治的两个特点才能学好政治。第一是理论的深刻性，第二是思维的辩证性。
8. 史料的繁杂不要怕，历史人物的复杂也不要怕。
9. 学好地图就等于抓住了学地理的突破口。

【思维纵横】

各门学科的学习既要抓好课堂中的学习，也要抓好课堂外的学习；要努力养成良好的学习习惯，培养自己的学科能力。学习这一讲内容时可与“课内篇”、“课外篇”、“习惯篇”、“能力篇”联系起来。

是故散地则无战，轻地则无止，争地则无攻，交地则无绝，衢地则合交，重地则掠，圮地则行，围地则谋，死地则战。

因此在“散地”，不宜作战；在“轻地”，不宜停留；遇“争地”，不要贸然进攻；逢“交地”，行军序列不要断绝；在“衢地”，则应结交诸侯；深入“重地”，就要掠取军需物资；遇到“圮地”，就要迅速通过；陷入“围地”，就要巧于谋划；置于“死地”，就要奋勇作战，死里求生。

以上是《孙子兵法》九地篇中的一段话。孙子把地形分为九种，分别是散地、轻地、争地、交地、衢地、重地、圮地、围地、死地。针对不同的地形，用兵的原则也不一样。这是从实际出发的表现，谋学也是如此，面对不同的学科，学习方法也有不同。

要拥有科学、有效的学科学习方法，首先要清楚每一学科的学科特点，要明白通过学习培养哪些学科能力。从中学语数外、理化生、政史地九门学科看，我们可以分为文科学科与理科学科两大类。文科学科的学习需要大量的阅读、记忆、想象，它们是研究社会现象的科学，具有人文性、社会性、历史性的特点。而理科学科的学习需要大量的实验、练习、反思，它们是研究自然现象的科学，具有客观性、严密性。一般来说，语文、英语要重视听、说、读、写的方法，数理化要重视归纳、演绎、审题、解题的方法，而政史地就要重视联想、记忆、反思、运用的方法。

一、如何学语文

状元说经

张赟是2002年陕西省汉中市高考文科状元，高考语文成绩为141分。对于语文的学习，张赟悟出了回归教材建立大语文思想的经验，在语文科目学习上有独到的见解和心得。她认为单纯去看《史记》、《资治通鉴》，那还不如看教材，因为，选入教材的文言文比较浅显，容易看得快，效果也就好。如《鸿门宴》、《赤壁之战》，都是非常精彩的文章。对教材中的文言文需要精读，要一个字一个字地细抠，这个字什么意思，它放在此处是什么用法。只有多积累，才能在阅读的过程中真正做到活学活用。

解读：张赟介绍了一条语文学习经验，就是要精读教材的文章，特别是文言文。教材中选用的文章都是比较经典的，具有代表性，有的文章是经历了上千年的时间考验。此外，教材兼顾了古今中外不同体裁的文章，有诗歌、小说、散文、议论文、说明文等。因此，一定要精读、熟读、反复地读，慢慢地体会。当然，重视精读教材文章，并不意味着没必要看课外读物，选入教材中的文章毕竟是有限的，因此，在学好教材的基础上，我们还要适当地扩大课外阅读面。

方法真经

核心观点：学好语文必须要做到勤读与勤写。

吕叔湘先生说过："学习语文不是学习一套知识，而是学习一种技能。"对于中学生来说，这种技能主要指阅读能力、感悟能力、口头表达能力、书面表达能力。提高语文学科能力，可采用以下几种方法。

1. 积累法

语文学习是一个长期积累的过程，要意识到积累的重要性，"巧妇难为无米之炊"，没有积累就写不出漂亮的好文章。积累的途径有二，其一，就是广泛地阅读，多看课外书，尤其是名著，把好词好句摘录下来。鲁迅先生就善于翻阅，各门各类的书都有涉猎，随时随地积累对自己有用的知识。"要知学问难，在乎点滴勤"，"聚沙成塔，集腋成裘"，微小的量的积累，会带来质的飞跃。其二，注意观察，积累生活中的素材。如平常的对话，电视中的新闻、演讲、相声、小品等，都是语言的艺术，都值得我们学习。

漫画中有四个关键词，即“积累”、“丰富语言”、“思维”、“技巧”，形象地表明了要去积累字、词、句，这是为了丰富自己的语言，要重视文章的阅读，这是一种语言思维的积累途径，最重要的是对学习语文技巧的积累，把方法学到手。

2. 背诵法

阅读能力是学习语文的基本功，但简单的阅读不利于文章的记忆，如果要学习、掌握文章中的精华，就一定要背诵美文。背诵是丰富写作语言的重要方法，书读得越多，背得越熟，语言就会越有文采，不会老说口水话。因此，教材中的经典段落要背诵，除此之外，还要多背诵成语与名言，以及优秀的课外读物作品。

3. 读写结合法

语文学习必须将阅读、思考、写作相结合，才有高效率。阅读时要写读书笔记，把书中最有价值的内容记下来；同时，把自己阅读中的新思考、新想法记下来。坚持写生活日记，写自己的情感，抒发自己的感慨；写社会评论，阐述自己的见解，用自己的眼光审视社会；写读书的体会，提升自己的思想；写个人的成长经历，思考人生。

4. 游戏法

开玩笑，猜谜语，写对联，填诗词等有益的游戏都是学习语言的好方法。玩转语言，激扬文字，同学间多玩一玩成语接龙，既可以了解成语的来历，又可以增加学习的乐趣。

指点迷津

1. 学习语文，课外阅读很重要。我买了很多课外读物，有的是与教材配套的课外读物，还有各种各样的杂志，以及文学名著，但我不知用什么方法阅读才能取得良好的阅读效果。

你能重视课外阅读，并买了很多课外读物，这已经是迈出了成功的第一步。那么，面对这么多课外读物应如何阅读呢？首先，要有一个阅读计划，读什么，什么时候读都要在阅读计划上写清楚。一般来说，课外读物的内容最好配合教材的内容，就是说当前教材中学哪一位作家的文章，在课外可以优先选择这位作家的其他作品进行阅读；时间上可以放在节假日或在校比较空闲的时候进行。其次，要遵循由浅入深的阅读顺序，优秀的作品很多，我们要选择与自己水平相近的内容进行阅读，对于诸子百家的文章，可以选择有翻译、有点评的书进行阅读。

2. 初中时感觉作文很好写，看到一个题目就大致能想到写作思路，但现在感觉写什么都不对劲，一点灵感也没有，写出来的东西干巴巴的，没有真情实感，不知怎么解决。

肚子里若没什么货自然就写不出好内容。因此，你应该重视积累，多读、多看、多听，把好的文章记下来，好的对话背下来，好的写作方法学过来。要写出真情实感，就不能写口号式的文章，要多写自己亲身经历的文章，在写文章前要好好地理一理思路，要用妥当的词来表达自己的情感。

二、如何学数学

姜来是2003年武汉市高考文科状元，高考数学成绩为满分。她认为，买了一本参考书要最大程度发挥它的作用，即买一本就要彻底消化一本，做题绝不能不求甚解，正因为这样，姜来在选择参考书时标准格外高，要求格外严。与很多同学挑书看习题不同，姜来挑书看的主要是例题。她觉得好的例题讲解能够极大地启发人的数学思维，比单纯埋头做题更有效果。她挑的这本参考书在例题前有思维技巧讲解，在例题后还有激活思维的小专栏。

解读：姜来介绍了如何选参考书、如何用参考书的经验。要选择有例题讲解的参考书，这样，自学时就不会有困难，搞懂了例题，还可以做到举一反三。另外，她对参考书也不是随随便便浏览的态度，而是做到彻底地消化，不主张大量买参考书，既可以节省开支，又保证自己能好好地消化它。现在，辅导书满天飞，有的同学买了一本又一本，可结果一本也没有做完。浅尝辄止，不可能取得良好的效果。

方法真经

核心观点：如果喜欢做数学题，是不可能学不好数学的。

苏联著名教育家加里宁曾说过："数学是思维的体操。"正像体操锻炼可以改变人的体质一样，通过数学思维能力的训练及培养，我们的思维能力会有提高，智力会得到发展。中学生每天都要做广播体操，每做完一次广播体操，能使身体各部分的关节、肌肉、韧带得到锻炼，增加了氧气和养料的需求，加快了呼吸、脉搏和血液循环，从而促进人体的新陈代谢，提高各器官的功能。数学能启迪、培养、发展人的思维，而且在思维培养的深度、广度、系统性等方面是其他学科或其他培养方式所无法比拟的。通过数学思维的训练，可以提高数学运算能力、逻辑思维能力、空间想象能力，抽象概括能力、数据处理能力。那么，在做"思维体操"时常用的方法有哪些呢？

1. 辩证法

辩证法是学习数学时经常用到的思维策略，主要表现在以简驭繁、数形结合、进退互用、化生为熟、正难则反、倒顺相还、动静转换、分合相辅等方面。

2. 归类法

归类法是指善于总结归类，寻找不同的题型、不同的知识点之间的共性和联系，把学过的知识系统化。例如，对于函数部分，我们需要掌握的是它的表达式、图像形状、奇偶性、增减性和对称性。那么你可以将这些内容制作在一张大表格中，将不同函数的这些性质对比进行理解和记忆。在解题时注意函数表达式与图形结合使用，必定会收到很好的效果。

3. 练习法

数学学科的特点决定了数学要想取得好成绩就离不开大量有效的练习。俗话说熟能生巧，对于数学的基本概念、公式、结论等只有在反复练习中才能真正理解和巩固。数学试题虽然千变万化，其知识结构却基本相同，题型也相对固定，往往存在一定的解题规律，熟练掌握后既能提高正确率，又能提高解题速度。但我们不主张题海战术，而是提倡精练，即反复做一些典型习题，做到一题多解，一题多变。要训练抽象思维能力，对一些基本定理的证明，基本公式的推导，以及一些基本练习题，要做到不用书写，就像棋手下“盲棋”一样，只需用脑子思考，即能得到正确答案。

指点迷津

1. 第一次数学测验，我得了68分，心情非常沮丧，在第二次测验中，仅有61分，每况愈下，对数学产生了极大的厌恶感，几乎想放弃学数学。学数学时容易遗忘公式，稍有难度的题就不会解，对自己的答案不够自信。我该怎么办？

如果失去了信心，就永远学不好数学。当然，你目前最重要的一点就是掌握学数学的方法。上课时，一定要专心听讲，对于老师讲的经典例题一定要弄懂，要明白解题思路，在课后，要及时做练习，主要巩固当天所学的知识，不懂的问题要立即向老师或同学请教，及时解决。只要把每天的知识点练习题弄懂了，成绩一定会上去。

2. 我觉得数学很难，尽管上课认真听，做了很多习题，但是换一道稍稍加难的题就不知从何入手，没有一点儿头绪。我该怎么办？

一个知识点的掌握，一个数学公式的运用，并不是做了一道习题就可以学会的。量变是质变的前提，因此，多做练习是必需的。但是，盲目的练习也是不可取的。要在做练习时培养自己独立钻研的能力，这样，练习做多了，解题能力也就自然提高了，即使换了一道稍难一点的题也不在话下。

三、如何学英语

林婵娟是2007年海南省高考文科状元。她认为要学好英语，就要了解它作为一门来自西方文化的外语所存在和使用的背景，毕竟我们生活的环

境和西方文化有很大差距。此外，学习语言要培养语感，而语感不能单单靠读几个单词、几个句子就能获得。她建议在课外时间找一些英文发音中文字幕的好莱坞大片来看，在观看中感受他们的思维方式与发音方式，从而得到在课堂上学不到的语感。另外，要在考试中取得好成绩，还要将语法学扎实，必须有意识有章法地将学过的语法做归纳，将相似点和易错点对比记忆。

解读：林婵娟重点介绍了两个经验，其一是重视语感的培养，其二是重视语法的学习，这两点经验紧紧抓住了英语的学科特点。英语课程目标主要包括语言技能、语言知识、情感态度、学习策略及文化意识五个方面。语感是语言技能的反映，而语法则是语言知识的重要内容。要学好语法、提高语感，利用好课外时间是非常重要的。例如，放假回家，就可从网上看一些有中文字幕的英语原声大片，也可以看一看中央电视台英文频道的节目。

方法真经

核心观点：学英语最有效的方法就是天天读、天天记、天天用。

英语学习要在实践中进行，既包括在实践中掌握知识点的学习，又指学会后直接运用于实际生活的交流中。英语是一门实践技能很强的学科，要求学生大量、反复的模仿，训练运用，应在学习中多听、多说、多读、多写，反复实践。如何学英语，英语教育专家许国璋总结出一条宝贵的经验：学外语，要眼尖、耳明、嘴勤、手快。只要多读、多记、多讲、多写，自有水到渠成之日。

1. 口诀记忆法

为了提高学英语热情，可以把英语语法规则、词的用法区别、发音规则等内容编些口诀来帮助记忆，降低学习难度，提高学习热情。如，对初一英语中的“be”动词的用法，记口诀：I用am，you用are，is跟着他、她、它。

2. 见缝插针法

钟道隆教授45岁自学英语口语，一年后成为翻译。迄今已写作、翻译了近40本图书。他主张“见缝插针”学英语，及时地利用零碎时间进行复习，效果是很好的。对中学生而言，“见缝插针”就是要把下课、饭后、睡前10分钟以及等车、等待某人到来前的几分钟等零碎时间利用起来。另外，还可以利用电视学习英语，如在播国际新闻时经常可以在电视画面上见到一些英语单词和标语口号；走在路上看到各种英语广告和标语，购物时带来的英语说明书等都要认真、用心地观察，不明白之处即时通过查字典解决。

3. 学以致用法

苏霍姆林斯基说过：“兴趣的源泉在于运用。”应更多地增加运用英语进行交际的机会，增强自信心，增添学习英语的乐趣。练习用英语写日记，不要求华丽的辞藻和优美的句式，但从学习英语的角度看还是有收获的。在写日记的过程中一定会碰到不少自己不会的英语单词和表达方式，通过查汉英词典或请教别人得到解决，从而可以学会很多英语知识。

指点迷津

1. 每次英语考试之后，看着那惨不忍睹的成绩，总会暗暗下定决心努力。但是，由于英语基础太差，我不知道到底哪里做得不好，对于每况愈下的成绩，我已经失去了信心。我该怎么办？

首先，不能对学习英语失去信心，成绩不好只能代表过去，不意味着未来。其次，对于基础太差的学生来说，学习英语应从简单到复杂。先掌握单词，背熟记牢，再记短语，然后是句型、要点、对知识举例、造句、整理归纳，最后熟读文章，找好词好句，多读多记。要相信只要努力，成绩就会上去。

2. 我学英语很累，单词、词组的记忆时间很长，每当一个单元上完之后，我却还有一堆内容没来得及掌握，到底该如何去记才能记得又快又好？

要让学英语轻松起来，可以从时间安排上入手。尽量要利用一些零碎的时间。如早上可以早起10分钟，背一背英语，中午午睡前抽出20分钟做英语练习，每周至少做一份英语试卷。另外，也可在时间允许的情况下多听英文歌，多看英文电影，这些有助于提高我们的英语口语和作文水平，同时，学起来也会非常有趣。

四、如何学物理

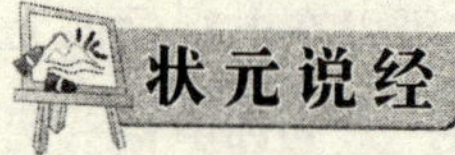

胡湛智是1996年贵州省高考理科状元，他说很多同学头疼物理，这多半是因为给了自己“物理难学”的心理暗示。解物理题比较重要的是程序问题，做题时即使不明确解题程序，也应遵循“分析、列示、计算”的步骤，切莫乱了方寸。这样做的好处是使解题变得容易、清晰。复习物理的要点首要的是充分重视教材知识，除了跟上老师的步调外，自己一定要多钻研教材，教材上的思考题是复习的重点。此外，还应再找一些考点解析，认真搞清每个概念、每个要求，并相应做一定数量的习题。同时，也要特别重视画图的作用，画图有直观、简捷、明了等特点，常常是解题的好工具。物理学科中示意图的直观性更强，更重要的是有些关系式必须通过图来得到。

解读：胡湛智的经验告诉我们，学习物理一定要有信心，不要没开始学就给了自己“物理难学”的心理暗示。中学的物理也是基础知识，只要努力，任何人都可能学好。当然，仅有“物理不难”的心理暗示也不够，还是要掌握一些具体的方法。比如胡湛智在解题、复习、画图方面都有自己的好经验，这些经验都值得我们学习。

方法真经

核心观点：发明创造才是有难度的，只学会书本中的公式与定理又有何难?

很多同学对于物理学习总有这样的疑问，“上课听得懂，听得清，就是在课下做题时不会”。这是个普遍的问题。为什么上课听得懂，而课后又不会做?

对于物理学科而言，从认知方面看，要求理解物理概念、规律、符号，这些内容是抽象的、概括性的。从操作方面看，又要求有较强的观察能力、实验能力。从高考角度讲，要学好高中物理，必须具备五种能力，即理解能力、情境想象与推理能力、分析综合能力、运用数学工具解决物理问题的能力以及实验能力。因此，我们认为，学好物理要做到“记忆、积累、综合、提高”这八个字。

1. 记忆

在物理的学习中，应熟记基本概念、规律和一些最基本的结论，即所谓我们常提起的最基础的知识。同学们往往忽视这些基本概念的记忆，认为学习物理不用死记硬背这些文字性的东西。事实上，熟练记忆和理解概念、规律是解题的第一步。很多同学解题出错往往是概念模糊造成的。

2. 积累

积累是学习物理过程中记忆之后的工作。在记忆的基础上，不断收集来自教材和参考资料上的许多有关物理知识的相关信息，这些信息有的来自一道题，有的来自一小段阅读材料等。在记忆的基础上进行积累、归纳是学好物理的第二步。

3. 综合

物理知识是分章分节进行介绍的，它们既相互联系，又相互区别，而一道题的解答往往要综合运用多个知识点和方法，因此在物理学习过程中要不断进行知识的阶段性综合，等高三年级知识学完后再进行系统大综合。

4. 提高

提高首先是解决问题熟练，然后是解法灵活，而后在解题方法上有所创新。这里面包括对同一题的多解，能从多解中找出一种最简单的方法；还包括多题一解，用一种方法去顺利解决多个类似的题目。真正做到灵巧运用、信手拈来的程度。

指点迷津

1. 我的物理基础比较薄弱，老师讲解的很多知识感觉理解起来很难，因此，我常常会死记硬背，效果很差。有什么办法使物理学习变得容易一点呢?

在学习物理的时候，不能死记硬背，要多观察身边的事物，因为物理与生活关系最密切。例如，介绍重力无处不在时，观察工人师傅在砌墙时，常常利用重锤线来检验墙身是否竖直，这是充分利用重力的方向是竖直向下这一原理；羽毛球的下端做得重一些，这是利用降低重心使球在下落过程中保护羽毛；汽车驾驶员在下坡时关闭发动机还能继续滑行，这是利用重力的作用而节省能源。结合生活中的实例来理解抽象的物理知识，效果就明显好多了。

2. 我往往跟不上老师的进度，作业的正确率很低，不知有什么对策。

跟不上老师讲解的进度，最有效的方法就是课前做好预习工作，把重点、难点一一找出来。到了课堂上，要保证自己的注意力高度集中，做到认真听课记笔记。预习关、听课关过好了，作业关问题也不会很大了，即使有困难，做到认真思考、及时请教同学和老师就行。

五、如何学化学

状元说经

王龙是1996年江西省高考理科状元，他认为学好化学首先要记好化学知识，包括基本知识，元素及其单质、化合物性质，基本解题方法等。因为一些题（如物质推断题）并不能用逻辑推理方式由果推因，只能由一些特征现象“猜”出物质或元素，这就需要对知识很熟悉。在熟悉的基础上要分门别类，列出知识框表，当然这就要求能深刻理解各个概念，否则分类就没有明确标准。就这样一个框套一个框，许多小体系组成若干中体系，再组合，直至形成整个大体系。

解读：化学被称为理科中的文科，这意味着很多化学知识是需要记忆的。王龙重点介绍了记忆化学知识的方法。首先是对物质进行正确的分门别类，然后先画小型知识框表，然后是中型知识框表，找出概念之间的联系，最终形成整个体系。这也表明学习要循序渐进，不要急于求成。优异的成绩就是来自于长期对知识的积累。

方法真经

核心观点：只有熟练掌握学习方法，才能有效提高学科能力。

化学的学科能力包括实验能力、观察能力、想象能力、思维能力、动手能力、自学能力、表达能力和创新能力。提高化学的学科能力，可采用以下几种方法。

1. 记忆法

化学中需要记忆的内容有哪些？元素符号、化学式、化学方程式、一些物质的性质、制取、用途等。对大量零散的化学事实、化学理论，应理解后加以记忆。记忆时要把化学知识提纲化、系统化。常用的记忆方法有规律记忆法、联想记忆法、综合记忆法、单独记忆法、理论联系实际记忆法等。事实上，化学中大多数知识点规律性很强，我们可以采取规律记忆法。如掌握元素周期律并熟记元素周期表就是规律记忆法。

2. 观察法

化学实验的观察，一般是按照“反应前→反应中→反应后”的顺序分别进行观察。观察的同时还要积极地思维。例如，在观察铜、锌分别投入稀硫酸中反应的现象时，要想通过何种现象证明反应已经发生，为什么会看到锌投入稀硫酸中会产生气体，而铜投入稀硫酸中却无气体产生。通过思考，把感性知识升华，就会获得较深的认识：锌的活动性比氢强，能将氢从酸中置换出来，而铜没有氢活泼，故不能置换酸中的氢。

3. 解题法

做练习可以帮助进一步掌握知识。但不能盲目做题，应当有所选择。平时做题贵精不贵多，不追求做了多少道题，而应该追求真正做会了几道题。在做题中要善于总结归纳题型及解题思路。化学知识之间是有内在规律的，掌握了规律就能理解知识，灵活运用知识。如化合价的一般规律，金属元素通常显正价，非金属元素通常显负价，单质元素的化合价为零，许多元素有变价，反应条件不同，生成物中元素的价态不同。

4. **运用法**

化学知识与生产、社会、生产的联系紧密。只要我们能留意身边的事物，就能发现很多化学方面的知识。所以，要做生活的有心人，在生活中灵活运用所学化学知识解释生活现象。这样你就会对化学越来越感兴趣。

指点迷津

1. 化学课上，我时不时出现打瞌睡的现象，真的是对化学没兴趣。到现在为止，我还不知道化学到底是学什么的，能解释一下吗？

化学是研究物质的组成、结构、性质，以及变化规律的科学。因此，学习化学要求认识常见物质的性质、制法，掌握化学的基本概念和基本理论，理解物质的多角度分类，认识化学变化的多样性和规律性，能分析简单的化学问题，并用化学语言进行表达，能分析化学问题中量的关系，学会简单的化学计算，能进行简单化学问题的方案设计、操作和完成实验报告。

2. 有人说化学是理科中的“文科”，要记很多内容，如何记效果好呢？

化学这一学科包含大量零散的化学事实、化学理论，对这些内容，理解后必须加以记忆。化学中常用的记忆方法有：比较法（常用于容易混淆、相互干扰的知识，如同位素、同素异形体、同系物、同分异构体四个相似的概念，可以通过比较，使理解加深，记忆牢固），归纳法，口诀记忆法，理解记忆法，框架图记忆法和实验记忆法。

六、如何学生物

状元说经

邓侃是2007年云南省高考理科状元。她认为学习生物要加强概念的辨析，注意那些容易忽略的细节，在概念的掌握上达到滴水不漏的要求。在理解概念的基础上，构建知识网络，把分散在各个章节的知识点、具体例子通过“生命的物质基础与结构基础”、“新陈代谢”、“生命活动的调节”、“生物的生殖和发育”、“遗传与变异”、“生物与环境”等几条主线贯穿起来，化零为整，系统地学习生物知识。

解读：生物也是记忆内容较多的理科学科，因此，按照不同的“线索”来整理记忆是不错的方法。另外，也要明白生物学是21世纪最有发展前景的学科之一，它作为自然科学领域的重点学科，将会有极大的发展空间。因此，在平时，也要多看看、了解前沿生物知识，如阅读杂志《奥秘》、《动物世界》、《大自然之谜》、《科学世界》，感受妙趣横生的生物世界。

方法真经

核心观点：生命的奥秘只有用系统的方法才能真正解释清楚。

生物是一门内容丰富多彩的学科，它把我们带入一个奇妙的世界。可是有一些同学觉得生物太深奥，怎么学都学不好，失去了学习的信心。这主要是没掌握好学习方法。“世上无难事，只怕有心人”，学好生物首先要对自已有信心，充分相信自己的实力和水平。课前做好预习工作，了解即将要学的内容；上课专心听讲，加深对这些内容的理解，培养学习兴趣，不断引发自己的学习驱动。一旦人们对某事产生了兴趣，其所激发的学习和探索的力量将是无穷的。兴趣可以使达尔文把甲虫放进嘴里，可以使爱因斯坦忘记家门，可以使陈景润头碰电线杆而浑然不觉，同样也可以使我们学好生物。此外，还应该多问、多看、多动脑，只要掌握好这几个方面，学好生物其实并不难。

1. 建立网络法

把生物学中的一些概念、原理、规律、现象等知识结构，按其内在联系有机地组合起来，形成完整的知识网络，构筑知识链。这样既有利于知识的记忆和迁移，又能在应用时迅速而灵活地提取，从而培养综合理解和运用的能力。例如，以生命的结构层次构建知识链，以各种生理功能按逻辑顺序归纳整理构建知识链，以生命活动过程构建知识链，按时间顺序构建知识链（如动物个体发育过程）；并以每条知识链的每个环节继续延伸，从横向找出知识的内在联系，建立知识网（如“生物的变异”与有关章节知识联系起来构成知识网）。

2. 实验学习法

通过做实验学习生物知识、提高探究能力也是一种学习生物的方法。例如，验证植物细胞质壁分离和复原的实验设计（可分别用10%、30%、50%的蔗糖溶液来验证），验证光合作用释放氧气的实验设计（可将植物的叶片放置在装满清水的烧杯中，在光照下观察气泡产生来验证）等。

3. 关注热点法

运用所学概念原理分析和解决新情境和现实生活中的实际问题，培养综合分析能力也是21世纪学习生物的要求。热点问题有生物高科技类，如人类基因组计划、转基因食品等；生产和生活实际类，如疯牛病、禽流感、酿酒工艺、酸奶制造等；环境保护类，如绿色奥运、沙尘暴、赤潮、温室效应；病理药理知识类，如艾滋病、细胞癌病等。

指点迷津

1. 如何弄清生物知识的内在联系？

要着重理解生物体各种结构、群体之间的联系，也就是注意知识体系中纵向和横向两个方面的联系。如关于DNA，我们会分别在“绪论”、“组成生物体的化合物”和“生物的遗传和变异”这三个地方学到，但教材在三个地方的论述各有侧重，同学们要前后联系起来思考，即所谓“瞻前顾后”。又如在学习细胞的结构时，我们会学习许多细胞器，那么这些细胞器的结构和功能的异同需要大家做了比较才能知道，即所谓“左顾右盼”。

2. 在学习生物时，如何坚持结构与功能相统一的观点？

结构与功能相统一的观点包括两层意思：一是有一定的结构就必然有与之相对应功能的存在；二是任何功能都需要一定的结构来完成和实现。例如叶的表皮是无色透明的，表皮细胞排列紧密，向上表皮的细胞壁上有透明而不易透水的角质层。表皮的这种结构的存在，就既有利于阳光透过，又能防止叶内水分过多地散失，还能保护叶的内部不受外来的伤害；而阳光透入，防止水分散失，保护叶内组织，又需要一定的结构来完成，这就是表皮。

七、如何学政治

状元说经

蔡妮芩是2006年重庆市高考文科状元，她认为学政治记点很重要，书上的点要记原话，不要觉得理解了用自己的语言阐述也可以。如果不是标准的政治语言，考试是很难拿高分的。还有一些话如自主创新的作用中有“四个支撑”，要记得跟顺口溜一样熟悉。关于大题的答法，也是重要点。她通过分析发现历年的高考政治答案都是“点到为止”，其结构是知识点再加上少量带材料的阐述。所以政治答题的要点要求精确，不必用过多的笔墨，但要全面。

解读：在这里，蔡妮芩主要介绍了学习政治的一个方法，就是要点学习法。政治是理论性最强的学科，从教材来看，每一章、每一节，甚至每一段都有自己的“要点”；另外，政治老师在批改试卷时，也一般采用找要点给分的原则。所以，要掌握整个知识体系，记住要点确实是非常重要的。当然，学好政治的方法还很多，比如，理论联系实际就是最重要的方法，千万不要只记住了要点而忽略了联系实际，那样的话，就是纯粹地应付考试的方法了。

方法真经

核心观点：抓住政治的两个特点才能学好政治。第一是理论的深刻性，第二是思维的辩证性。

对政治理论的学习需要借助于书中的实例以及生活中的实例，这需要我们努力想象，善于联想。政治不同于语文，语文读起来会体悟到其中的味道，这是因为它是人们感情的直接流露，语言生动形象，语言的节奏感较强。而政治的语言比较抽象，它主要表达的不是人的情感，而是一种思想，理论性较强。对于这种学科特点，学好政治应采取哪些方法呢？

1. 辩证思维法

政治学科一个很重要的价值体现在它是人们认识世界、认识生活的思维方法，是思维的工具。政治学科所体现出来的辩证思维是任何学科无法比拟的，要学好政治必须把握其特点，因此，不要像读语文一样去读政治。语文的文章需要我们运用形象思维，而看政治书更多的是需要抽象思维，特别是辩证思维。在学习政治理论时，有时要用到归纳推理，有时要用到演绎推理。只要把握住这一特点，感受到理性思维的魅力，自然会喜欢政治。

2. 联系实际法

理解政治的思想观点，要坚持理论联系实际，理解书中举的例子是如何来论证原理的。同时，自己也必须举一些熟悉的例子。只有这样，才能使抽象的知识转化为生动的形象。当然，举例并不是目的，应该在具体的事例中归纳出本质，这个过程也是锻炼自己思维的过程，也能帮助我们在思考中找到乐趣。掌握时事有许多渠道，可以听新闻、看报纸或者听老师的讲解。可以买一本讲解时事的书，在笔记本上把原理列出来，再把可以用该原理分析的时事内容写在原理下面，复习的时候不忘记回顾，效果会很好。最后阶段做的政治问答题要及时地进行整理，按照时事内容归好类，同一个问题不同的思考角度都应罗列，这样复习就可以一目了然了。要把政治学活，懂得活学活用。

3. 趣味记忆法

学好政治不能靠背，尤其不能靠死记硬背。政治学科和其他学科一样有些东西要都是需要记忆的，但单一的记忆不能把握学科的基本内容。学习方法是一个系统，多种方法的综合运用才能有实效。可以结合历史故事来记，还可以结合小品、歌曲来学。政治讲的是理论，历史、故事、小品、歌曲等都可以是例证，这样既可以把政治书读厚，加深了理解，又培养了自己学习政治的兴趣。

1. 我认为政治要死记硬背，于是就一直不停地背，可一到考试，会发现自己有很多内容早已忘记了。有的同学说，学政治就要学会思考，那么怎样才能做到主动思考呢？

学会思考应做到注意知识的积累，增加感性材料的储备，掌握一些思维方法，如分析、综合、比较、抽象、概括、具体化，等等；将自己置身于问题情景之中，如怎么发展农业，从以下角度思考：政策、农民、科技、人才等，又如联系具有普遍性：可从自然界、人类社会、人的认识三个方面进行论证。

2. 政治主观题真难，考试从没得过满分，有什么好方法来对付政治主观题吗？

首先，过好审题关。对运用文字表述的题型，在认真、仔细、全面阅读所给材料的基础上，对材料进行归纳、思考，要审出材料的中心思想或主旨，提取出有效的信息，并注意几个材料之间的内在联系。最重要的是审清题目设问的角度。其次，快速记忆知识点、热点，提出与问题相关的信息。最后，根据组织答案，选准材料与原理的切入点、结合点就显得非常关键。回答时要有重点，还要求答案的编写简明，紧扣题意，详略得当；要求要点明确，层次清楚，语言简练、规范。

八、如何学历史

状元说经

柏雯瑛是2007年吉林省高考文科状元，她认为笔记对于历史这门学科来说尤其重要。但做笔记也要有技巧。高中历史总共有五本教材，每本教材都要有详细的笔记。比如中国古代史在做笔记时应将每个朝代分成政治、经济、文化、民族关系、对外关系五个方面认真进行总结，这样，在复习时可以把各个朝代的政治、经济、文化、民族关系、对外关系归纳到一起变成五个专题进行复习。例如，对“变法”这一专题的复习，把古代所有的变法全部归纳到一起，起因、过程、对当时的结果、历史影响等。

这样有助于建立历史时间、事件体系，有益于将历史事件串成几条线，不会漏掉知识点。

解读：柏雯瑛介绍了专题复习的重要性。目前，历史教材就是按主题要求编写的。那么，我们除了按“政治、经济、文化、民族关系、对外关系”五个专题划分之外，还可以把这些专题一一细化，选择不同的线索进行归类学习。因此，对历史学科来说，上课时，要做好听课笔记，把要点先一一记下，课后要对笔记进行整理，使内容丰富完善、逻辑清晰。在整理笔记时，申屠老师建议多列一些历史知识表以方便理解、记忆。

方法真经

核心观点：史料的繁杂不要怕，历史人物的复杂也不要怕。

各学科都有自己的特点，历史也不例外。教材内容在时间上纵跨几千年，知识点繁多、琐碎，这是历史学科的特点，同时也是学生觉得知识不易记忆、难于掌握的地方。但是不要紧，只要有决心学好历史，我们一定能掌握学习历史的办法。通过几年的学习，我以为口诀法、卡片法、列表法、追踪法、评价法都不失为学习历史的好办法。

1. 口诀法

针对历史知识琐碎的特点，我们可以编些口诀把它们连缀起来。比如，我国古代朝代很多，不便记忆，有人就编了个口诀：唐尧虞舜夏商周，春秋战国乱悠悠。秦汉三国晋统一，南北朝来是对头。隋唐五代又十国，宋元明清帝王休。短短几句，读来朗朗上口，避免了死记硬背，又达到了记忆的目的。这种口诀前人编了许多，我们也可以自己来编，自编自记，其乐无穷。

2. 卡片法

我们可以准备一些卡片，若遇到一个重要的历史人物，就把他的名字生平写在上面，随写随记。但是教材上的知识是有限的，每个历史人物的情况难以全部提及，因此还可以在每张卡片的后面留一些地方，当我们通过课外阅读得到新知识以后，随时补充，不断充实自己的卡片内容。这样，久而久之，一部“历史人物小辞典”就在我们手中诞生了，真是一举两得（知识积累、发明创造）！这种方法贵在持之以恒，点滴积累，写记结合。若不能坚持下去，就难以达到目的。

3. 列表法

列表法可以使知识系统化，把同一范畴的各种事物列在一个表中，便于我们通过对比加深记忆。历史的知识点虽然多，但是都能够根据时间或者是其他的分类方法把它们串成一个链条。如中国古代经济的发展史，这是一个大类，它又可以分成货币发展史、商品发展史，等等。又比如历朝历代加强专制主义中央集权的举措，就可以从战国的初步确立，然后秦朝、西汉、魏晋南北、隋唐、北宋、明清等各个朝代这样整理下来，这就是一个专题。把历史按专题归类整理，条理就非常清晰了，记忆也会很深刻，而且因为是打乱了教材的顺序归纳，能够有一种新鲜感，能够克服看书过程中的疲劳。

4. 追踪法

追踪法主要探究历史事件发生的原因，而这些原因在教材上只是轻描淡写，这就需要我们花精力去探究。如果你爱好阅读，文章、日记、信件、书籍、遗嘱，这些材料会对你有所帮助；也可以参观博物馆、历史遗址，看戏剧、电影、录像，从而达到学习历史事件的目的。

5. 评价法

历史是复杂的，用我们自己的智慧和思考去认识历史，在理解的基础上学习历史，用辩证的眼光去评价历史，是学历史的关键。

指点迷津

1. 历史要记忆的东西特别多，有历史事件、历史人物、历史观点、重要时间，不知如何记忆效果最好。

学习历史首先要有时间概念，把所有事件按时间顺序排列，并不靠死记硬背，有时要理解、分析，切忌大段大段的背诵。为了提高记忆效果，主要可采用归类学习法与联想法。所谓归类法就是把各种知识进行合理的归类与串联，联想法指掌握知识之间的联系，也可以与实际生活联系起来。

2. 学习历史只要背教材就行了吗？

只背教材当然是不够的。学习历史，可从以下环节入手。上课时，专心听课，认真做听课笔记，尽量在课堂上就做到理解知识、熟记知识；做作业时，就相当于复习课堂内容，先整理课堂笔记，后完成作业；课外，要看一些历史课外书，如一些名人传；此外，还可关注地方史，参加社会调查活动等。

九、如何学地理

状元说经

孙一丁是2006年吉林省高考文科状元，她认为地理是文综中知识最纷繁庞杂的，它的考试范围不仅涵盖高中的6本教材，还包括初中的4本教材，因此在学习中经常会顾此失彼，记不住零碎的知识。她的办法是以图为纲，将所学的知识固定在某个区域上。在头脑中形成自己的一张链接地图，每想起一个区域，就会自然联想出当地的地形、气候、河流等自然地理知识和农业、工业、人口等人文地理知识。一开始或许有些困难，但一旦形成框架，就能有效提高学习效率。

解读：学好地理必须利用好地图。如果你连地图都无法理解和熟记，那地理就很难学好了。地图的记忆包括地形、气候、交通、文化、行政等方面，要对单独区域进行综合记忆。在掌握了地图中知识的前提下，进而是对教材中知识点的掌握。

方法真经

核心观点：学好地图就等于抓住了学地理的突破口。

地理是人类最古老的学科之一。开天辟地之初，大自然就在不知疲倦地塑造着地球的沧海桑田，也带给了古老的人类无穷的好奇与想象。随着时间的推移，人类一直在感受着自然造物的神奇，并在人与自然的往来交流中，地理学不断被拓展出新的意义与内涵。时至今日，地理事物与现象变成越来越受人们关注的话题，不仅仅局限于经典意义上的山川面貌、星辰运行等自然地理的内容，而且更多地融入了人口、资源、环境与发展、旅游等人文层面的印记。由此延伸，进而折射出社会风貌真实的投影。上至宇宙空间，下到地球内部，还有我们生活的人类社会，这些都是地理环境的重要组成部分，也都属于地理学的研究范畴。地理学还具有极强的实用性，地理与人们的生活密切相关，我们可以在生活中观察到许多有趣的地理现象，在生活中学到许多有用的地理知识。不仅如此，地理学在现代科学中还占有重要地位，对于解决当今世界所面临的人口、资源、环境和发展等问题起着重要作用。

初中地理更多的是学习“在什么地方”、“有什么样的事物”、“有什么特点”等问题，不可避免涉及大量的记忆性的内容，因此其学习方法的侧重点就是解决怎样科学、高效地记忆这些地理事实材料。而高中地理侧重解决的是地理事物的规律及其对人类生产生活的影响，通过探究这些规律的形成原因来形成为人类服务的相应对策。也就是说，应侧重于通过多因素的综合分析，归纳那些繁杂的地理事实材料，从中推导出一些规律，从本质上掌握其成因，最后形成人类生产生活的相应对策。可见，高中地理的学法核心是理解而非记忆，是应用而非记忆。

无论自然地理还是人文地理，都表现为以人地关系为主线的显著特点，几乎所有的地理问题都跟人类的生产、生活有着密切的关系，学习地理必须紧扣这条主线。许多地理问题都有知识与能力的跨学科特点。自然地理部分主要与数学、物理、生物学科联系较多，人文地理主要与政治联系较多。

1. 理解学习法

地理学的知识，即使是地理事实和现象，大多也是可以通过理解其中的内在联系和规律来记住的。而关键的基本概念和原理更要理解。学习地理跟其他学科一样，也要多问“为什么”。有了基本的怀疑精神和批判精神，提出问题并不是一件很困难的事情。其实地理学得不好的同学，他们关于地理的“为什么”应该是很多的。只是问题太多，怕麻烦、怕思考、怕问老师、羞于问同学，而没有深究下去。

2. 读图法

地理是不同于历史、政治等其他学科的，它有自己的方法论。显著的特点就是往往借地理图表来说话。大家应该努力提高识读地理图表的能力。平时勤看中国地图和世界地图，对著名的高原、山脉、丘陵、平原、盆地、河流、湖泊、海洋、岛屿、海峡、城市、矿藏资源、交通线（铁路、航道等）、气候类型、陆地自然带等地理事物的分布要熟悉，形成所谓的“心里地图”。这主要靠平时的逐渐积累。

地图是地理信息的浓缩和直观表达，是学习地理的重要工具。学会看图用图是学好地理的基本技能，平时的习题、考试的试卷中都有“读图回答”类的题目。同学们可以先看教材上的一些原理图、示意图，仔细观察，把教材中的知识落实在图上，同时要注意图形的变化。在读图时要借助想象力，对于地图中的数字、符号，要据此理解自然环境特征并进行想象。通过想象与联想的记忆体验才能更深刻，也更为有效。

3. 联系热点法

地理的一些难题往往与社会热点相联系，要解决这一类问题，就要关注社会热点，在学习基础知识的同时，自觉与现实问题结合起来，运用学到的知识作合理的解释。如对南方梅雨、北方秋雨、贵阳冬雨的现实解释，对我国现在的工业布局、城市发展、“三农”问题等的实际分析等。在解题时，题目中的文字、数字、图表、设问暗示都是信息，要善于捕捉、处理和转换，只注意浅层次或单一信息就会理解片面。

指点迷津

1. 如何用理科思维的方法学习自然地理？

充分运用图解法，从三维空间的角度理解基本概念、基本规律和基本原理。如太阳高度与正午太阳高度概念、时空分布规律的图解与数学推导方案；冷热不均引起的热力环流引发的高气压、低气压概念的思考；地球自转线速度与角速度空间分布规律的图解及数学推导方案；冷锋与暖锋侧视图和俯视图分析，气压与雨区。

2. 什么是文科跨学科综合能力？

文科跨学科能力是指综合运用政治、历史、地理学科知识，根据事物及其发展的内在联系和规律，将学科知识重组、整合、迁移，使知识、认识和方法相互交融，形成更为深刻的思想内涵，多角度、多层面分析、解释、解决各种问题的能力。这种能力的考查在文综考试中已逐渐体现出来。

探究活动

你最喜欢的学科与最不喜欢的学科是什么？原因又是什么？

最喜欢的学科及原因	最不喜欢的学科及原因

方法提示：喜欢的原因可能是对学科的内容有兴趣，老师课上得好，这一学科重要，考试时分数高，等等。不喜欢的原因则与之相反。

学科篇名言

1. 学习专看文学书，也是不好的。先前的文学青年，往往厌恶数学、理化、史地、生物学，以为这些都无足轻重，后来变成连常识也没有。

——鲁　迅

2. 除了自然科学外，还有其他的文化形式，如果忘了这个事实，由于注意到科学而扼杀或削弱文学和审美教育的趋向，应该感到遗憾。

——赫胥黎

3. 未来的文盲不再是目不识丁的人，而是没有学会怎样学习的人。

——阿尔温·托夫勒

4. 世上只有一样东西是珍宝，那就是知识；世上只有一样东西是罪恶，那就是无知。

——苏格拉底

5. 读史使人明智，读诗使人灵秀，数学使人严密，科学使人深刻，伦理学使人庄重，逻辑修辞之学使人善辩；凡有学者，皆成性格。

——培　根

6. 数学中的一些美丽定理具有这样的特性：它们极易从事实中归纳出来，但证明却隐藏得极深。

——高　斯

7. 我不知道世人对我的看法如何，我只觉得自己好像是个在海滨游戏的男孩，有时为了找到一块光滑的石子或比较美丽的贝壳而高兴，而真理的海洋仍然在我的前面而未被发现。

——牛　顿

8. 如果我比我周围的人获得更多的成就的话，那主要——不，我可以说，几乎单纯是由于不懈的努力。

——道尔顿

9. 历史以人类的活动为特定的对象，它思接万载，视通万里，千姿百态，令人销魂，因此它比其他学科更能激发人们的想象力。

——马克·布洛赫

10. 只有服从大自然，才能战胜大自然。

——达尔文

课内篇

导　读

【方法真经】

1. 学习成绩不好，原因是多方面的，但一般来说是从上课分心开始的。
2. 只用耳朵听，只听到声音，如果眼到、手到、心到，这样的听课一定会高效。
3. 最好的笔记主要不是看记下来的知识是否全面，而是看记下的内容是否经过了自己大脑的加工。
4. 经常讨论可以使自己表达流畅，使自己的思辨更敏锐。
5. 好问的人首先具有质疑的精神，同时又讲究问问题的方法。
6. 不要把写作业当成任务，而要把它当成提高学习能力的手段。

【思维纵横】

课堂中主要学习各学科知识，但我们不能单纯地采用传统的接受式学习方法，也要主动采用探究式学习方式，而且各种学习策略要在课堂学习中体现出来。因此，学习本讲内容时应与“学科篇”、“探究篇”、“策略篇”结合起来。

凡用兵之法，将受命于君，合军聚众，交和而舍，莫难于军争。军争之难者，以迂为直，以患为利。故迂其途而诱之以利，后人发，先人至，此知迂直之计者也。

大凡用兵的法则，将帅接受国君的命令，从征集民众、组织军队到同敌人对阵，在这过程中没有比争取先机之利更困难的。争取先机之利最困难的地方，是要把迂回的弯路变为捷径，要把不利变成有利。所以用迂回绕道的佯动，并用小利引诱敌人，这样就能比敌人后出发而先到达所要争夺的要地，这就是懂得以迂为直的方法了。

这是《孙子兵法》军争篇中的一段话。“军争”就是作战的双方争夺取胜的有利条件，也就是争夺战场上的主动权。孙子认为应采用以迂为直的策略来取得主动权，只有这样，才能抓住先机。我们的学习也有“先机”，它就是课堂的45分钟。因为，对学生来说，大部分知识是在课堂中通过老师的讲解、引导、启发后获得的。谁提高了课堂45分钟的学习效果，谁在竞争中就能取得主动权。

课堂学习有这样的特点。每一堂课都有明确的内容，而且都是写在教材中的新知识，对知识的重点与难点，老师会重点讲解，对一些具体的疑难问题，老师会组织讨论。当然，现在的课堂中学习的内容也不全是教材中的知识，老师会对教材有所处理，有的删节，有的增加，在备课时老师会结合实际情况，补充一些我们感兴趣的东西。很多课堂会通过PPT来呈现学习内容。在课堂中，我们要看教材、看板书、看PPT的内容，我们要听老师如何解读重点与难点，我们要把一些重点、难点一一记在自己的课堂笔记本上，我们要参与课堂讨论，发表自己的观点（有些答案不是从老师的身上得到，而是在讨论中感悟到的）。这个过程也就是学习中的“以迂为直”的方法。所以说，课堂学习的效果取决于我们看、听、讨论、记、理解的效果。

在课堂上，由于注意力不同，参与课堂活动的积极性不同，对知识的识记、理解程度不同，学习效果肯定是不一样的。有的人注意力集中，能把老师讲的重点与难点一一记下；而有的同学上课时经常会分心，也没有养成记笔记的习惯，课堂讨论从不积极参与，对老师的提问也不积极思考，就这样白白地浪费了课堂中宝贵的学习时间。

一、上课分心原因有哪些

故事启示

春秋时候，楚国有个擅长射箭的人叫养叔。他能在百步之外射中杨枝上的叶子，并且百发百中。楚王羡慕养叔的射箭本领，就请养叔来教他射箭。养叔把射箭的技巧倾囊相授。楚王兴致勃勃地练习了好一阵子，渐渐能得心应手，就邀请养叔跟他一起到野外去打猎。

打猎开始了，楚王叫人把躲在芦苇丛里的野鸭子赶出来。野鸭子被惊扰地振翅飞出。楚王弯弓搭箭，正要射猎时，忽然从他的左边跳出一只山羊。楚王心想，一箭射死山羊，可比射中一只野鸭子划算多了！于是楚王又把箭头对准了山羊，准备射它。可是正在此时，右边突然又跳出一只梅花鹿。楚王又想，若是射中罕见的梅花鹿，价值比山羊又不知高出了多少，于是楚王又把箭头对准了梅花鹿。忽然大家一阵子惊呼，原来从树梢飞出了一只珍贵的苍鹰，振翅往空中窜去，楚王又觉得不如还是射苍鹰好。

可是当他正要瞄准苍鹰时，苍鹰已迅速地飞走了。楚王只好回头来射梅花鹿，可是梅花鹿也逃走了。只好再回头去找山羊，可是山羊也早溜了，连那一群鸭子都逃得无影无踪了。楚王拿着弓箭比画了半天，结果什么也没有射着。

启示：楚王射猎，关注的对象很多，心也就乱了，想射野鸭、山羊，又想射梅花鹿、苍鹰，结果他一无所获。可见，专心是成事的前提，学习也是一样。很多同学上课时注意力不能集中在学习内容上，有的想到了课前发生的事，有的期望课后发生什么事。对于这些同学，要解决的问题就是“分心”问题。

方法真经

核心观点：学习成绩不好，原因是多方面的，但一般来说是从上课分心开始的。

课堂学习中，最影响听课效率的问题就是分心问题。一分心就听不到

老师讲什么，看不到黑板上写的内容，跟不上课堂讨论的内容。上课开小差或做小动作或看别的书或在胡思乱想。这样，一堂课应该听懂、理解、掌握的知识都没有达到预期目标，这自然又影响课后的复习和做练习题，习题完不成就会出现抄袭的现象。可见，要提高学习效率首先要提高课堂学习效果，而关键要解决分心问题。

1. 分心的原因

分心主要表现为无法将心理活动指向某一具体事物，或无法将全部精力集中到这一事物上来，同时无法抑制对无关事物的注意。造成这种情况的原因比较复杂，主要有下列几种原因。

①内容影响：内容没有趣味，内容太难没有信心学，内容太简单，不必用心学。②情绪影响：学习没有一个愉快的心境，学习前或学习过程中产生的消极情绪影响了学习。③环境影响：没有安静的学习环境。如外面的噪声，或父母在家看电视、聊天、打麻将给学习带来了干扰。④潜意识影响：在理智上知道学习的重要性，但在行为上却表现出不愿学习，这是潜意识发生作用。⑤学习目标：没有明确的目标，导致注意力不集中。⑥意志问题：意志薄弱，缺乏恒心，抵挡不了新的诱惑，注意力分散。

2. 郭震的经验

湖南省湘潭一中高中一年级学生郭震，15 岁考入中国科技大学少年班。在少年班学习了四年，又提前考取了中国科学院物理研究所的研究生。他的体会是：听课要学会追老师，让自己的思路追着老师的话转。郭震同学听课总是全神贯注，他的思维就像一架“电子跟踪器”，一刻也不离开老师的讲话或板书。老师讲到哪里，他就想到哪里。遇到听不懂的地方，随手记下来，以便课后再去问老师。

3. 集中注意力的策略

注意，是一切认识过程的开端，是听知能力的第一要素。要听得清楚，听得准确，必须有意识地进行有意注意的训练。有两点申屠老师必须着重指出：①注意的稳定性，即指注意能较长时间地保持在某种事物上的品质。注意稳定的标志是在一段时间内保持注意的高度集中。我们听课时，既要看教材、看实验演示、板书，又要听老师讲述，还要记笔记等。由于这些活动都服从于听课这一项总任务，它们属于在注意稳定性范围之内的注意转移。对于要求持久注意的活动，这种转移有积极作用，它可以防止疲劳，提高注意稳定性。②注意的分配。指在同一时间内把注意分配到不同的对象上。如听课时的看教材、看板书、听老师讲解、记听课笔记就是典型的注意分配。

指点迷津

1. 我上课时经常开小差，哪怕窗外的人影也会吸引我，等回过神来，发现老师已讲了很多内容。如何保证上课不开小差呢？

第一，课前做好预习有利于上课集中注意力。通过预习，我们找到了学习的重点与难点。上课时，老师讲解重点与难点时自然会集中注意力。第二，上课时做好课堂笔记就减少了开小差的机会。做好笔记，必须要认真听老师讲，仔细看老师的板书。第三，要保证一分钟也不开小差，自然要紧跟老师的讲课思路。老师的讲解内容分几个层次，关键词是什么，都要在听课时一一抓住，并且能对老师提问，积极思考，举手发言。

2. 一到星期六，想到马上要放假回家就很激动，上课时不由自主开小差，请问有什么方法可以保持注意力的稳定性？

想到星期六可以回家与父母团聚，激动的心情可以理解。但要善于调节自己的情绪，不能让这种兴奋的情绪影响了学习。因为，希望你安安心心地努力学习也是父母的期望。那么，保持（假期前）注意力的稳定性有什么方法呢？第一，要把学习目标具体化。比如在自修课做作业，明确规定要做完几道题以后才能做其他事情。第二，要眼、手、脑结合起来。比如，记忆一些新单词，除了看以外，还要边写边记。可以规定每个单词至少抄写几遍。这样与具体操作结合起来的注意力是相对稳定的。

二、如何听课效果好

故事启示

我国著名科学家高士其，读小学时就特别遵守纪律、专心听课、用功学习。有一次，小高士其正在聚精会神地听老师讲课，他的同桌却偷偷地玩起纸折青蛙来，还一而再再而三打扰高士其听课，要高士其和他玩斗青蛙。小高士其不理睬他，依然端端正正坐着专心听课。而那位同学呢，见高士其总不理睬，就用手轻轻去碰高士其，高士其还是一动不动地坐着听课。那同学又用手去拉高士其的衣服，高士其斜眼瞄了他一眼，那同学便用手指了指在膝盖上的两只纸折青蛙。但高士其仍目不斜视，一直专心听老师讲课。老师早就发现了那个同学搞小动作。下课后，老师表扬高士其做得对，不受干扰，专心听课；也批评了那个玩纸青蛙的同学。由于小高士其平时上课特别用心，课后又勤奋读书，因此，学习成绩年年在班上名列前茅。

启示：如果少年高士其听课时受同桌影响，并参与玩纸折青蛙，那肯定就不能取得优异的成绩，以后也就不可能成为一个科学家。这一故事告诉我们，要取得好成绩，就必须做到上课专心听课。即使有干扰因素，也要努力排除。

方法真经

核心观点：只用耳朵听，只听到声音，如果眼到、手到、心到，这样的听课一定会高效。

上课时没有开小差，是否就意味着听课效果好呢？这不一定，一般来说，有预习的听课效果比没预习的好，能认真记笔记的听课效果比不记笔记的要好，能积极发言的比不发言的要好。这是因为只用耳多听，只听到了声音，有了眼到、手到、心到，能对上课的内容进行多渠道加工处理，效果自然会成倍提高。

1. 预习与听课的关系

听课作为学习的中心环节，其效果直接影响学生的学习质量和效率。申屠老师认为，要听好课，必须先进行预习。可很多同学不懂得预习与听课的密切关系，没有做好听课的准备。听课的目的是学到新知识、新方法、新观点，在听课前需要有明确的学习目标和准备，事先对需要学习的知识有所了解熟悉，以使听课有重点地听不懂的或需要精深研究的问题。这样，上课时对疑难点就能仔细听，听课中再加上合理的联想，可以由“树木”联想到“森林”，从而提高听课效率。

2. 高效听课的方法

高效听课要做到三点：首先，课前作好准备，带着问题去听课，这样听课时就可以有的放矢；其次，要集中注意力，听老师讲解的思路；第三，要做到听、看、记、思有机的结合，要认真做好课堂笔记。课堂听课时，除了耳朵听外，还要用眼看，最重要的是要用大脑整合看到的、听到的内容。听到的和看到的内容是教材中有的或黑板上有的，而自己整合出来的知识不是老师直接讲述的，是教材中、黑板上没有呈现的知识，这种知识是隐性的知识，是活学而得的知识，是经过自己加工理解后的知识。听到老师讲的知识并不难，能听出老师、教材没有涉及的知识才是听课的最高境界。

3. 听课能力的培养

在课堂学习中，同样的教材、同样的老师、同样的时间，但不同的人获得的信息却不一样。这就与听课的方法和能力直接相关。表面上看，听课的能力好像只是“听”的能力，其实，它与很多能力相关，如注意力、记忆力、思维力、想象力等。要听得清楚，听得准确，必须有意识地进行对听知有意注意的训练。记忆是“人类心灵之仓”，它是信息的输入、编码、储存、提取的过程。训练听知记忆力，要根据不同材料的内容，提出不同的记忆任务。思维力是指对听课材料的理解能力以及分类，将知识系统化、内在化的过程，这种训练可以由低级水平然后再向高级水平发展。

想象是创造的先导，听知想象力的培养，可以拓宽我们思维的灵敏度，发展联想能力，培养创造意识。

指点迷津

1. *老师说要提高听课效果，就要先预习。可是我预习后再听课，发现老师讲的内容我基本上知道了，感觉听课也没有味道了。我应该如何处理好预习与听课间的关系呢？*

课前预习一般有以下三个阶段：一是粗略地浏览教材中第二天要讲授的部分重点和难点；二是解答问题，查阅过去与此相关的知识，一面阅读教材，一面做摘要笔记；三是阅读有关的参考书、习题集等，以加深对教材的理解。通过预习，可以发现一些新问题，我们要带着问题去听课，即听课前有一个明确而具体的目的，重点听与自己所要掌握的问题有关的内容。这种听课方法的好处在于目标明确，注意力能高度集中，而且有针对性，集中度高，便于获得自己所要掌握的知识。但也不能因为进行了预习就不听老师上课，老师的讲解最有利于我们理解新知识，它能使我们在预习的基础上得到更大的提升。

2. *请问该如何抓住听课的主动权？*

这个问题提得很好，表明你有主动学习的强烈欲望，不仅能做到认真听课，而且力争主动听课。所谓主动听课就是不盲目照搬照抄老师说的、黑板上写的，而是对老师提供的信息进行筛选、加工，转化成自己的语言，记在听课笔记上。能对老师说的观点提出质疑，积极参与课堂讨论，提出自己的观点，引发同学们的讨论。如果你能做到这样，也就抓住了听课的主动权。

三、如何记课堂笔记

故事启示

在动物学校里，校长狮子宣布在新学期里要进行“优秀笔记”的评奖。动物们听到这一决定都非常高兴，都认为自己的笔记一定能得奖。上课时，班主任鹦鹉问道："大家觉得什么样的笔记才是优秀的笔记啊？"小松鼠首先站起来发言："我认为记得清楚的笔记就是最好的，我的笔记就很清楚。"兔子急忙回答："只清楚不全面有什么用，我认为记得全面的就是好笔记。"第三个站起来发言的是大象："清楚也好，全面也好，如果抓不住重点，效果也是很差的。"最后大熊猫也提出了自己的观点："我觉得笔记是有层次的，第一层次是清楚，第二层次是全面，第三层次是有重点，第四层次是创新。我目前的笔记已经做到了第四个层次。"大熊猫的介绍得到了大家的一片赞声。

启示：这一故事告诉我们不要以为记下板书，记上老师说的要点就是最好的笔记，最好的笔记一定得有创新。这创新包括对教材的自我解读，对老师的讲解提出自己的观点。记笔记不是目的，它只是上课认真听课的一种手段，通过记笔记，要把知识记到自己的大脑里。因此，只有记下自己大脑加工过的内容、记下自己上课时的一些灵感的笔记才是好笔记。

方法真经

核心观点：最好的笔记主要不是看记下来的知识是否全面，而是看记下的内容是否经过了自己大脑的加工。

课堂笔记是学生在课堂中获取老师讲解的新知识，记录自己以及同学在课堂中提出的新问题的手段。要记好课堂笔记，就要做到以下几点。

1. 做好准备工作

笔记本是必不可少的。最好给每一门学科准备一个单独的笔记本，不要在一个笔记本里同时记几门学科的笔记，否则会很混乱。准备两种不同颜色的笔，以便通过颜色突出重点，区分不同的内容。申屠老师建议每页笔记的右侧画一竖线，留出1/3或1/4的空白，用于课后拾遗补缺，或写上自己的心得体会。左侧的大半页纸用于做课堂笔记。

2. 学会笔记方法

笔记方法多种多样。学生在课堂上常用的笔记方法有要点笔记、提纲笔记及图表笔记等。①要点笔记：不是将教师讲的每句话都记录下来，而是抓住知识要点，如重要的概念、论点、论据、结论、公式、定理、定律，对老师所讲的内容用关键词语加以概括。②提纲笔记：这种笔记以教师的课堂板书为基础，首先记下主讲章节的大小标题，并用大小写数字按授课内容的顺序分出不同的层次，在每一层次中记下要点和有关细节。条理清晰，使人一目了然。③图表笔记：利用一些简单的图形和箭头连线，把教学的主要内容绘成关系图，或者列表加以说明。图表比单纯的文字更加形象、概括。

3. 提高书写速度

书写速度太慢，势必会跟不上讲课进度，影响笔记质量。要学会一些提高笔记速度的方法。在保证笔记清晰、可认的基础上，可以简化某些字和词，建立一套适合自己的书写符号，比如用“∵”代表“因为”，用“∴”代表“所以”。但要注意不要过于简化而导致自己事后看不懂所记的内容。速写的目的是提高笔记效率。

4. 笔记整理

上课时，如果有些东西没有记下来，不要担心，不要总是惦记着遗漏的笔记而影响听记后面的内容。可以在笔记本上留出一定的空间，课后求助于同学或老师，把遗漏的笔记尽快补上。课后要及时检查笔记，从头至尾阅读一遍自己写的笔记，既可以起到复习的作用，又可以检查笔记中的遗漏和错误，将遗漏之处补全，将错别字纠正，将过于潦草的字写清楚。同时将自己对讲课内容的理解，将自己的收获和感想，用自己的话写在笔记右侧的空白处。这样，使笔记变得更加完整、充实、完善。

指点迷津

1. 有的学科，老师在黑板上写的内容不少，比如数理化，一堂课下来要讲好几道习题，可有的学科，老师在黑板上写的内容很少，如语文、政治，针对这种情况，有必要记笔记吗？

笔记不仅要记黑板上的内容，也要记老师说的重要知识点，还可以记下教材中没有的，而老师在课堂讲授的一些新知识、新观点以及自己的心得体会。不断积累，便会获得许多新知识。记笔记的过程也是一个积极思考的过程，可调动眼、耳、脑、手一起活动，促进了对课堂讲授内容的理解。记笔记有助于对所学知识的复习和记忆。

2. 我们老师也要求我们记笔记，可记好笔记后又如何在复习时使用呢？

如果在听课的同时记下讲课的纲要、重点和疑难点，用自己的语言记下对所学知识的理解和体会，这样对照笔记的思路进行复习，既系统、有条理，又觉得亲切熟悉。当然，在复习时，看书、做练习是必需的，但不能遗忘了复习笔记，这也是查漏补缺的过程，这样的复习，效果会不错的。

四、如何参与课堂讨论

故事启示

一只名叫艾普的老鼠苦恼极了，它的四周充满了危险。猫在梁上虎视眈眈，蛇在地穴里追寻它的踪迹。为了生存，艾普开始四处寻访朋友。兔子告诉它说："我逃避追杀的办法是奔跑、钻洞穴。"于是，艾普学会了第一种逃生技巧。蝙蝠告诉它："为了逃避危险，最好在夜里活动。"艾普便苦练夜视能力，它有了第二种逃生技巧。松鼠对艾普说："避开敌人最好的办法是上树，并在树枝间跳跃。"艾普虽然把爪子磨得生疼，上树、在树枝间跳跃也很快成为它的专长。猫来追它，艾普便钻进地洞；狗来咬它，艾普便爬上树去；人想逮它，艾普便趁着夜幕逃遁。从朋友那学来的技能让小艾普摆脱了危险的处境。

启示：艾普通过交流学会了三种技能，奔跑、钻洞穴是向兔子学的，夜视能力是向蝙蝠学的，上树技能是向松鼠学的。这一故事告诉我们，每个人都有自己的智慧和本领，我们要学会交流，向他人学习，把别人的长处也变成自己的优点。

方法真经

核心观点：经常讨论可以使自己表达流畅，使自己的思辨更敏锐。

现在的课堂，老师讲解的时间正逐步减少，课堂讨论的时间在逐步增加。讨论都是围绕问题展开的，它可以激发我们的思维。解决问题是最常见的合作学习，互相交流观点可以拓展我们的思路。讨论也是培养同学感情的途径，经常讨论，可以交到越来越多志同道合的朋友。

1. 蚂蚁给我们的启示

在不大的蚂蚁家族中，有着复杂却又严格的分工。工蚁负责探路和寻找食物，兵蚁肩负蚁巢的安全保障，蚁后则生育后代，还有的哺养后代。一只蚂蚁的力量非常渺小，若只顾自己，只靠自己，是难以获得成功的大餐的；而一群蚂蚁的力量是巨大的，因为我为人人，人人为我，相互合作，享受到成功的大餐也就成为一件容易的事情。“你有一个苹果，我有一个苹果，互相交换，各自得到一个苹果；你有一种思想，我有一种思想，互相交换，各自得到两种思想。”蚂蚁储食行为对我们的学习是否有所启发呢?

2. 课堂交流的作用

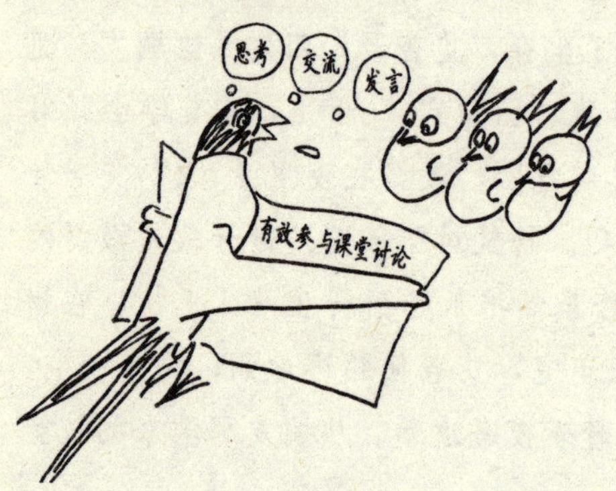

经常参与交流，可以培养分析问题、解决问题的能力和训练口头表达能力。当老师每提出一个问题时，我们应积极地去思考，努力从大脑中搜寻和这个问题相关的信息，在这个过程中，不但锻炼了自己的思维，还锻炼了自己分析问题、整理问题的能力，同时这种回忆，使旧的知识在大脑中提取和再现，这是对旧知识很好的复习。发言对于同学们的心理素质也是一个很好的锻炼。如果你从未发过言，在需要你非说不可的时候，你的心跳会加速，情绪会变得紧张，有时话到嘴边却说不出来，更别说准确地表达自己的思想了。这样看来，一个人如果从小就能抓住每次上课的发言机会，对口头表达能力的培养非常有利。

3. 课堂交流三层次

从目前的教学实际看，课堂交流主要有被动交流、主动交流、创新交流三个层次。古人云:“水本无华，相荡乃成涟漪；石本无火，相击而生灵光。”只有师生之间、生生之间不断进行思维的交流、智慧的碰撞、感悟的传达、体验的分享，才能使课堂呈现出缤纷的色彩。

指点迷津

1. 老师要求讨论时，我的同桌常跟我说很多电脑游戏的事情。我很苦恼，如果不理他就影响同学关系，理他就不可能安心上课，我该怎么办呢?

有些同学有一个不好的习惯，该讨论的问题不讨论，而是利用讨论时间聊天。你的同桌就存在这样的坏习惯。申屠老师建议你找个时间与他沟通一下，要求同桌在课堂讨论的时候就认真讨论，聊天可放在课后。

2. 老师布置一些问题在课堂中讨论，我觉得很多问题我一点头绪也没有，我的同桌也好像说不出什么观点。因此，我们常常没有讨论，就坐在那里等老师讲答案，这种习惯需要改变吗?

等老师给答案这习惯肯定得改。因为，这样等待，你就没有讨论的过程，思维得不到训练，要改变这一局面，还是得从预习抓起，在预习时就努力去寻找重要的知识点，发现自己的疑惑点，一般来说，老师设计的讨论题都是围绕重点与难点展开的。可能有的问题比较难，也得与同学互相交流，或许通过讨论思维得到碰撞，问题就能解决了。

五、如何进行课堂提问

故事启示

百灵鸟爸爸带着小白灵练完飞行后，在树枝间歇息。“爸爸，”小白灵指着正在墙上爬行的蜥蜴问，“它的尾巴为什么这样短呢?”“这是它新长出来的尾巴，待一段时间就长长喽。”“那它的尾巴哪去了呢?”“有一次，老鹰抓住了它的尾巴，飞向高空，想吃它的肉。它挣断尾巴逃跑了，保住了自己的生命。”“为什么老鼠的尾巴断了，长不出新的尾巴来呢?”“蜥蜴有再生能力，老鼠没有这种能力。”“什么叫再生呢?”“你这孩子，怎么今天这么多问题?”百灵鸟爸爸厌烦了，“以后别再为什么、为什么地问了。”“爸爸，我不懂又不问，那能学到知识吗?”小白灵撒娇地说，“要是我什么也不明白，那小白灵不就变成小不灵了吗?”“是啊！是啊!”百灵鸟爸爸用翅膀一把搂住小白灵，“宝贝儿，爸爸再也不烦了，以后你就多问几个为什么吧!”

启示：小白灵是好学的，因为它不断地追问。它明白只有不断地问，才能得到更多知识。现在，课堂中有这样一种奇怪的现象，小学生发言提问的人比初中生多，初步生发言提问的人比高中生多。也就是说随着年龄的增长，同学们课堂发言、提问的积极性越来越低了。要改变这一局面，我们得向故事中的小白灵学习了。

方法真经

核心观点：好问的人首先具有质疑的精神，同时又讲究问问题的方法。

在课堂中，老师经常会向我们提出问题。老师的提问有两个目的，一是了解大家对新知识的掌握程度，二是启发大家思维。但如果我们只是等着老师的提问而自己不去质疑，那是非常被动的学习。主动的学习要求我们主动向老师问问题。

1. 学贵有问

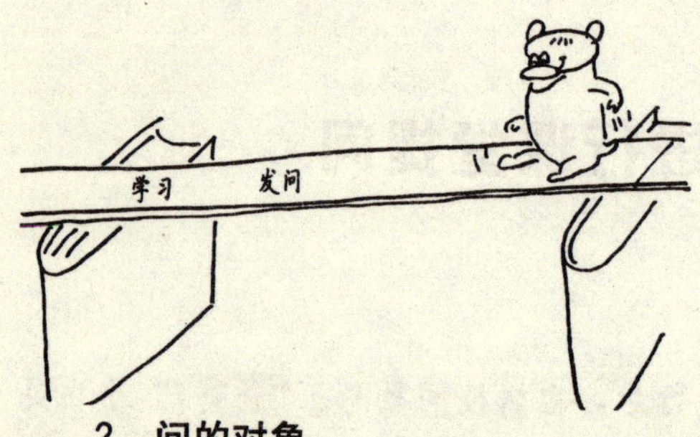

学贵有问，学问学问，有学有问。诺贝尔物理学奖获得者李政道说过："什么是学问？就是学习怎样问。"知识在问中增长，难题在问中击破，思维能力在问中提高。

2. 问的对象

虽然问很重要，但也不是一有问题就请教，也不是随时随地就问别人。面对问题首先得有自我探究的过程。选择好问的内容、问的对象、问的时间、问的方式才是一个好问的学生。同学问起来比较方便，但有时对方也比较忙，不可能给我们讲清解题思路，有时只告诉我们一个答案，这不利于我们思维能力的培养。因此，问老师是最好的方式，但老师毕竟不能时刻和我们在一起，所以要抓住机会。此外，我们还应积极向百科全书、互联网发问寻找答案。善问者往往会有较丰厚的收获。

3. 问的方法

看准问问题的时间。经过预习遇到问题的在听课后仍未能搞懂，就可在课堂上举手提问。如果上课时间紧，没有机会提问，那么就得在课后抓住机会提问。此外，也可以把不懂的地方集中起来，有计划地去问。

指点迷津

1. 有疑难问题总是懒得去问老师，心想经过自己思考可以做出来，可事实上自己解决的情况很少，到底要不要去问老师？

碰到问题不要急于问老师，先要自己独立思考，自己不能解决，可以问一问同学，同学还不能解决，就要找机会问老师，或在课堂中提出，也可到办公室找老师。切忌把疑问存留下来。

2. 遇到问题自己无法解决，就得问同学与老师，是不是直接问答案呢？

问问题也很有技巧，一般来说，不要直接去问答案，而是问思路、问方法。因为问了答案，你很可能就不会继续思考，只会解决这一道题目，不能解决同一类题目。如果问了思路与方法，你就有再次思考的过程，同时，还学会了一种解题方法。

六、高效作业的策略

故事启示

狐狸聪聪的肚子饿了。它正东张西望地寻找猎物，一只粗心大意的兔子居然来到离它不远的地方吃起草来。聪聪大喜过望。它将肚皮紧贴着草地，蹑手蹑脚地爬过去，在一个大石头的后面停了下来。它看看兔子，又看看脚下，在心中计算着离兔子的距离。然后，慢慢弓起身子，憋足劲儿，就像一支离弦的利箭，“嗖”地向兔子扑去。然而，它扑空了。兔子一溜烟跑没影儿了，聪聪却没有马上离去。它一次又一次地用脚步丈量着石头与刚才兔子吃草的地方的距离，一次又一次地从石头背后向那个地方扑去，直累得浑身大汗淋漓，也不肯休息。乌鸦看了，觉得十分好笑，在一旁讥笑说：“哇，我的朋友，你是在捕捉空气吗？你如果能把空气捉住，可真是个大发明哟！以后咱们没有东西吃的时候，就捉空气来填肚子。瞧瞧，这该有多妙啊！”聪聪认真地说：“乌鸦太太，话可不能这样说。兔子没有捉住，能够找到扑空的原因也是收获啊！我不能让这个收获也跑掉呀！”

启示： 狐狸聪聪对乌鸦太太的反驳是非常有道理的。积极的人会把自己失败的原因找出来，争取下一次的胜利，那么下一次就一定不会扑空。做作业不是目的，只是手段，作业出现错误很正常，只要找到做错的原因，及时改正，就是高效的作业。

方法真经

核心观点：不要把写作业当成任务，而要把它当成提高学习能力的手段。

很多同学对老师在的45分钟比较认真，而对老师不在的做作业自修课时间就比较随便，表现为随意讲话，影响了完成作业的速度，为了完成任务，就采取抄作业的策略，这样也就起不到巩固知识的作用。因此，如何提高做作业的效果，也是我们应关注的问题。

1. 明确做作业的目的

做作业的目的是巩固已学的知识、方法，提高自己的分析、归纳能力。很多同学对做作业的目的没有明确，有的同学认为，做作业就是为了完成老师布置的任务，只要做到按时完成就行了，因此，一旦时间紧张，就会很自然地去抄同学的作业。这种把作业只当任务认识，以及为了赶任务而抄作业的习惯，是导致作业低效的主要原因。如果把作业只当任务，就不会关注自己是否理解已学知识，是否能用已学公式，从而也就不会去总结每一道题的特点是什么，解题的技巧又是什么，这样的作业能学到的东西很少。

2. 学习解题技巧

为了提高做作业的效果，学习解题技巧是我们的重要目标。解题实质上就是应用各种思维方法与知识，对问题作出一系列恰当的、巧妙的转换。把解决复杂问题归结为解决简单的问题，把陌生的问题转化成我们所熟悉的、会解的问题。这就是解题的捷径。

不同的习题会有不同的解题模式。因此，要对典型的例题进行归类，认真研究，找到不同的解题方法。主要的例题有三种：教材中的例题、教师上课引用的例题、教辅书中的例题。教材中的例题主要包含原理、定律、公式等重要内容。弄懂教材中的例题，可以有效理解重要知识点。教师讲解例题主要进行解题方法的指导。这些例题可帮助我们学到解题技巧，在遇到同类的题目时，可以很快实现迁移。教辅书主要吸收了一些中考、高考中的典型例题，通过它可以了解考试命题特点与发展趋势。

每一类习题都有自己特殊的解题方法。因此，要建立自己的解题模式就要对习题进行分析与归纳。遇到难题时，将陌生的问题转化为熟悉的问题，以利于我们运用熟知的知识、经验来解决。将复杂的问题通过简化处理变为简单问题，通过对简单问题的解决，达到解决复杂问题的目的。将比较抽象的问题转化为比较直观的问题来解决。当从问题的正面讨论遇到困难时，可考虑从另一条途径切入，设法从问题的反面去探求，使问题获解。

3. 做好习题整理工作

（1）教材例题：一般都具有典型性、示范性和迁移性，它们渗透了基本概念、法则、公式、公理、定理等知识。剖析例题就是分析这个例题从已知到结论涉及哪些知识点；例题中的信息哪些是重点、难点和疑点；例题所用的学科方法和学科思想是什么；等等。甚至哪一步是解题关键，哪一步是容易犯错误的，都要进行分析。

（2）难题整理。在做练习与考试时，会遇到一些难题，根据碰到难题的先后顺序从纵向作难题笔记。此外，还应从横向根据难题的性质分别加以归类。平时从纵向和横向两方面对碰到的所有难题进行分析归类并储存在大脑中，下次碰到相同或相似的题目就不觉得难了。

（3）错题整理。每次考试或多或少会出现些错误，这并不可怕，要紧的是避免类似的错误在今后的考试中重现。因此大家平时要注意把错题记下来，做错题笔记包括三个方面：①记下错误是什么，最好用红笔划出。②错误原因是什么，从审题、题目归类、重现知识和找出答案四个环节来分析。③错误纠正方法及注意事项。根据错误原因的分析提出纠正方法并提醒自己下次碰到类似的情况应注意些什么。

4. 提高解题能力

要有效地提高自己的解题能力，做一定数量的习题是必需的。没有量变不可能有质变。但并不意味着习题做最多的人解题能力肯定最强，除了习题数量的积累，还要关注其他的相关因素。解题有自己的原则，一定要循序渐进，从易到难；要对例题、难题、错题重点研习；对教材中的例题要搞透，对自己做错的题要反思，对重点的习题要归类。

同学们常有这样的困惑：老师讲了许多例题，自己做了许多习题，结果收效并不大。因此，需要在训练中把握好“多”与“少”之间的关系。客观上讲，现在的学生并不缺乏必要的解题训练，而是缺乏促使“质变”的能力。这就要求我们练习时多思考，总结出方法，通过练习，真正掌握要学的知识。

指点迷津

1. 我并没有什么解题技能，我只知道上课认真听，下课完成作业。知识感觉好像机械地被吸收，解题有什么好方法吗？

一个习题解答不论多么复杂、多么困难，都是由一些基本解题方法组成的，只有熟练地掌握基本解题方法，才有可能提高解题能力；只有打好基础，能力才能得到提高。解题从思维角度看，有三种基本方法。一种是由已知条件往下推演，逐步导向结果，即“由因导果”；第二种是假设所要求的结果已经成立，看能推演出什么，逐步导向与已知条件相符合，即所谓的“执果索因”；第三种是同时从两方面出发，把已知条件和要求的结果都进行推演，寻找沟通它们的途径，即“从两头往中间凑”。熟悉了这三种解法，就能做到灵活解题。

2. 有人说题海战术很有必要，有人说这不科学。我觉得做题是必需的，就是不知该做多少题才最适合。

要做多少题，对每一个人来说是不同的，要以掌握相关知识为标准。那么，是否教材中的习题都会做了，就表明已经掌握了教材的知识呢？这也是不一定的。因为，知识点是死的，但习题是活的，围绕一个知识点可以变化多重角度进行出题。这也就是很多人为什么在平常做作业时没有什么困难，而一旦到了考试时，就不能正确完成。这是因为考试的题目角度新。很多同学为了提高考试成绩，就大量做题，他相信熟能生巧。这种题海战术虽然有一定的道理，但是一种比较笨的学习方法。如果长期坚持必定会影响创造力。申屠老师认为，应该结合自身的实际情况，选择有针对性的、不同类型的习题进行练习。

课堂学习中，你遇到的最大的问题是什么？你准备如何解决？

方法提示：上课遇到的主要问题有听课问题、笔记问题、讨论问题、发言问题、作业问题，等等。

课内篇名言

1. 三更灯火五更鸡，正是男儿读书时，黑发不知勤学早，白发方悔读书迟。

——颜真卿

2. 时间的步伐有三种：未来姗姗来迟，现在像箭一样飞逝，过去永远静立不动。

——席　勒

3. 生活真像这杯浓酒，不经三番五次的提炼呵，就不会这样可口！

——郭小川

4. 如果学校不能在课堂中给予学生更多成功的体验，他们就会以既在学校内也在学校外都完全拒绝学习而告终。

——林格伦

5. 无论掌握哪一种知识，对智力都是有用的，它会把无用的东西抛开而把好的东西保留住。

——达·芬奇

6. 记忆差的好处是对一些美好的事物，仿佛初次遇见一样，可以享受多次。

——尼　采

7. 每当第一遍读一本好书的时候，我仿佛觉得找到了一个朋友；当我再一次读这本书的时候，仿佛又和老朋友重逢。

——伏尔泰

8. 读书不是为了雄辩和驳斥，也不是为了轻信和盲从，而是为了思考和权衡。

——培 根

9. 良好的方法能使我们更好地发挥天赋的才能，而拙劣的方法则可能妨碍才能的发挥。

——贝尔纳

10. 如果把所有的错误都关在门外的话，真理也要被关在门外了。

——泰戈尔

课外篇

导 读

【方法真经】

1. 记忆是积累知识的要求，而整理则是高效记忆的有效途径。
2. 练习是为了巩固知识，而反思则是为了能举一反三。
3. 不要把课外阅读停留在娱乐这一层次，而要努力体验其中的真、善、美。
4. 娱乐本身也需要学习，要想在娱乐中学到更多的东西，就更需要学习。
5. 特长能让人更自信，而自信又能促进特长的形成。
6. 只有纯粹的书本学习，而没有实践的学习，这是遗憾的学习生活。

【思维纵横】

课外学习有两个任务，其一是巩固课内所学的知识，其二是拓展课外知识，开展研究性学习，发展自己的兴趣与特长。可见，在学习这一讲内容时，可以与“学科篇”、“课内篇”、“探究篇”、“策略篇”、“能力篇”联系起来。

故三军可夺气，将军可夺心。是故朝气锐，昼气惰，暮气归。故善用兵者，避其锐气，击其惰归，此治气者也。以治待乱，以静待哗，此治心者也。以近待远，以逸待劳，以饱待饥，此治力者也。无邀正正之旗，无击堂堂之陈，此治变者也。

军队的锐气可以使其衰懈，将帅的意志和决心也可以使之动摇。军队初战时士气饱满，过一段时间，就逐渐懈怠，最后士气就衰竭了。所以善于用兵的人，要避开敌人初来时的锐气，等待敌人士气懈怠衰竭时再去攻击，这是通过削弱敌军士气而获胜的办法。用自己的严整对付敌人的混乱，用自己的镇静对付敌人的喧嚣，这是通过利用敌军心理躁动而获胜的办法。在离自己较近的战场上等待远道而来的敌人，在自己部队得到充分休息的状态下等待疲惫不堪的敌人，在自己部队吃饱肚子的情况下等待饥肠辘辘的敌人，这是通过消耗敌军力气而获胜的办法。不要去拦截军容齐整、部署周密的敌人，也不要去攻击阵势堂皇、实力强大的敌人，这是掌握应变策略的一般法则。

以上是《孙子兵法》军争篇中的一段话。意思是说要打胜仗，士气非常重要。要鼓足自己的士气，削弱敌军的士气。对于学习来说，也有士气问题，有的同学在学校课堂的 45 分钟内，因为有老师在，精神特别饱满，可一放学回到家，就对电视、电脑有兴趣，对学习没有精神了。其实，要在竞争中取胜，课外学习也非常重要。

课外学习是指学校课堂以外的学习，包括每天放学回家后、周末时间以及寒暑假时间的学习。课外学习的内容也不仅限于教材，学习不仅仅是为了考试，为了成绩。课外学习是因兴趣而学，因理想而学，为快乐而学，为特长而学。课外学习的形式是多种多样的，或预习，或复习，或练习，或实验，或请教，或阅读，或写作，或聊天，或观察。

一、知识整理讲及时

故事启示

有一天，蝴蝶的心情特别好，在田野里翩翩起舞，突然，它遇上了一只蜜蜂。蜜蜂高兴地和蝴蝶打招呼："蝴蝶姐姐，你现在跳得是什么舞啊?"蝴蝶兴奋地回答道："你没有看出来吗，我跳的就是你们的蜜蜂舞啊。""蜜蜂舞? 你什么时候学会蜜蜂舞? 我怎么没有听说过蜜蜂舞啊?"蝴蝶笑着说："你们整天飞来飞去就是蜜蜂舞啊，当然，不同的蜜蜂飞的动作是不一样的，你们飞的方法与小鸟、大鹰也有区别，我白天出来就天天观察你们怎么飞，晚上就对各种动作进行整理，自己又编排出适合我自己的动作。就这样，我创造出各种各样的舞蹈了。"蜜蜂听完蝴蝶的经验，马上飞回了家，也开始编排自己的蝴蝶舞了。

启示：这个故事告诉我们通过观察学习之后，必须得有一个及时整理的过程。蝴蝶能跳各种舞蹈是因为整理的作用。对于我们学习来说，也要注重知识整理，并要求及时，不要拖拖拉拉，不能把当天该整理的知识留到第二天。这种整理是对知识的巩固，也是对知识的一种创新，我们可以发现很多更深层次的知识，从而学到更多的东西。

方法真经

核心观点：记忆是积累知识的要求，而整理则是高效记忆的有效途径。

由于课堂自主安排的时间很少，知识整理一般在课外时间进行。很多同学把周末时间与节假日时间用于知识整理，这是一种很好的习惯。因为，这既充分利用了节假日的时间，同时也是一次很好的复习过程。

1. 知识整理的必要性

虽然教材的知识是系统的，老师上课讲解时也是有严密的逻辑的，但我们接受的知识有的来自教材，有的来自老师的板书，有的来自老师的讲

解，知识较零散。所以，不管是记在我们的脑子里还是记在笔记本上的知识，都是不够系统、有序的。有的知识虽然记下来了，但我们并没有深刻地理解它。知识整理是复习的一种形式，通过整理可以使教材的知识、老师的知识转化为自己的知识。另外，通过课外阅读、上网学习等途径，读书笔记、知识卡片也需整理。此外，经过一段时间的学习，做了很多练习，其中的错题也不少，这些错题也需要整理。因此，要把知识整理这一环节纳入到学习计划当中。

2. 要提高自制力

有的同学知道复习的重要性，也有整理听课笔记、错题集的计划，可是因为自己的自制力不强，抵挡不住外界的影响，因此，整理工作往往半途而废。在课堂学习时，有老师和纪律的约束，因此，即使自制力不强的同学还是勉强能坐在位置上把课听完。可一到家中，房间里有电视、有电脑，看电视、上网的诱惑力远远超过知识整理。要抵挡外在因素的诱惑，务必时刻提醒自己“一定要把重要的事先做完”。只有这样，才能保证知识整理的工作切切实实地做起来。

3. 整理知识的方法

什么时候整理，如何整理，这也是同学们困惑较大的两个问题。从时间上看，知识整理可以在一天学习之后、一周学习之后或一学期学习之后进行，从内容上看，可以是对一节课、一单元、一本书知识的整理。知识整理是否及时直接影响记忆的效果。一般每一天的晚上学习时间要对听课笔记进行整理，由于上课时时间紧张，不可能记全，因此，可以借助自己的大脑记忆，补充一些内容完善笔记，如果过了几天再来整理，内容已经遗忘了很多，效果自然就不好。周末有较多的时间可以支配，因此可以确定一些整理线索，用归类法对知识进行分门别类，这也是对一周所学知识的复习、消化的过程，有助于知识的理解与掌握。当我们学完一个单元或一本教材时，就需要一次大整理，这时的整理是建立在平常听课笔记、错题集基础之上，一般需要画出系统的知识结构图，主要达到构建知识网络的目的。

时　间	整理内容	主要目的	形　式
一天后的整理	每节课的内容	理解记忆	课堂笔记
一周后的整理	一单元的内容	复习巩固	错题集
一学期的整理	一本书的内容	构建知识体系	知识图表

下面申屠老师介绍几种知识整理的方法。

(1) 笔记的整理。常用图表法，如重点、难点图表，同类知识图表，知识点异同比较图表，原理与例题图表等。它是归类学习的一种手段。图表内容精练，思路清晰，有助于快速记忆。对一些叙述较多，不易记住的文字内容，可用图表帮助记忆，可用数轴图、坐标图、扇形图、表格等表示，直观且容易记忆。

(2) 知识卡片。一般采用归类法。知识归类前，先确定归类原则，归纳什么，重点是什么，目的明确，有助于提高理解力和记忆力。归类过程中，我们通过不同种类之间不断进行对照，相似、相类的材料相互启发，能温故而知新，并及时发现问题、解决问题。

(3) 单元整理。教材都是以章节单元顺序排列的，每一单元的知识点是相对独立的。因此，要及时对一单元的知识进行复习整理。如语文就要对一个单元文章的写作技巧进行总结，而英语就要对语法进行回顾，数理化就要把一单元中的典型例题与自己做错的题进行归类。

(4) 网络构建法：通过一个单元的学习，同学们已经具备了知识的各个“点”(知识点)。整理知识时要将这些分散的“点”连成“线”(知识线索)以及进一步形成“网”(知识网络)，提升对知识的综合归纳能力。要学会以重点、热点知识为中心，用联想的方法有意识地建立大小不一的专题，构建知识网。

指点迷津

1. 课外学习效果不好的原因有哪些?

思想上不重视，没有切实可行的课外学习计划；很少把课外时间用到知识整理上；自控能力比较差；等等。同学们应针对自己的实际情况认真分析。

2. 整理知识做不好的原因是什么？

做不好的原因有三个。第一，没有养成及时整理的习惯，有的同学有时间就整理，时间一紧张，就不愿挤出时间去整理知识。第二，方法问题。在整理知识结构时，往往会出现线索不清，知识点遗漏，重点、难点理解不透彻的情况，这些都会导致知识整理做不好。第三，不重视隐性知识的整理。知识可分为显性知识与隐性知识，书本中写出来的知识是显性知识，而没有直接表达出来的知识就是隐性知识，比如各章之间的内在联系，等等。有些隐性知识老师上课时会提到，但大多数隐性知识要靠自己去发现，它有助于我们进一步理解、掌握显性知识。

二、巩固练习讲反思

故事启示

大松鼠让小松鼠去东林请灰松鼠来家做客。小松鼠到东林后，找遍了所有的树冠也没有找到所要请的客人。啄木鸟知道它的来意后，告诉它说，灰松鼠的窝在小溪边的石头地上。小松鼠怎么也不相信："哪有松鼠的窝建在地上的？傻瓜才会受你的骗！"小松鼠回到家里，妈妈问它怎么没有将客人请来。小松鼠垂头丧气地说："我找遍了东林的每一棵树，不但没有见到灰松鼠，而且连它的窝都没见到。它肯定早搬到别的森林去了。"

"孩子，你在地上找过没有？""松鼠的窝不是建在树上吗？还用到地上去找？""事物不是绝对的。松鼠的窝一般来说是建在大松树的顶上，但也有例外，灰松鼠的窝就建在石头上。"小松鼠听了妈妈的话后，飞快地跑回东林，在啄木鸟所说的小溪边的石头地上找到了灰松鼠。而且它还得到了一个新发现：石头地上的松鼠窝，不是用树枝、杂草等搭成的，而是用石头垒成的。

启示：一般情况下，松鼠的窝是建在大松树的顶上，但灰松鼠的窝就建在石头上。这个故事告诉我们既要了解一般的情况，也要注意特殊的情况。同学们做过练习，都知道有的题目不止一种解法，有特殊的解法，所以，当我们做完练习之后，要学到更多的知识、方法，就要做到多反思。

核心观点：练习是为了巩固知识，而反思则是为了能举一反三。

要巩固知识，练习过程是必不可少的。很多同学为了提升自己的解题能力，还要买一些课外辅导书，在课外时间独立完成。由于课外练习不是老师布置的作业，缺乏老师的指导，有的同学就凭着兴趣和心情去做，且做后没有反思的过程。这样随意地练习，效果是不会好的。

1. 课外练习的内容

课后的巩固练习主要有两种，一种是对知识点的记忆，特别是文科学科，记忆的时间应多于做题的时间，这种记忆也是一种重要的巩固练习。第二种就是做练习，特别是数理化，没有一定数量的练习，不可能掌握公式、原理。

在假日空闲时间用来记忆语文、英语、政治、历史、地理等文科学科，这对于巩固知识点非常必要。但很多同学不知道该如何记忆，也不知道具体该记些什么，目标不够明确。有的同学把每一本教材都带回家，东翻一下，西翻一下，几天下来几乎没记住什么东西。记知识不能贪多，要养成积少成多的良好习惯。如在某一段时间记多少单词、多少句子要明确，一天时间内记住几个政治原理、几个历史事件、几段地理知识都要有计划，而不是看到哪就算哪，能不能记住也不管它。没有对自己“必须记住它”这样的严要求，就不会有意地去记忆，这样的记忆效果是不好的。可见，对文科知识的记忆，既要做到勤，也要做到严。

2. 反思不会的原因

在对错题、不明白之处反思时，首先要寻找不会的原因。可能是知识没有掌握，那么就要对相关的知识进行复习；也可能是审题不正确；或者是受一些曾经似乎做过的题的影响，顺着模糊的记忆做下去，实际上，由于其中一个条件或关键词、数据或编排顺序的改变等已使题目变得大不相同了；还有可能是方法有问题，不能从题目中最大限度地抽取出对解题有用的信息。其次，要有刻苦钻研的精神。很多同学一个人在家做题时，遇到问题不愿意钻研，要么立即看后面的答案，要么直接放弃，这样的学习态度是不可能使自己进步的。一个人的进步主要表现为把不理解的知识变成理解的，能把不会的题目变成会做的。因此，在遇到难题时，自己钻研是第一步，凭自己的力量无法解决时，再求助于参考书，求助于同学和老师。

3. 反思解题的技巧

我们每做一道题都应反思一下，这道题用到了什么知识，什么公式，什么原理，这道题有什么特点，可不可以一题多解，通过这道题我可以学到哪些方法，可以提高哪方面的能力。反思得越全面、越深入，我们的收获也就越多。如果我们看重的是做题的数量，相信只要习题做得多，自己的解题能力自然就会提高，对习题的特点反思很少，结果，从每一道题中学到的知识、方法、能力也就很少。要改变这种局面，就要重视解题模式的总结。一个人的解题思路是否开阔，在很大程度上取决于这个人建立解题模式的多少和运用模式的熟练程度。很多习题只要仔细观察，认真分析题型结构，或只需稍加变换，便可把它纳入到某个统一的模式中，从而使解题思路明朗化，问题得到解决。

指点迷津

1. 我觉得自己在课外学习上花的时间太少，有些学科我从不做课外作业，有的时候是没有时间做；在课后我不太会花时间钻研一些难题，也没有反思的习惯，我该怎么办?

课外学习时间是养成学习习惯的最好时间，也是培养自己自学能力的最好时间，更是在竞争中为取胜要牢牢抓住的时间。因此，必须给自己制订一个课外学习计划，明确学习的内容和做作业的时间。做作业不是为了完成任务，因此，反思比做作业重要，只有反思才会有顿悟，才会有收获。申屠老师建议同学们从现在开始就养成反思的习惯。

2. 我常常在开学第一天就买一大堆课外资料，准备在周末时每门学科做一份练习，我自己已经做得很累了，可我的成绩却没怎么提高，不知问题出在哪里。

要提高自己的解题能力，就要加强归纳、总结的训练，对每一道题都要进行反思，特别是错题，更要反思自己犯错的原因，而对一些典型的题目就应把它记下来。各种类型的题积累多了，解题方法记熟了，自然可以少做很多类似的题目。而且随着解题能力的提高，成绩自然也就上去了。

三、课外阅读讲方法

故事启示

顾炎武勤奋治学，他采取了“自督读书”的措施：首先，给自己规定每天必须读完的卷数；其次，限定自己每天读完后把所读的书抄写一遍，因此，读完《资治通鉴》后，一部书就变成了两部书；再次，要求自己每读一本书都要做笔记，写下心得体会。他的一部分读书笔记，后来汇成了著名的《日知录》一书；最后，他在每年春秋两季，都要温习前半年读过的书籍，边默诵，边请人朗读，发现差异，立刻查对。他规定每天这样温课200页，温习不完，决不休息。

启示：顾炎武读书很讲方法，值得我们学习。首先，他读书有目标，规定每天要读的内容。其次，他做到了眼到、心到、口到、手到。要求自己读过的内容都抄写一遍，这有助于理解记忆。第三，坚持写心得体会。在写作的过程中就可以把读过的内容用起来，这是把他人知识内化为自己知识的好方法。

方法真经

核心观点：不要把课外阅读停留在娱乐这一层次，而要努力体验其中的真、善、美。

很多同学放学后都要放松一下，有的去参加娱乐活动，有的就看看娱乐杂志。久而久之，就形成了一个习惯，认为课外的阅读就是停留在娱乐这一层次。这是一种片面的观点。要提高课外阅读的效果，应注重讲究方法。

1. 课外阅读的范围

课外阅读可以拓展我们的知识面，丰富我们的课外生活，培养我们的学习兴趣、自主探究的能力。从教学实际情况看，语文老师往往会对我们提出课外阅读的要求，而其他学科的老师很少会对课外阅读一事引起注意。因此，受这种影响，课外阅读的内容就不够合理，文学类的书比较多，而科技类、理论类的书就看得很少。其实，课外阅读的领域应该尽可能广，阅读品种应该尽可能丰富。另外，我们往往把课外阅读的目的定为提高写作能力和娱乐。其实，这种认识也轻视了课外阅读对于我们的意义。

2. 课外阅读的方法

为了提高课外阅读的质量，应掌握以下方法。

（1）选书的方法：选择健康的、有教育意义的、适合自己认知水平的书。可以从知识性、趣味性、思想性、文学性、启发性五个角度考虑。

（2）层次阅读法：选到一本好书就要精读。精读过程可分为四个阶段：识读（认识字词，整体感知），解读（理解内容，把握主题、文脉、思路），赏读（学习语言技巧），研读（提出问题，发表自己的见解）。读的时候要认真思考，坚持自读、自解、自悟、自得。应精读的书，绝对不能把目标定在娱乐层次，而是要在好书中发现其中的真、善、美。

（3）笔记法：把文中的主要意思拟定成提纲，以便理解记忆和日后的复习巩固。马克思为了写《资本论》，仅在1850年8月至1853年6月，就摘录了70个不同作者的著作，写了24本有关政治经济学的笔记。在写《资本论》的过程中，他摘录的书有1500多本，写的笔记至少有100多本。

摘录笔记对马克思完成《资本论》的撰写起到了很大的帮助作用。

(4) 读写法：这是一种读完一段就开始默写的阅读方法，默写时用自己的语言组织，有意识地把注意力集中在重、难点和难以理解的地方。这样阅读，可以进行比较，加深理解，增强记忆。

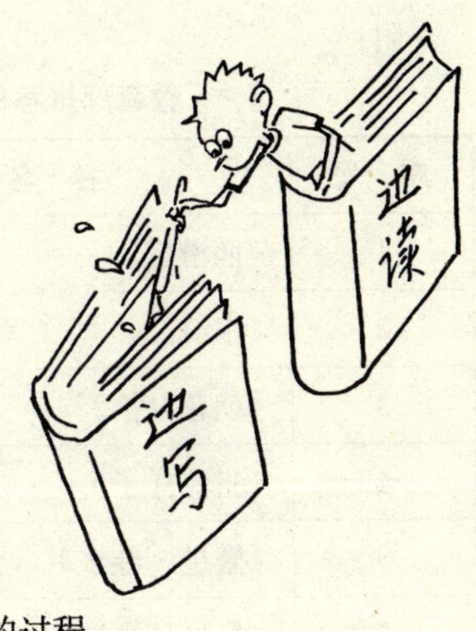

(5) 交流法：通过阅读后，对书的概况、主要内容以及自己的阅读体会，与家长、同学、朋友交流。这既是加深记忆的过程，也是锻炼自己口头表达能力的过程。

3. 阅读杂志的方法

为什么有的同学经常看杂志，而写作水平又提高非常缓慢呢？现在，杂志非常多，从其中的文章来看，有故事、有散文、有诗歌、有议论文，如果把杂志认真精读、消化，对写作还是有帮助的。可如果只是浏览杂志，大概了解一些信息，对文章的好句好词也没有积累、记忆，要提高写作水平也是很困难的。因为，写出好文章有很多要求，如中心要突出、构思要新颖、层次要清楚、语言要优美、逻辑要严密，等等。若在阅读杂志时没有对照写作的要求去努力学习，效果低也就可以理解了。如果要提高效果，还是要看几本写作指导方面的书，这些书对每一篇文章都有点评，同时，也介绍了很多写作技巧，针对性强，效果自然要好一些。

4. 迷上小说怎么办

迷上小说也是让家长、老师、学生困惑的事，上课时我们会不自觉想起小说里的情景，影响我们上课的注意力。要解决这一问题，关键一点就是提高自己的自制能力，要对自己不合理的需求有所约束，如上课时想看小说，就要提醒自己，“现在是上课时间，必须先认真听课，看小说可以在课外再看”。另外，在课外看小说也得有一个计划，如一个学期看几本，主要在什么时间看，看后要写随笔。如果没有计划、没有要求盲目地看小说，就会影响课内学习，这样就得不偿失了。

附：

教育部推荐的中学生课外30部读物

序号	书名	作者
1	《西游记》	［中］吴承恩
2	《水浒》	［中］施耐庵
3	《朝花夕拾》	［中］鲁迅
4	《骆驼祥子》	［中］老舍
5	《繁星·春水》	［中］冰心
6	《鲁滨孙漂流记》	［英］笛福
7	《格列佛游记》	［英］斯威夫特
8	《名人传》	［法］罗曼·罗兰
9	《童年》	［俄］高尔基
10	《钢铁是怎样炼成的》	［俄］奥斯特洛夫斯基
11	《论语》	［中］
12	《三国演义》	［中］罗贯中
13	《红楼梦》	［中］曹雪芹
14	《呐喊》	［中］鲁迅
15	《女神》	［中］郭沫若
16	《子夜》	［中］茅盾
17	《家》	［中］巴金
18	《雷雨》	［中］曹禺
19	《围城》	［中］钱锺书
20	《谈美书简》	［中］朱光潜
21	《哈姆莱特》	［英］莎士比亚

续表

序号	书名	作者
22	《堂·吉诃德》	［西］塞万提斯
23	《歌德谈话录》	［德］艾克曼
24	《巴黎圣母院》	［法］雨果
25	《欧也妮·葛朗台》	［法］巴尔扎克
26	《匹克威克外传》	［英］狄更斯
27	《复活》	［俄］列夫·托尔斯泰
28	《普希金诗选》	［俄］普希金
29	《老人与海》	［美］海明威
30	《泰戈尔诗选》	［印］泰戈尔

网站推荐

【学生网站】

1. 中国学生网 http：//www. 6to23. com
2. 中学生在线 http：//www. stu. com. cn
3. 中国教育资源服务平台 http：//www. cersp. com

【学科网站】

1. 中学学科网 http：//zxxk. com
2. 中学数学网 http：//www. zx98. com
3. 中华语文网 http：//www. zhyww. cn
4. 英语网 http：//www. yingyu. com

【科普网站】

1. 中国科普 http：//www. cpus. gov. cn
2. 中国科普博览 http：//www. kepu. com. cn
3. 大科普网 http：//www. ikepu. com
4. 中学生科技网 http：//www. zxskj. com

指点迷津

1. 放学回家时，我都会去书店买一本杂志，几年下来，看的杂志也不算少，一旦做作业累了，就拿起杂志浏览一下，这可以缓解紧张感。可我的作文为什么提高很缓慢呢？

很多同学作文写不好，就是感觉没东西写。要改变这一问题，就要善于在平时多积累素材，课外阅读就是很好的途径。那为什么读了很多杂志，作文还是没什么提高呢？这与阅读的方式有关，大多数同学在阅读杂志时，采用的是浏览式阅读法，其目的就是大概了解文章的大意，对杂志中的好词好句，没有进行摘录与记忆，自然在写作文时用不上。

2. 最近我迷上了武侠小说，感觉非常好看，不自觉就影响了学习，成绩下降自不必说，连精神都振作不起来，不知该怎么办。

很多同学喜欢小说，特别对于武打小说、言情小说，更是爱不释手，甚至到了迷恋的局面。过于沉迷于武打、言情小说之中，不仅影响学习，也会影响身体健康。因此，必须要严格管理好自己的时间，看小说也得有计划，把握好时间。

四、娱乐学习讲策略

故事启示

每当大雨过后，就会有几十只青蛙“呱呱—呱呱”地叫个不停，那声音几里外都能听到，像是一支气势磅礴的交响乐，仿佛在为农业丰收唱赞歌！

有一只小青蛙，从小就离开了妈妈，因此，也没有学会叫声。后来，小青蛙找到了青蛙妈妈，小青蛙对妈妈说：“妈妈，你教我唱歌吧。”青蛙妈妈感到很惊讶，说：“你有嘴，张开嘴就能唱，这哪用得着我教啊。”可是，当小青蛙张开嘴时，无论如何也发不出美妙动听的声音。青蛙妈妈于是认真地教小青蛙唱歌，领唱、合唱、齐唱、伴唱等多种技术都教给了它，小青蛙也非常认真地学。最后，小青蛙在歌唱比赛中获得了大奖。

启示：青蛙唱歌是青蛙的一种娱乐方式。可这非常普通的技能，如果不学习，照样也是不会的。可见，要享受娱乐生活，也要善于学习。

方法真经

核心观点：娱乐本身也需要学习，要想在娱乐中学到更多的东西，就更需要学习。

娱乐是生活中的一部分，它可以让我们精神放松，调节紧张的情绪。很多高考状元在介绍学习经验时都提到，学习时认真地学，玩的时候尽情地玩。但是，娱乐与学习也不是水火不容，两者之间也可以有机地结合起来。特别是当我们学会了探究式学习方法之后，很多娱乐内容都是我们研究的对象。目前，听音乐、看电视、上网是我们较为普遍的娱乐方式，下面，我们就以这三个内容为例，来分析如何进行娱乐学习。

1. 如何听音乐

很多同学认为音乐能够让自己心情舒畅，能提高学习的效果。因此，有的同学喜欢在阅读时听音乐，有的同学则喜欢边做作业边听音乐。如果阅读杂志，只是一般性了解为目的，作业难度不大，边听音乐边阅读、做作业，可能没什么影响。但如果要深入思考，需要解决的是难题，就要求我们注意力高度集中，这时候听音乐就会影响我们思考。另外，经常这样一心两用，就会形成一种习惯，对音乐就有依赖性，一旦在课堂上，纪律不允许我们听音乐时，我们就会感觉很不习惯，从而影响了学习效果。

那么，如何让音乐与学习有机结合起来？第一，让音乐成为调节情绪的主要工具，一个人经过长时间的学习，大脑处于非常疲劳的状态，这时候听一听音乐可以放松紧张的情绪，这时候我们不要想与学习有关的事，只是全身心地欣赏音乐。第二，让音乐成为激发灵感的神奇力量。有时候，我们遇到的问题经过反复思考也无法解决，这时，不妨先听一听音乐，或许音乐会给你灵感。第三，音乐可以成为我们研究的主题。同学们一定有自己喜欢的音乐，自己喜欢的歌星。对此，我们可以提出一些问题来自我探究。如为什么我会喜欢这些歌？为什么我会喜欢这些歌星？这些歌有什么特点？这些歌星有哪些品质值得我学习？如果你围绕这些问题探究下去，就是一种非常好的娱乐学习了。

2. 如何看电视

我们喜欢的电视节目主要有三类，综艺节目、电视剧和体育节目，而对一些科技类、社会新闻类、教育类的节目并不是很喜欢。这是因为前者更有趣味性，而后者突出了知识性和科学性。我们大多数时间都用在了课堂学习上，看电视节目的时间并不多。那么，在这有限的时间内，又如何享受电视的娱乐性，并能通过电视获得一些新知识呢？第一，节目内容要合理化。减少娱乐节目的时间，尽量不看电视剧，增加科技类、教育类、社会新闻类节目的观看时间。第二，看完电视后，要记电视笔记，要对节目的好坏发表自己的看法。针对知识类的节目，对一些新知识要进行整理，记到笔记本上。在看电视时先记住关键词，看后再上网查一查相关知识，进行必要的补充与完善。如果你一周下来只看一小时的电视，只上网半小时，最后花半小时的时间整理新知识。一年下来，你也可以完成一本内容非常丰富的电视笔记。

3. 如何上网

从中学生的目前情况看，课外时间花在上网上占了大部分。其中，有一半以上是玩电脑游戏，这说明电脑游戏对中学生的影响远远超过了网上学习，很多同学也为自己经常上网玩游戏感到懊恼。那么，得如何改变自己过度玩游戏的毛病呢？关键还是得自我约束。最直接的做法就是控制时间，比如，规定一周玩游戏的时间在半小时内，时间一到马上停止，如果还想玩，就干脆把电脑关掉，到户外活动。先呼吸几口新鲜空气，然后，回来后就开始学习。现在，很多同学一上网就玩游戏，这主要是与对网络的其他功能没有很好开发有关。我们知道上网可以查资料、看新闻、下载软件、聊天、收发 E-mail、听音乐、看电影等。如果能对自己的上网时间有合理的安排，把网络上的各种对我们有益功能都开发出来，也就不可能整天玩游戏了。所以，为了使自己健康上网，必须做到以下几个方面。

（1）上网要有计划。上网计划就是对上网目的、上什么网站、上网时间长短等内容要有规划。特别是要减少娱乐类上网时间，增加学习类上网时间。

（2）上网要用过滤法。网上信息繁多，鱼龙混杂。我们在认知水平、辨析能力等方面都不成熟，面对网上的多元价值观往往难以做出正确的选择。因此，必须提高自己的辨别力、判断力，对不健康、无用的信息进行过滤，选择质量好的信息为我所用。

（3）上网要用记录法。对每次上网获取的学习信息情况进行记录，与网友的互相交流的情况也进行记录。交流主题有学习、生活、母校、家乡、朋友、同学、人生、理想、社会、旅游等。

网上学习记录		网上交友记录	
学习时间		时 间	
网址		网友姓名	
文章标题		联系方式	
内容摘要		网友概况	
心得体会		交流概述	

指点迷津

1. 吃过晚饭后我会跟着父母一起看电视，可是一看电视剧就停不下来，学习的事早就抛到九霄云外去了，我该怎么办？

作为学生来说，看电视应该与父母有所区别。父母有时间看电视剧，看电视主要以娱乐节目为主。而我们每天都有作业要完成，没时间天天看电视剧。如果要看也只能以新闻类、教育类为主。因此，你首先对电视节目要有所选择，其次，最好是做完了作业后再看电视，这时，也可以看一些娱乐类的节目，如文艺晚会、体育比赛，等等。这样，就不会使做作业与看电视矛盾起来。

2. 我每星期都上网，一般就是玩玩游戏，可我在网上花费了大量的时间，怎么才能做到上网对学习有利呢?

上网玩游戏很容易上瘾，除非自己有很强的克制力，能限定玩游戏的时间。如果克制不了，干脆就不要玩。那么，如何才能做到上网有利于学习呢? 这就看你如何上网，如果上网去查资料，去学习网站参与讨论，自己建一个博客，经常写一写博文，这样的话，自然对学习非常有利。

五、特长学习讲探究

故事启示

一只猫在森林里遇到一只狐狸，它很友好地和狐狸打招呼:“尊敬的狐狸先生，您好吗? 这些日子挺艰难的，您过得怎么样?”狐狸傲慢地将猫从头到脚打量了一番，最后它说:“哦，你这个倒霉的长着胡子、满身花纹的傻瓜，饥肠辘辘地追赶老鼠的家伙，你会啥? 有什么资格问我过得怎么样? 你都学了点什么本事?”“我只有一种本领。”猫谦虚地说。“什么本领?”“有人追我的时候，我会爬到树上藏起来保护自己。”“就这本事?”狐狸不屑地说,“我掌握了上百种本领，而且还有满口袋计谋。我真觉得你可怜，跟着我吧，我教你怎么从追捕中逃生”。

就在这时，猎人带着四条狗走近了。猫敏捷地窜到一棵树上，在树顶上蹲伏下来，茂密的树叶把它遮挡得严严实实。“快打开你的计谋口袋，狐狸先生，快打开呀!”猫冲着狐狸喊道。可是猎狗已经将狐狸扑倒咬住了。

启示: 虽然狐狸掌握了上百种本领，也不能保住自己的性命，而猫只有一种上树的特长也就可以自保。这告诉我们如果要培养特长不要什么东西都学一点但不精，而是要选择自己最喜欢、最擅长的内容好好地努力一番，这样最终才能形成自己的特长。

方法真经

核心观点：特长能让人更自信，而自信又能促进特长的形成。

很多人都希望自己有某方面的特长，有了特长，可以增添一份信心。我们看到有的人爱好音乐，有的人爱好体育，有的人爱好绘画，不管什么特长，这些同学在课外时间都过得特别充实、快乐，因为，他们可以在课外时间发展自己的特长，做自己喜欢做的事。那么，现在的特长学习存在什么问题呢？我们又该如何培养自己的特长呢？

1. 特长学习缺乏

很多同学读了十多年的书，也没有一项自己的特长。很多同学还认为特长生必须要有天赋，自己没有特长就是因为天赋不好。不可否认，有很多运动员、歌唱家的天赋很好。如姚明就是拥有了特别的身高，为他成为篮球巨星奠定了基础。但是，一个人可不可以拥有一项特长，关键不在于天赋，而在于自己有没有特长学习。

长期以来，我们的一部分学生只将注意力集中在教材的学习，其他有意义的活动很少问津。另外，家长首要关注的是自己的孩子能否上一个好学校，老师、学校也把升学率作为自己最重要的目标，因此，培养学生特长的教育就得不到应有的重视，特长学习也因此缺乏。

2. 特长学习畸形

现在，还有一种教育也与“特长教育”背道而驰。许多家长认为实施素质教育就是参加各种“特长班”：书法班、绘画班、舞蹈班、足球班，等等，全面发展就是琴棋书画样样精通，也不管孩子的兴趣与爱好，不惜一切代价让孩子进行各种兴趣培养。我们考察各种“特长班”、“兴趣班”，发现真正出自孩子意愿参加的很少，大多是被父母强迫来的。在这一错误观念的引导下孩子的负担不但没有减轻，反而进一步加重了。家长们望子成龙心切，有些家长把自己没有实现的理想强加给孩子，不针对孩子的特点，不征求孩子的意愿，给孩子报各种各样的特长教

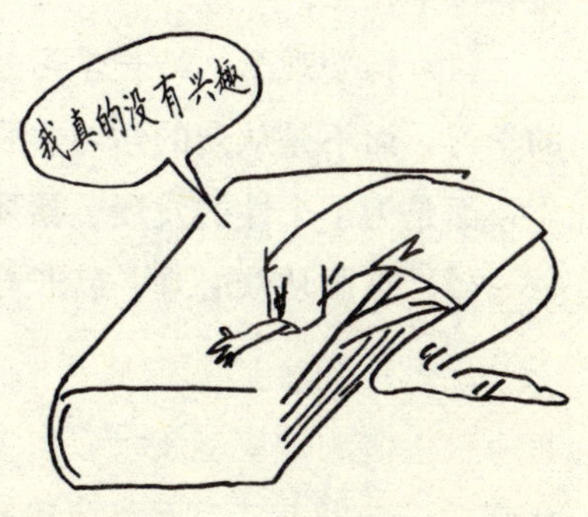

育兴趣班、提高班，剥夺了孩子玩耍的时间，湮没了孩子的个性。特长就是特别的长处，但它是建立在自己兴趣之上，是自己较擅长的一种技能，如喜欢唱歌，而且唱歌的水平也不错，喜欢下棋，而下棋的水平在班里也是数一数二。如果只是个人的兴趣，但技能一般，就算不上特长。有的同学，兴趣非常广泛，而且兴趣也很容易改变，一会迷上电脑游戏，过了不久又放弃了游戏，迷上了动漫。对自己喜欢的事不能专心，又没有恒心，是兴趣不能转化为特长的根本原因。

3. 辩证看待游戏特长

现在，喜欢玩游戏的同学很多，能不能把玩游戏变成自己的特长呢？对这一问题，得具体问题具体分析。如果你现在迷上了游戏，一心想着提高自己的玩游戏水平，而对课堂学习一点兴趣也没有，这是因小失大的做法。如果你文化课学得好，同时又对电脑非常感兴趣，将来也想把开发游戏软件作为自己的事业，那么，你目前好好体验一下各类游戏，把玩游戏培养成自己的特长，也是合理的选择。特长学习并不是跟着感觉走，喜欢就学一下，不喜欢就放弃。我们除了把特长学习与兴趣结合起来外，还要考虑到它会不会影响我们的人生发展。只有促进人生发展的特长学习才是可取的。

4. 特长培养的策略

如果你现在还没有拥有一项特长，那么，为了培养自己的特长，就要做到以下几点。

（1）转变观念：特长学习是主动的学习、是发展兴趣的学习、是快乐的学习，而不是从众的学习、强迫的学习、痛苦的学习。学习不是为了谋生，而是为了个性的发展、素质的提高。

（2）克服从众心理：特长学习不能“随大流”。不要看到别人学书法你就去学书法，看到别人学钢琴你就学钢琴。克服从众心理要经过四个阶段：不知道自己不该学什么，知道自己不该学什么，不知道自己该学什么，知道自己该学什

么。只有知道自己该学什么特长的人才不会从众。

(3) 特长学习需要创新：要把自己的兴趣转变为自己的特长，需要有一个努力探究的过程。这就要求做到不唯书，不唯师，即有“学、思、疑、问”的过程。敢于对教材、教师提出质问和怀疑。敢于创新，大胆探索，从“无中生有”到“有中生新”，从而使自己真正成为特长生。

指点迷津

1. 我很想发展一项自己的特长，可几年下来，一项特长也没有。前几年迷上电脑游戏然后一发不可收拾，近视了之后才放弃。去年迷上了动漫，越来越沉迷其中不能自拔，最近更是迷上了小说，为什么我如此入迷却不能形成我的特长？太让我苦恼了。

只有喜欢的才有可能变成特长，但喜欢还不是特长。先后迷上了游戏、动漫、小说，这说明这三项都是你喜欢的。但你不够专一，缺乏耐心，没有付出精力，所以，兴趣没有转化为特长。可见，要培养特长同样是要下一番工夫的。

2. 如果我想把游戏变成自己的特长，不知是否可行。

想把游戏变成特长，也是可以的，但有一点一定要注意，不能因为发展游戏特长，把文化课学习全荒废了。我觉得既然对游戏很感兴趣，不如好好提升自己玩游戏的层次，就是不要只停留在玩上，而是要一边玩一边研究，比较不同游戏的优劣，最好能开发出一种新游戏，这样就更有意义了。

六、实践学习讲实效

故事启示

森林里有一只小猪跟随猴子师傅学走钢丝。小猪胆小，看着那细如发丝的钢丝，不相信自己能在上面行走而不摔下来。一次又一次，小猪从钢丝上摔下来，就是不能成功走到钢丝的另一端。

于是，猴子师傅在小猪背上系了一根绳子，自己爬上高高的梯台，拉着绳子的另一端，这样，即使小猪从钢丝上摔下来，也会因为被绳子拴着，而不会掉下来。因为身上有绳子，小猪感到很安全，它终于顺利地走完了全程。小猪高兴地笑了，但它再三请求师傅，千万不要松开背上的绳子，否则它就会掉下来。

猴子师傅告诉小猪，放心吧，我不会解下你身上的绳子。但是，当小猪又一次走上钢丝时，师傅悄悄松开了手，绳子轻轻落了下去，小猪毫无察觉，带着绳子给它的安全感，顺利地走到了钢丝那一头。从此以后，小猪再也不怕走钢丝了。

启示：这个故事告诉我们要学会勇于实践，懂得勇敢地克服胆怯的心理障碍。我们第一次参加各种活动往往也会有胆怯心理。我们也可以像小猪一样在身上系一根“安全带”，先跟着别人去实践，通过观察、模仿学习，积累经验，掌握本领，在此基础上自己开展独立活动。

方法真经

核心观点：只有纯粹的书本学习，而没有实践的学习，这是遗憾的学习生活。

在学校里学书本知识是学习，在生活中学一些生活技能也是学习，参加实践活动也是一种学习。从实践中学到的是直接经验，体验是深刻的，也是最不易忘记的。要发展自己的素质，实践学习必不可少，对我们来说，最缺的不是书本学习，而是实践学习。

1. 学一学生活技能

如游泳、做菜等都是一种生活技能。游泳是体育课程的内容，做菜是劳技课程的内容。但很多学校没有条件，也就没有真正开设这样的课程，那么，在假期里在父母的指导下学习这两种技能，又安全又可行。不管你喜欢不喜欢，生活技能是必须要学习的。学会了游泳，不仅掌握了一种自救的能力，而且也是锻炼身体的好方法；自己学会了做菜，可以帮父母减轻负担，这也是一种感恩的方式。

2. **多参加研究性学习活动**

研究性学习具有开放性、探究性和实践性的特点，对于培养我们的实践能力与创新能力起着举足轻重的作用。如今，我们在课外要花大量的时间做老师布置的家庭作用，要在课外挤出时间参加研究性学习，有较大的困难。那么，如何处理好做作业与研究性学习之间的这一矛盾呢？研究性学习不仅仅是一门课程，也是一种学习方式，因此，其他学科与研究性学习并不是对立的关系，因为，每一门学科都可以用研究性这种学习方式来学习。也就是说，你在完成其他学科的作业时，就可以渗透研究性学习。另外，参加课外的研究性探究活动也是必需的，这需要我们挤出时间，科学安排好时间，一个学期抽出两三个周末时间参加社会调查、实地考查、科学实验等活动还是可以做到的。

3. **利用自家的资源**

父母都有自己的职业，有的是农民，有的是个体户，有的是企业家，因此，可以根据自家的实际情况，选择实践学习的方法。如，你父母经营了一家商店，你也想利用这有利条件实践一下这种经济活动，我觉得就是很好的想法。不过，这样的尝试应该有明确的学习目标。如，如何向顾客介绍商品，提供优质的服务，如何管理好商店里的商品，如何防止商品被偷，等等，这些都是我们可以学习的内容。

4. **实践学习的方法**

(1) 文献法：文献法是根据一定的研究目的或课题，通过调查文献来获得资料，从而全面、正确地解决所要研究问题的一种方法。文献法不受时空限制，具有相当强的灵活性，适用范围广。无论哪一种社会活动想要留下永久的痕迹都离不开各种文献。人类活动和认识的无限性与个体生命和认识的有限性的矛盾，决定了我们在研究已往的事实时必须借助于文献。

(2) 实验法：实验法是通过主动变革、控制研究对象来发现与确认事物间的因果联系的一种科研方法。其主要特点是：第一，主动变革性。观察与调查都是在不干预研究对象的前提下去认识研究对象，发现其中的问题。而实验却要求主动操纵实验条件，人为地改变对象的存在方式、变化过程，使它服从于科学认识的需要。第二，控制性。科学实验要求根据研究的需要，借助各种方法技术，减少或消除各种可能影响科学的

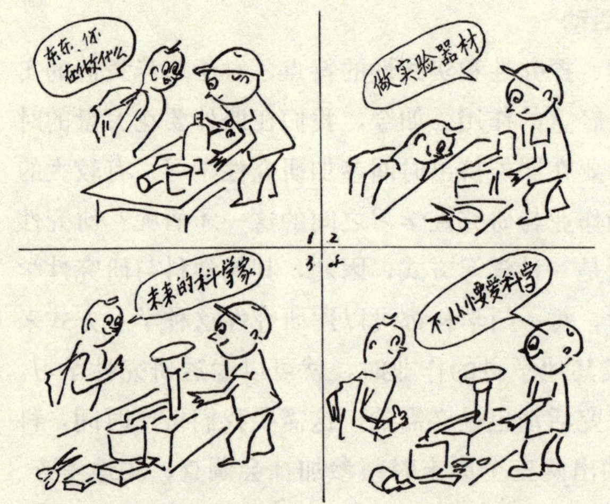

无关因素的干扰，在简化、纯化的状态下认识研究对象。第三，因果性。实验是发现、确认事物之间的因果联系的有效工具和必要途径。

（3）观察法：是指研究者根据一定的研究目的、研究提纲或观察表，用自己的感官和辅助工具去直接观察被研究对象，从而获得资料的一种方法。科学的观察具有目的性和计划性、系统性和可重复性。在科学实验和调查研究中，观察法具有如下几个方面的作用：扩大人们的感性认识、启发人们的思维、导致新的发现。

指点迷津

1. 暑假里，我爸要我学游泳，我妈要我学做菜，对此，我都不感兴趣，我该不该学呢？

游泳有很多作用，它能锻炼心脏，增加肺活量，促进血液循环，使皮肤光滑有弹性，提高对疾病的抵抗力和免疫力。这也是保护自已的一项技能，所以，申屠老师建议你利用假期时间好好学习。而学会做菜是一项生活技能，有了这项技能，一方面可以帮助妈妈做家务活，同时，也培养了自己的实践能力与创新能力，因此，也要学。

2. 我家开了一个商店，我很想亲身体验一把，可我父母从来不允许我帮他们的忙，说小孩子读好书就行了，我该怎么办呢？

利用自家的条件，在假期里实践有意义的活动是很好的想法。父母不同意，主要担心影响学习，所以，你得与父母多沟通，只要你理由充分，又不影响学习，我相信父母会改变主意的。

探究活动

学完这一章内容，申屠老师建议大家对自己的课外学习进行总结。

方法提示：课外学习与课内学习是相对的。先从自己的课内学习中找问题，再来反思一下课外学习的问题。

课内学习	课外学习
1. 有明确的学习计划 2. 以老师上课内容为主 3. 认真听、记、议、想 4. 按学校时间表来学习	
评价：效果良好	

课外篇名言

1. 纸上得来终觉浅，绝知此事要躬行。

——陆　游

2. 只有人们的社会实践，才是人们对于外界认识的真理性的标准。真理的标准只能是社会的实践。

——毛泽东

3. 要成为德、智、体兼优的劳动者，锻炼身体极为重要。身体健康是求学和将来工作之本。运动能治百病，能使人身体健康，头脑敏捷，对学习有促进作用。

——吴耕民

4. 在信息经济社会里，价值的增长不是通过劳动，而是通过知识实现的。

——奈斯比特

5. 想象比知识更重要，因为知识是有限的，而想象力概括着世界上的一切，推动着进步，并且是知识进化的源泉。

——爱因斯坦

6. 假若孩子在实际生活中确认，他的任性要求都能满足，他的不听话并未招致任何不愉快的后果，那么就渐渐习惯于顽皮、任性、捣乱、不听话，之后就慢慢认为这是理所当然的。

——苏霍姆林斯基

7. 有知识的人不实践，等于一只蜜蜂不酿蜜。

——萨　迪

8. 实践，是个伟大的揭发者，它暴露一切欺人和自欺。

——车尔尼雪夫斯基

9. 一个人只有经过东倒西歪的、让自己像个笨蛋那样的阶段才能学会滑冰。

——萧伯纳

10. 人类用知识的活动去了解事物，用实践的活动去改变事物；用前者去掌握宇宙，用后者去创造宇宙。

——克罗齐

探究篇

导　读

【方法真经】

1. 从接受式学习到探究学习的转变，这意味着学习方式层次的提高。
2. 培养自己探究学习的能力可以从研读一本书开始。
3. 我们身边有很多有趣的内容值得我们去探究。
4. 探究学习的一个重点就是解决社会问题中的热点问题。
5. 不要小看实验，很多发明都离不开反复的实验。
6. 想象力的开发非常必要，也非常重要。

【思维纵横】

我们不仅要在课堂中运用探究法学习，而且要在课堂外开展研究性学习，学会合作学习，参加社会实践，提高自己的创新能力和实践能力。可见，学习这一讲内容可以与“课内篇”、“课外篇”、“习惯篇”、“能力篇”结合起来。

凡用兵之法，将受命于君，合军聚，圮地无舍，衢地合交，绝地无留，围地则谋，死地则战；途有所不由，军有所不击，城有所不攻，地有所不争，君命有所不受。

大凡用兵的法则，主将接受国君的命令，组织军队，聚集军需，出征时在难以通行的“圮地”不可宿营，在四通八达的“衢地”应结交邻国，在难以生存的“绝地”不可停留，在被敌包围的“围地”要巧设计谋，陷入走投无路的“死地”就要坚决奋战。有的道路不要走，有的敌军不要打，有的城池不要攻，有的地方不要争，国君的有些命令不要执行。

以上是《孙子兵法》九变篇的开头的一段话。意思是说战争会遇到各种情况，如“圮地”、“衢地”、“绝地”、“死地”，那么，指挥作战也要有灵活机动的处置原则，这表明孙子以“变”为特色的谋攻思想。我们的学习也一样，要根据不同的学习内容选择学习方法。有的内容以识记为主，有的内容适合讨论，有的内容需要个人的独立思考，而有的内容则需要小组合作探究。目前，虽然接受学习的方式还非常普遍，但不管个人也好，小组学习也好，探究学习已越来越受到人们的关住。

一、学习方式的四大层次

故事启示

有一次，司马光跟小伙伴们在后院里玩耍。院子里有一口大水缸，有个小孩爬到缸沿上玩，一不小心掉到缸里。缸大水深，眼看那孩子快要被淹死了。别的孩子们一见出了事，吓得边哭边喊，跑到外面向大人求救。司马光却急中生智，从地上捡起一块大石头，使劲向水缸砸去，“砰!”水缸破了，缸里的水流了出来，被淹在水里的小孩也得救了。

启示：“司马光砸缸”的故事告诉我们在处于困境时，要善于改变自己固定的思维模式。按常理说解救一个落缸者最直接的办法无疑是拉人出缸或者跳进缸中救人，但对于一群小孩来说此法显然是行不通的。于是乎砸缸泄水无疑是最机灵和理智的选择。联想到我们的学习活动，通常都是老师讲解书本知识，我们专心地听、认真地记。这种接受式学习不适合创新时代对人才的要求。所以，我们也得改变思维模式，追求创新和探究式的学习方式。

方法真经

核心观点：从接受式学习到探究学习的转变，这意味着学习方式层次的提高。

学习方式不是唯一的，我们熟悉的学习方式有接受学习、自主学习、探究学习、研究性学习等。

1. 接受学习

这种学习方式通常表现为老师讲课，学生认认真真地把知识接受下来，具有一定的被动性和机械性，常缺乏学生的积极主动思考。因此，我们把它定为最低层次的学习方式。

2. 自主学习

自主学习实际就是学习者能够认知自己的知识、能力等不足，根据学习能力、学习动机等实际，积极主动地调整自己的学习策略和努力程度，自主地学习知识、技能和能力等行为。在学习活动后能够对学习结果进行自我检查、自我总结、自我评价和自我完善。这种方式突出了学习者的主体地位，对于培养学生的自我发展能力具有深远的意义。因此，我们把自主学习认为第二层次的学习方式。

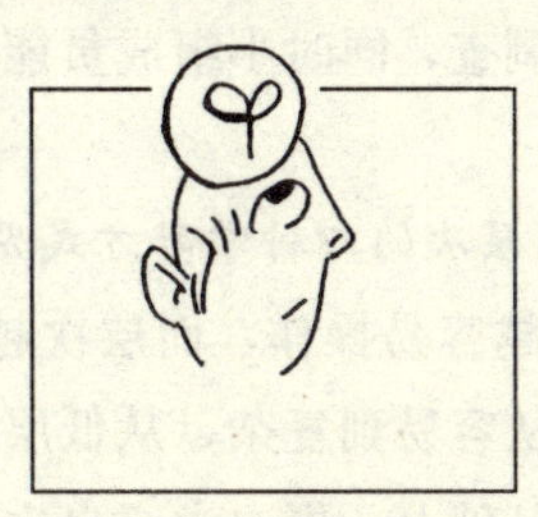

3. 探究学习

探究学习要求在学习过程中不是盲目地接受知识，而是要有质疑的态度，提出问题，要带着问题去学习，通过

第八讲 探究篇

学习解决问题，在探究过程中获得创新实践能力和思维发展，自主构建知识体系。显然，它比自主学习要求更高，它不是自主地接受，而是自主地探究，因此，我们把它定为学习方式的第三个层次。

4. 研究性学习

虽然，研究性学习最大的特定也是探究，但它不是一个人的探究，而是一个小组共同的探究，它的探究也不仅仅限于教材，而是要借助于社会调查、科学实验等实践活动。可见，它比一般的探究学习更复杂，要求也更高，我们把它定为学习方式的第四个层次。

指点迷津

1. 我记得学习方式可分为接受学习与发现学习两种，可这里则把学习方式分为四个层次。这又如何理解呢？

如果把学习方式分成两大类，就是接受学习与发现学习。长期以来，我们往往只采用接受学习的学习方式，现在，我们提倡主动学习、创新学习、探究学习，等等，其实质内容是一样的，就是要做到自主、探究、合作学习。可见，自主学习、探究学习、研究性学习都是体现新理念的学习方式。我们把它分成四个层次，是对发现学习方式的细化，也是为了便于操作。就以读一本书为例，在老师指导下阅读，就是接受学习，没有探究的自我阅读就是自主式学习，带着问题去阅读就是探究学习，如果成立一个小组，围绕这本书展开调查，同时小组成员能一起来研读，就可以算研究性学习了。

2. 如何处理好这不同层次的四种学习方式呢？

层次越低就越简单，越容易操作，而层次越高就越复杂，越难操作。从学习的角度看，一定要从容易到复杂，从低层次到高层次。也就是说只有学会了接受学习，在这基础上，再去尝试自主学习、探究学习和研究性学习。这些学习方式都是我们所需要的。自主学习是探究学习的基础，而研究性学习是探究性学习的高级阶段。

二、研读一本好书

故事启示

周汝昌是我国著名红学家、古典文学专家、诗人、书法家。有四十多部学术著作问世，其中代表作《红楼梦新证》是红学研究历史上里程碑式的著作，也是近代红学研究的奠基之作。周汝昌先生一生致力于红学研究，其研究方法师承于胡适，但又独树一帜。他重点考证了曹雪芹的身世与家世，并且仔细研究了大量清宫档案之后，得出了《红楼梦》是自传体小说的观点。并且通过对前八十回的仔细研读，结合曹家史实，经过严密思考和逻辑推理，为我们揭开了隐藏在书中的深刻艺术内涵，诠释了《红楼梦》这部小说的艺术成就。其研究观点早已深入人心，为广大红学研究者和人民群众所接受。

启示：应该说，周汝昌先生是研读一本书的典范。他的一生就与《红楼梦》紧紧联系在一起。虽然我们不可能都像周老先生一样，一辈子只研究一本书，但他的研读方法是很有价值的。研读不是简单地查查字典、同学们互相讨论，而需要查阅大量的文献资料，还要开展社会调查，向他人学习、请教，等等。这些宝贵的经验都是值得学习的。

方法真经

核心观点：培养自己探究学习的能力可以从研读一本好书开始。

现在是知识大爆炸时代，不管我们时间多么富裕，记忆力多么强，也无法阅读完世界上已出版的图书。那么，我们应把有限的阅读时间分配给哪些书呢？当然，一定要阅读高质量的书，有价值的书，经典的书。对这些好书不仅要读，而且一定要研读。研读一本好书，收获的不仅是书的精神财富，而且还要从中培养我们探究的兴趣，探究的习惯。那么，研读一本好书又有什么方法呢？

1. **选择一本值得研读的书**

读圣贤之书以修养身心，悟会大道；读君子之书以知察天地，通晓人情；读学者之书以强化专业，精益求精。研读一本书的前提就是要选一本好书。可以从五个方面来考虑选书。①知识性：能激发我的求知欲，获得新知识。②趣味性：吸引人，阅读的时候全身心投入。③思想性：能带来思想的碰撞，有畅快淋漓的感觉。④文学性：情节动人，能带来感动和震撼。⑤启发性：引发深思，思考人生、生活等问题。

2. **研读要循序渐进**

用探究的方式去阅读一本书，并不意味一翻开书就可以研究，也需要从识读开始。对一本好书的阅读可分三个层次。第一是识读。认识字词，整体感知。第二是解读。理解内容、主题、文脉、思路。第三是研读。学习语言技巧，谈看法，提问题。读的时候不要先看参考书，不要依赖或盲从老师的讲解，而要坚持自读、自解、自悟、自得。

3. **具体如何操作**

研究时具体如何操作，可分三步。第一步，了解成书的背景；第二步，了解书的概况，以及他人对此书的评价；第三步，自己带着问题去阅读，作好阅书笔记，写出读后感。例如，研读《孙子兵法》的具体步骤。

第一步：了解《孙子兵法》的成书背景

春秋时期，中国古代学术文化高度发展，人们的思想也较为活跃，而众多的学术流派则大都诞生在齐鲁大地。《孙子兵法》除了继承齐国的军事文化传统，同时还广泛地吸收了道家、法家、名家、阴阳家等初创阶段的学说之长。孙武出生在一个贵族家庭，世代簪缨，可以说是一个军事世家，这更使他有机会借鉴前人的军事学说，有条件阅读各国战争的有关记录，因此，他才能够总结春秋时代乃至以前的战争经验，使之上升成为军事理论。所以这部旷世奇著的形成也绝不是偶然的。

第二步：了解《孙子兵法》的概况

《孙子兵法》是现存中国和世界军事理论史上最早形成战略体系的一部兵学专著，共分十三篇，虽然只有五千余言，但内容包罗万象、博大精深，涉及战争规律、哲理、谋略、政治、经济、外交、天文、地理等方面内容，堪称古代兵学理论的宝库和集大成者，在世界广为传播。这部中国古代兵学名著以其博大精深的战争哲理、启迪心灵的斗争智慧在中外军事思想史上产生了巨大而深远的影响，堪称中华优秀传统文化的瑰宝。

第三步：撰写读后感

撰写读后感并思考：《孙子兵法》的谋攻思想哪些可以迁移到学习上来？

指点迷津

1.“研读”与“浏览”有什么区别？

平常我们到阅览室会随便拿几本杂志看看，只是寻找自己感兴趣的信息，一本杂志可能几分钟就看完了。这种事先没有明确的阅读目标，快速阅读的方式就是阅览。而研读一本书，阅读目的是明确的，阅读过程也不是快速的，是边阅读边研究，是批判性的阅读，这种阅读就是研读。

2. 一本语文书要读一学期，而且每天要朗读，有的内容还要背诵。这算不算研读？

虽然语文教材要学一学期，而且要记、要背，但这只是接受式的阅读，只能算细读，还谈不上研读。如果用批判的眼光，主要寻找语文教材里的问题而阅读，带着钻研的态度去阅读，这就是研读。同样，为了研究这本书对学生的学习适应情况而进行阅读，这也算是研读。

三、趣味问题探究

故事启示

“中国航天之父”钱学森从小聪颖过人，上小学时做的飞镖飞得又远又稳。老师把学生召拢来，让钱学森讲解其中的奥秘。钱学森说：“我的飞镖没有什么秘密，我也是经过多次失败，一点儿一点儿改进的。飞镖的头不能太重，重了就会往下扎；也不能太轻，头轻了，尾巴就沉，先是向上飞，然后就往下栽；翅膀太小，飞不平稳，太大，就飞不远，爱兜圈子。”钱学森的话，让小伙伴们大为折服，更让老师大为震惊：小小飞镖，里面有科学，钱学森无师自通，悟出了空气动力学的基本原理。

启示：一个小小飞镖本不起眼，大凡男孩子小时候都玩过。但在“中国航天之父”钱学森的童年的心里却漾起了未来飞翔蓝天的梦想。兴趣、好奇心、仔细钻研、不断实验是探究活动的基本要素。如果你对某事也充满兴趣，不妨凭借自己的智慧探究一番，相信你一定会有所收获的。

方法真经

核心观点：我们身边有很多有趣的内容值得我们去探究。

同学们往往会觉得探究很神秘，需要寻找一个有意义的主题，经过复杂的操作、实验。其实，探究活动离我们很近，只要你细心观察，周围的很多事情都值得我们探究。

1. 学科问题的探究

我们每天都要学习文化课，因此，我们碰到最多的问题就是学科问题。有些问题经过我们的思考就能解决，可有些难题并不是经过了思考就能解决，这就需要我们有一个探究的过程。这个探究不像课题研究那样复杂，但有些方法还是值得效仿的。如查资料、采访、讨论、实验等。对学科问题，我们一般以查阅教材、工具书、教辅书为主，这里的采访活动就是向同学、老师请教解题的思路与方法。有些涉及学习方法、学习效果的问题，也可转化为课题来研究。如，如何提高自己的记忆力，如何提高自己的阅读力，等等。

2. 成长问题的探究

我们除了对学习问题关注之外，还要关注与自身成长相关的问题。例如，如何调整自己的情绪，如何与异性同学相处，良好的生活习惯如何培养，课余时间如何安排，如何提高自己的理财能力，等等。这些问题，虽然父母、老师会有一些指导，但有时在及时性和针对性方面不能满足大家的需求，很多疑惑也没有解决。因此，选定自己成长问题来探究也非常必要。在研究这些问题时，可以自己一个人研究，也可以邀请同学一起来研究。可以把这些问题当做小课题，用几个星期的时间来解决。主要通过查阅文献，采访老师、同学、家长，或设计好实验方案，把自己确定为实验对象，进行实验研究。

3. 生活问题的探究

善于观察的同学，一定会发现日常生活中需要解决的问题。例如，我们的课桌放不下书本了；我们在擦黑板时，粉尘到处飞；圆珠笔的笔芯经常断油；公共场地上的口香糖残污很难清除；等等。这些问题如果能激发出你的探究欲望，想办法解决，你就有希望找到解决的办法，甚至取得小发明的成果。

发明便携式口香糖清除器的活动

王升是浙师大附中的学生，他在生活中看到口香糖的残留清除不容易，因此，决定发明一个清除器。通过查找资料，想到是否能将几种生活中的器具组合成能够清除口香糖的器具。对此，经过长时间的反复讨论设想通过剃须刀和电吹风的某些组合来制作清除器，确定了大致的设计方向。经过多次的试验与老师同学之间的交流，最终设计出了口香糖清除器。

清除器分为四个系统：(1) 清除系统：清除钻是主要构件。制作清除钻由一个圆形钢片和三片梯形状刀片组成。(2) 回收系统：回收系统包括清除筒和回收器。回收的原理是靠清除钻背部的那片叶片旋转时与回收器的通风口形成离心将清除的残渣吸入回收器。(3) 电动系统：电动系统主要由直流蓄电池和自制充电器组成。我采用的是低压直流电源，与常规电动工具有质的区别。(4) 水系统：主要是由水瓶和喷水管组成。喷水装置主要是使污垢不易黏附在刀片上，容易清理，能使刀片长时间使用。对于清除小广告来说在其表面喷水能够降低清除刀片对建筑物表面的损伤。

本作品结构简单，科学合理，能有效清除口香糖及小广告等具有强黏性物的污渍，而且携带方便，安全性好，经济环保。

4. 自然问题的探究

有的同学对自然现象很感兴趣，如电磁感应现象，动物的生活习性，植物的生长规律，以及自然界的神秘现象。如果对这些问题感兴趣，同样可以选定一个切入口进行研究。但在研究前，对课题的可行性必须要进行论证。一定要选择适合我们认知水平的主题以方便开展活动，研究有实效的课题进行研究。

可行性分析

以郑晓伟为组长的水葫芦泛滥及防治的调查与研究，在正式展开前进行了必要性论证：带着水葫芦的相关问题，带上照相机到金华城区进行实地观察，同时，上网查阅有关文献。资料表明，水葫芦确实会造成极大的生态问题。这样，我们更觉得研究这一课题很有必要，同时，对这一课题的研究进行了可行性论证。①研究课题的知识要求。我们学过了地埋、自然等课程，对生态问题具有一定的知识储备，虽然，水葫芦的问题对我们来说了解不多，但通过采访专家、实地观察、上网查阅，完全可以掌握相关知识。②课题成员的分工。这次共有五位同学参与本课题的研究，其中两位是金华本地人，我们根据每个同学的特长，结合本地同学的家庭优势，对课题研究进行了合理、科学的分工。大家推举郑晓伟为课题组长，其他成员也认领了自己的任务。③活动所需要的条件。我们的调查活动需要下列物品：图书资料、电脑、自行车、录音机、照相机、摄像机、笔记本、笔等。这些物品我们将在学校和指导教师的帮助下解决。④指导教师：我们聘请周新起老师作为课题的指导老师。因此，我们觉得这个课题的研究是完全可行的。

指点迷津

1. 我的写作能力比较差，如果把它作为研究主题，我该如何开展研究呢？

可以用文献法来研究，通过查阅文献，找一找提高写作能力的方法；也可以用采访法来研究，采访语文老师、班里写作能力较强的同学，让他们谈一谈写作的经验；最好是采用实验法，把自己作为实验对象，比如要求自己每天写日记，坚持一段时间（两三个月）后，看看自己的写作能力是否有了明显的提高。

2. 我家门口有很多蚂蚁，如果用实验法，那么应如何开展实验呢？

首先要确定实验的内容，才能开展实验。比如，将“蚂蚁喜欢吃什么”作为实验的内容。你就可以准备几种食物，如饭、青菜、苹果、月饼、食盐、大豆等。经过观察，发现苹果、月饼上的蚂蚁最多。针对这个结果，可以提出一个新的实验内容，蚂蚁是喜欢甜的东西，还是喜欢面食呢？这样就可继续第二次实验。根据第二次的结果，你还可以提出新的实验内容，继续把实验做下去。

四、社会热点研究

故事启示

陈桂棣与春桃是一对夫妻，两个文人，耗时三年成就一本《中国农民调查》。作者以安徽农村为基本立足点，全景式地记录了"三农"历史与现状，剖析了在"三农"问题上原任、现任决策者和执行者的功过得失。可贵处之一是以真名实姓打破了"为尊者讳"的禁区。《调查》出版后，好评如潮，"写出了热点，写出了痛点"。人所共识，写热易写痛难。痛在"忌讳"根深蒂固，难在冲破禁区。有记者问春桃"怕不怕打击报复?"春桃话中有话："我是湖南人，不怕辣。"陈桂棣接此话题："我们为9亿农民，中国80%的人讲真话，有什么可怕的。"陈桂棣、春桃做好了挨批甚至更糟糕下场的准备。"相比农民处境，我们付出什么都是值得的。"

启示：陈桂棣与春桃关注"三农"问题，用了三年时间进行调查，最后完成报告文学。陈桂棣认为"文学时刻保持与现实对话"。春桃认为："面对如此重大课题，作家不应缺席。"可见，他们是有责任感的作家，也是敢于冒险的作家，更是具有科学家精神的作家。

方法真经

核心观点：探究学习的一个重点就是解决社会问题中的热点问题。

走出课堂，走入社会，从生活中学到更多的直接经验是新课改理念的要求。其中，参加社会调查是最容易操作的，也是可行的。我们可以选择自己喜欢的一个社会热点问题进行研究。

1. 选好调查课题

从根本上说，课题来源于生活，因此，我们应做生活的有心人，学会观察，展开想象。我们应学会思考，把问题变成课题，围绕一个主题用发散性思维挖掘可研究的主题。在选题过程中，首先要考虑它的新颖性，其次要考虑它的可行性，再次要考虑它的价值性。

2. **抽样调查**

抽样调查是指从对象总体中抽出部分作为样本进行考察，并由样本情况推断总体情况的调查方式。该方法根据需要，还可以区分为随机抽样调查与非随机抽样调查。

例如，“金华市垂直绿化问题的调查与研究”是浙师大附中 2008 年高一（11）班的一个调查研究类课题。课题组同学为收集信息，查阅了大量文献资料，又到市环保局、建设局、园林设计院等部门采访专家。而后，设计问卷对市民进行抽样调查，还到三江两岸、公园、广场、社区、居民楼、学校、医院、车站、街道等区域进行实地考察、拍照。

3. **采访调查**

采访调查是以谈话为主要方式来了解某人、某事、某种行为或态度的一种调查方法。

4. **问卷调查**

问卷调查是以书面提出问题的方式收集资料，即调查者就调查项目编制成表，分发或邮寄给有关人员，请示填写答案，然后回收整理、统计和研究。

指点迷津

1. 问卷调查时一个课题是否设计一份问卷？到底应该实地发放多少问卷？

一个课题到底设计几份问卷，主要考虑调查的对象有几种，因为问卷中的问题是根据调查对象不同而有所区别的。因此，一个课题往往不止一份问卷。实地发放问卷的数量要考虑到问卷的成本及发放地点的人数。如果从科学性来说，大规模的调查所得的信息比较可信。但对于中学生来说，主要目的是学会调查这一方法，因此，实地调查一般发放 100～200 张问卷即可。

2. 访谈调查中采访的对象是否一定要为某方面的专家？怎么才能做到让访谈对象说出真话？

采访的对象不一定是专家，也可以是普通的老百姓。由于采访对象的不同，其采访的目的也是不一样的。采访专家，主要目的是咨询，找到解决问题的答案，而采访老百姓主要是了解问题的具体表现，让他多谈自己的切身体会。要让访谈对象说出真话，就要尊重对方，礼貌待人，问题不能涉及对方的隐私，不能太难，要避免让对方觉得无法回答。

五、学会实验探究

故事启示

丁肇中是美籍华裔物理学家，1976年获得诺贝尔物理学奖。丁肇中所做的第一个实验就是测量电子的半径。当时哈佛大学的专家们所做的实验得出了电子的半径是10的负13次方的结论，但刚刚得到博士学位的丁肇中决定做一个实验来重新证明这个结论。“这些专家们都是世界上有名的专家，所以没有人认为我能够做这样的实验。所以我就决定用不同的方法从事这个实验。在1966年我在德国用不同的方法做了这个实验，证明了电子的半径是小于10的负17次方，是没有体积的。”由此丁肇中得出了他的第一个实验研究体会：不要盲从专家的结论。

启示：知识可分为新知识与旧知识。对一个人来说，没有学习过的知识就是新知识，而对于全人类来说，被初次发现的知识才是新知识。如果我们想做一个发现新知识的人，就要学会多做实验，不要盲从专家的结论，以实验数据说话。

方法真经

核心观点：不要小看实验，很多发明都离不开反复的实验。

1. 模仿实验可以学到新知识

理论型的科学家通过实验提出自己的理论观点，应用型的科学家则通

过实验进行发明创造。我们可以模仿性地做一些实验，加深对知识的理解，训练自己观察能力，提高做实验的水平。比如，课堂中的物理、化学、生物实验，就是我们模仿科学家、模仿老师做实验。除此之外，我们在课外阅读时，也会读到一些实验案例，如果条件具备，我们同样可以做一做实验。

2. 自我实验可以学到好习惯

很多同学有一个误区，认为实验对象只能是他物，如动物、植物、矿物等，不可以是自己。其实不然，对我们来说，最方便的实验就是把自己作为实验对象，而且这样的实验与自己的成长直接相关。特别是学习习惯、生活习惯的养成实验就是最有效的。如有的同学没有课前预习的习惯，那么，就可以把自己作为实验对象，看看通过什么方法，来培养自己的预习习惯是最有效的，可以尝试多种方法。又如有的同学吃饭习惯不好，爱挑食，吃起来的速度又快。那么，同样可以把自己作为实验对象。实验可以一直做到改变自己坏习惯为止。

3. 重复实验可以学到细心与恒心

我们通过做实验可以学到知识与技能，也可以学到科学家的一些优秀品质。爱迪生一生有一千多项发明，他为了发明电灯，阅读了大量资料，光笔记就有4万多页，他试验过几千种物质，做了几万次实验，才发明电灯。法国著名物理学家居里夫人，历经12年的实验，不怕挫折失败，从几十吨的矿物中提取了几克镭。可见，要做好实验不仅需要细心观察，还需要恒心，需要坚强的品质。

神奇的糖水

北苑小学五（3）班　申屠宇晨

我喜欢神奇美妙的科学课。在第一单元中，“盐水让马铃薯浮在水面”的实验就深深地吸引了我。那么，鸡蛋在糖水中会不会像在盐水中一样神奇地浮在水面上呢？这让我想到了“神奇的糖水”这一实验，让我们一起来看看吧。

一、我的设想

我准备了三个瓶子、三个新鲜的鸡蛋、水、白糖、勺子、筷子等工具。

三个瓶子分别装入等量的清水。向第一个瓶子里直接放入鸡蛋，第二个瓶子倒入一勺白糖搅拌均匀后再放入鸡蛋，第三个瓶子倒入两勺白糖搅拌均匀后再放入鸡蛋。预想第一个瓶子的鸡蛋沉入水底，第二个瓶子的鸡蛋上浮到瓶子中间，而第三个瓶子的鸡蛋浮到水面。

二、我的实验

第一次实验：

2011 年 5 月 23 日下午 4 点整，我开始实验。在第一个瓶子中装入 400mL 清水，放入鸡蛋，鸡蛋沉到了瓶底。在第二个瓶子也装入 400mL 的清水，倒入一勺白糖（10g），搅拌均匀后，放入鸡蛋，鸡蛋也沉到了瓶底。在第三个瓶子中装 400mL 水，倒入两勺（20g）白糖，搅拌均匀后，放入鸡蛋，鸡蛋就浮到了中间。这与我原先的设想并不一致，到底要加入多少白糖，才能让鸡蛋漂浮水面呢？我开始第二次实验。

第二次实验：

这次实验主要目的是了解加多少白糖鸡蛋就能漂浮到水面，因此，我准备在原有的基础上，一克一克增加白糖的量。当加到 25g 时，鸡蛋慢慢地浮到了水面。通过第二次实验，已达到预期目的，这两次实验共花了半小时，我特意要求爸爸拍下了实验时的照片。

三、实验结论分析

1. 在实验时，我记录了每次实验的数据和现象。具体如下：

	清 水	白 糖	沉 浮
实验 1	400mL	0	沉入水底
实验 2	400mL	20g	浮在中间
实验 3	400mL	25g	浮在水面

2. 物体在水中的沉浮取决于它的密度，鸡蛋的密度比清水大，放入清水中后，自然会沉入到水底。但是清水中加入了白糖，清水变成了糖水后，当糖水的密度大于鸡蛋的密度时，鸡蛋所受的浮力大于重力，糖水就会把鸡蛋“托”到水面。根据实验，清水中的鸡蛋沉在水底，糖水达到一定的浓度时，鸡蛋就能半浮在水中，在400mL的水中加入25g白糖，就能让鸡蛋浮在水面。

四、我的收获

这是我第一次亲自动手做实验，虽然碰到了很多困难，但都被我一一克服了，这是一次终生难忘的经历。通过这次活动，我学到了很多。第一，我把课本中学到的浮力方面知识运用到自己的实验中，感到很有成就感。第二，实验时需要仔细观察，及时记录数据，使我认识到什么是科学精神。第三，我爱好漫画，我把这次实验的过程用漫画的形式记录下来，可见，这次实验对我提高自己的写作能力、绘画能力也很有帮助。总之，这是一次很开心的活动。

指点迷津

1. 做实验需要有充足的实验条件，观察实验又需花上很多时间。这个问题得如何解决呢？

复杂的实验要有先进的设备，如果条件不允许，可以先做做生活小实验。家中的一些常用物品就可以作为实验小工具。一般来说，很多实验不是一次完成的，可能要持续一段时间。所以，最好放在寒暑假时间做实验。

2. 我觉得物理、化学实验课很有意思，可这些实验都做完了我回家后可做什么实验呢？

回家做实验不是重复教材中的实验。教材中的实验主要以帮助我们学习新知识为目的。回家后做实验是我们在生活中，经过思考提出了一个问题，这个问题的解决必须借助于实验。实验主要是验证我们提出的假设。可见，只有提出了假设，想知道答案，才会有实验可做。

六、培养自己的想象力

故事启示

淘淘与爸爸都是爱动脑筋的人。他们俩经常玩与想象力有关的扑克牌游戏，而这个游戏是他们自己开发的。他们自制扑克牌，把扑克分成时间、地点、人物、事件四类，然后每次打开四张牌，用牌中的“时间、地点、人物、事件”，串起一个有趣的故事。例如，四张扑克牌分别是：草莓、小狗、狮子、气球。淘淘就编成了下列一个故事：一只小狗看到了地上有一盘草莓，于是拿起来吃了一颗，真好吃啊！这时候狮子来了，他特别饿，也想吃草莓，于是把小狗赶跑了，自己吃了起来。小狗非常非常生气，这时候，看到路边有老爷爷在卖气球，于是想了一个好办法。狮子吃完草莓，肚子撑得饱饱的，而且特别困，于是趴在路边呼呼大睡起来。小狗从老爷爷那里买来了许多气球，趁着狮子睡着，把这些气球都拴在了狮子的尾巴上。气球把贪吃的狮子带上了天。哈哈！

启示：用自制扑克来训练想象力，是一条非常好的途径。因为构思故事中的人物形象就是训练想象力的过程。而制作扑克又不是一件困难的事，四个人可以玩，两个人也可以玩，甚至一个人也可以玩。只要把四张牌中的关键词编到故事中就行。同学们，不妨去试一试啊！

方法真经

核心观点：想象力的开发非常必要，也非常重要。

“想象力比知识更重要”是大科学家爱因斯坦的一句名言。想象力是人在已有形象的基础上，在头脑中创造出新形象的能力。培养我们的想象力有助于提高我们对知识的理解和认识，有助于促进发散思维和创新思维的形成。

1. 知识与经验的储备

想象力是以自身的知识和经验为基础，如果一个人在某个领域毫无专业知识和经验，那么他在这个领域中也谈不上有什么想象力。就好像一个象棋高手，虽在棋盘上来去纵横，但如果他毫无军事知识，也无任何作战经验，那么他不可能设计出一个完善的作战方案。周星驰的喜剧表演天马行空、极具创意，但其中的许多笑料也是其直接从模仿其他电影、模仿别人的可笑行为以及观察市井生活中得来的。如果他没有丰富的素材积累，他是无法创造出那些极具想象力的表演的。至于爱因斯坦经常在头脑中进行的相对论实验，更是需要高深的物理知识作为基础。

2. 想象习惯的培养

现在，我们大量的学习时间用在听课、背课文、做作业上，很少时间用来训练想象力，也没有养成想象的习惯。其实，想象习惯的培养可以与目前的学习结合起来。比如，在阅读语文、英语教材时可以想象。有些课文是对自然景观的描写，有些是记叙了难忘故事。在阅读时，我们就要努力让这些自然景观、故事情节、主人公的言行举止在大脑里浮现。又如，面对一些难题，就要主观搜索有用信息，想象各种不同的解题思路。在上课时，我们要紧跟老师的思路，听到老师讲到的现象就要进行想象，能从这一现象联想到另一种现象。只要这样有意地训练自己的想象力，很快就能形成良好的习惯，自己的想象能力也能有效地得到提高。

3. 写想象作文

我们可以在大脑中展开故事情节的思考。小说家、科幻作家、编剧、导演的想象力主要属于这一类型，他们要在头脑中考虑人物的音容笑貌，想象故事的发生发展，这是一种比较标准的“在头脑中模拟事情发生发展”的想象力形式。对我们学生来说，通过写想象作文来训练想象力是有效的途径。

想象作文可以写物品、动物、植物、人物（各行各业的人物、男女老少）。可以写一个故事，如未来发生的战争、文体比赛、娱乐活动等。但一定与现在的战争、比赛、活动有很大的不同。可以写神奇的地方。神奇的物、神奇的人、神奇的事。形式上可以写一篇，也可以写成连续的故事。

妮妮的使命

时间到了2208年，马索里教授研制出了一种新型机器人，它形如燕子，为了纪念2008年北京奥运会举办200周年，特地把这机器人取名为“妮妮”。妮妮的本领可大了，它不仅能听懂各种鸟语，还能吸收大自然的各种能量，承担着保卫小鸟王国的使命。

宇宙情报员小王急匆匆来到了机器人研究中心。“报告马教授，黑暗星球马上要对小鸟王国进行攻击。”

“到底是怎么一回事?”马教授问。

小王介绍了缘由:“黑暗星球要收集鸟类的血液，用来制造长寿水。因此，已命令扎扎攻占小鸟王国。”马教授听后下达紧急命令：妮妮马上到小鸟王国，保证小鸟不受任何侵犯。

一道刺眼的电光闪过，黑暗星球派来的神秘使者扎扎出现在小鸟王国的上空。扎扎张开它的大嘴高声喊道:“除了小鸟外，其他动物快给我滚，我要统治这里了。”小鸟王国的国王乌拉快速飞到使者面前，表示强烈的抗议:“他们都是我的客人，你凭什么驱赶他们?你又凭什么可以来统治小鸟王国?”扎扎嘴角扬起:“你不服气么?你先尝一尝我响指的厉害吧!”扎扎打了一个响指，只见空中一个闪电击中乌拉，瞬间乌拉的头上长出了一个尖利的东西，留下了一个很深的“红叉印”，整个身体瞬间变得很大，乌拉失去了知觉。

就在这时妮妮来到了扎扎面前:“你神气什么?谁敢动小鸟王国一根毫毛!”扎扎看了一眼妮妮，还以为是普通的小鸟，轻蔑地说:“你这个小东西，太自不量力了。”扎扎伸开手往前一推，一股很强的电流急速冲向妮妮。可妮妮把能量开关一开，扎扎发出的能量全被妮妮吸收了。

“怎么一回事?小东西命还挺厉害。”扎扎连续发出强大的电流，但都一一被妮妮吸收。扎扎不仅没让妮妮受到伤害，反而自己元气大伤。妮妮自豪地说:“可恶的外星人，希望你马上离开这里，否则我要对你不客气。”妮妮的话让扎扎害怕起来，扎扎一下打开了“隐身”开关，躲藏起来与总部联系。“总部、总部，我发出的能量被对方吸收了，怎么办?”总部给扎扎指示:“开启控制开关，你先把妮妮控制住，我马上派援兵过来。”

突然间，扎扎又来到了妮妮面前。笑眯眯地说:“妮妮小姐，你放心，我再也不会来伤害小鸟们了。”扎扎想用假象来迷惑妮妮。说话间扎扎开启了控制机关，只见一阵寒流向妮妮袭来，妮妮毕竟是智力超群的机器人，就在它就要被扎扎控制的一刹那，妮妮开启了自己的反控制机关，它可以借用对方发出的力量来攻击对方。就这样，扎扎反而被妮妮控制了。

妮妮来到扎扎面前，愤怒地说:“可恶的东西，我差点上了你的当。”“扎扎，我是总部，请再坚持5分钟，援军马上就到。”原来扎扎的无线通话机响了。妮妮拿起了通话器，自豪地说:“外星人总部，你们听着，你们所谓的使者已经被我制服，不管你们来多少援兵，我都会等你们的。”

五分钟过去了，外星人的援兵没有来。而妮妮也关闭了反控制机关，同时把扎扎放了回去，小鸟王国的危机解除了，小鸟王国国王乌拉授予妮妮“和平使者”的勋章。从此以后，妮妮一直在小鸟王国承担保卫和平的使命。小鸟王国既没有受到人类的干扰，也没有受到外星人的侵犯。小鸟王国的天变得更蓝，地变得更美，小鸟们的每一天都是快乐的。

指点迷津

1. 想象力衰退的原因是什么？如何防止自己的想象力衰退呢？

想象力衰退有两个原因。第一，受定式思维影响大，不敢去想象。第二，缺乏想象力的训练。要防止想象力的衰退必须做到两点：第一，认识到想象力的重要性，要主动有意识地培养自己的想象力，如欣赏文学、美术、音乐等优秀作品；第二，要有时间上的保证。目前，我们的学习时间大部分用在了读、背、听、练上，很少用在想象力培养上。因此，要将想象力训练有意识地纳入到每天的学习计划中。

2. 如何处理好知识与想象力的关系？

知识对想象力来说，是一把双刃剑。它可以成为想象力的障碍，知识越多，我们的思维就会受知识的束缚，很容易形成定式思维。记得有这样一个故事。女教师画了一个圆圈问大学生这是什么？大学生思考很久，才底气不足地说了一句“可能是零”。又一次，女教师画了一个同样的圆圈问一群小学生“这是什么?”孩子们立即七嘴八舌地回答：太阳、烧饼、足球、西瓜、老师的大眼睛……可见，知识不一定能与想象力成正比。但是，如果处理得好，知识又可以成为想象力的翅膀。因为，知识面越广，想象的角度可以更多。如爱因斯坦、爱迪生就是很好的例证。所以，我们既要做到努力积累各方面的知识，同时又不能被定式思维限制，要敢于展开想象的翅膀。

探究活动

小时候，我们就开始猜谜、对对联，做脑筋急转弯的题目，其实，这是初级阶段的探究。后来，在课堂上，我们要写想象作文、童话故事、科幻故事等，这些培养想象力的活动，也有利于探究能力的培养。随着课程改革的实施，越来越多的同学参加了研究性学习。请对照以上内容，回忆自己走过的探究学习之路。

方法提示：可以列一个表，回忆一下自己参加了什么活动，用了什么方法，遇到什么困难，又有什么收获。

	自我总结
参加的活动	
使用的方法	
遇到的困难	
取得的成果	
宝贵的经验	

探究篇名言

1. 学习和研究好比爬梯子，要一步一步地往上爬，企图一脚跨上四五步，平地登天，那就必须会摔跤了。

——华罗庚

2. 科学的灵感，绝不是坐等可以等来的。如果说，科学上的发现有什么偶然的机遇的话，那么这种“偶然的机遇”只能给那些学有素养的人，给那些善于独立思考的人，给那些具有锲而不舍的精神的人，而不会给懒汉。

——华罗庚

3. 我平生从来没有做过一次偶然的发明。我的一切发明都是经过深思熟虑、严格试验的结果。

——爱迪生

4. 想出新办法的人，在他的办法没有想出以前，人们总说他是异想天开。

——马克·吐温

5. 如果我们过于爽快地承认失败，就可能使自己发觉不了我们非常接近于正确。

——卡尔·波普尔

6. 我真想发明一种具有那么可怕的大规模破坏力的特质或机器，以至于战争将会因此而永远变为不可能的事情。

——诺贝尔

7. 谬误的好处是一时的，真理的好处是永久的；真理有弊病时，这些弊病是很快就会消灭的，而谬误的弊病则与谬误始终相随。

——狄德罗

8. 人的天职在勇于探索真理。

——哥白尼

9. 从观察中不仅可以汲取知识，而且知识在观察中可以活跃起来，知识借助观察而“进入周转”，像工具在劳动中得到运用一样。如果说复习是学习之母，那么观察就是思考和识记知识之母。一个有观察力的学生，绝不会是学业成绩落后或者文理不通的学生。

——苏霍姆林斯基

10. 真理的大海，让未发现的一切事物躺卧在我的眼前，任我去探寻。

——牛　顿

第九讲

经验篇

导读

【方法真经】

1. 不仅要向任课老师学知识，更要向他们学方法。
2. 同学的经验有很多，所以，要有选择地学。
3. 状元的经验不一定就是最好的，因此，只能借鉴，不能照搬。
4. 我们不仅能从作家身上学到写作的经验，而且能学到做人的道理。
5. 学习科学精神、探究方法，最好的途径就是向科学家学习。
6. 我们要找到适合自己的学习方法，可以从教育家的身上得到启示。

【思维纵横】

一个人的经验可以是学习理念、学习方法、学习策略。如何增强学习动机，如何培养自己的学习兴趣，如何端正自己的学习态度，这也是重要的学习经验。可见，这一讲内容与各讲内容有关，当然，具体的经验已经渗透在各讲内容中了，本讲重点介绍一些策略性的经验，即如何看待与学习老师、同学、专家们的经验。

凡火攻有五：一曰火人，二曰火积，三曰火辎，四曰火库，五曰火队。行火必有因，烟火必素具。发火有时，起火有日。时者，天之燥也；日者，月在箕、壁、翼、轸也，凡此四宿者，风起之日也。

火攻的形式有五种：一是火烧敌军的人马，二是火烧敌军的军需物品，三是火烧敌军的辎重，四是火烧敌军的仓库，五是火烧敌军的粮道。实施火攻必须有一定的条件，这些条件必须平时有所准备。放火要看准天时，起火要看准日子，要在气候干燥的时节，月亮运行经过箕、壁、翼、轸四个星宿的时候。月亮经过这四个星宿的时候，便是起风之日。

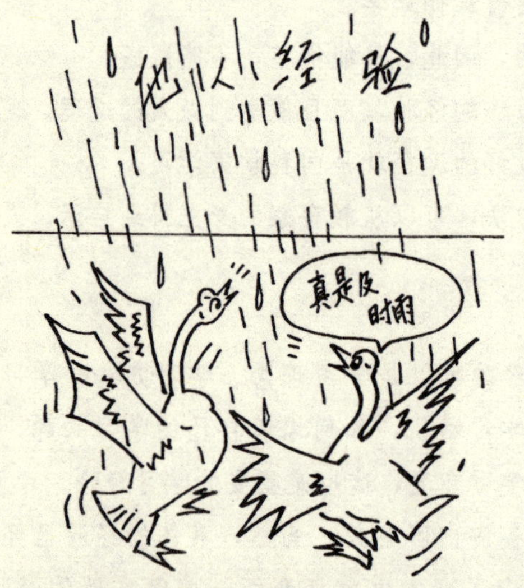

以上是《孙子兵法》火攻篇中的一段话。孙子介绍了用火攻烧毁敌方的营寨、积聚、辎重、仓库、粮道五种形式，指出了火攻必须具备的条件：要看天时、要选择有风的日子、要在上风头、要用兵力配合，等等。孙子介绍的这五种火攻形式，都是实践经验的概括与总结，它体现了孙子的一个重要战略思想——要合理地利用自然的力量。

对我们来说，要学会“谋学”，除了对自己的学习经验进行总结以外，也要重视学习他人的经验，借助他人的力量就是“谋学”的战略思想。在校园里，可以向老师学习，向同学学习；还可以结合自己的奋斗目标选择学习的榜样，如果想成为作家，就要多向作家学习，如果想成为科学家就得多向科学家学习；如果要真正领会学习的实质，就得向心理学家、教育家学习。他人的经验包括学习理念、学习态度、学习精神、学习习惯、学习方法等方面的内容。

一、如何学习老师的经验

故事启示

伯乐弥留之际在病榻上召来了最得意的弟子，举着《相马真经》，对他说:“这是我毕生心血的结晶——《相马真经》，从来秘不授人，现在传授给你，希望你好好使用。”

徒弟接过书随便翻了翻，都是如何相驽马的，愕然不知所措地问:“先生，你不是已经传授给我们相千里马的真经了吗?”

伯乐打断徒弟的话，长叹一口气说:“非我嫡传弟子，只教他们相千里马。你是我最得意的弟子，不但要教你相千里马，还要教你如何相驽马!”

徒弟仍不明白:“相驽马和相千里马岂能相提并论?这相驽马又有何意义?”伯乐语重心长地说:“千里马虽好，但十分罕见;驽马混迹马群却是常事，将驽马剔除掉，剩下的即使不是千里马，也是良驹，这比相千里马更加实际、更为有用!”徒弟顿时豁然开朗，庄重地接过《相马真经》。

启示：驽马指的是跑得不快的劣马，与它相对的就是千里马。伯乐是善于找千里马的老师。他不仅有找千里马的经验，而且有认出驽马的经验。在他弥留之际，把如何相驽马的经验传给得意弟子时，弟子还不明白这是什么用意。因为，他没有用逆向思维。与其说伯乐在教得意弟子如何相驽马，不如说他是在教给弟子相千里马的另一条途径，通过逆向思维来寻找千里马。掌握了两条找千里马的途径，其相马的水平自然高出其他弟子。

方法真经

核心观点：不仅要向任课老师学知识，更要向他们学方法。

很多老师都会对我们传授其学生时代的学习经验，也会结合自己的学科介绍自己的学习方法。可见，我们能从老师身上学到许多学习经验。

1. **要向班主任学习**

班主任是最了解我们的学习态度、学习方法、学习习惯、学习兴趣的老师。很多班主任都会在发现问题之后，利用课余时间，对我们进行教育，也会找我们个别谈话，甚至还会召开主题班会。当然，班主任也不可能对每一门学科的具体方法一一介绍，他更多的关注我们的学习兴趣、学习态度、学习动力问题。其实，这些问题比一般的具体方法更重要，只要解决了兴趣、态度、动力问题，我们自己也会自觉地去探究学习方法，学习效果也会明显提高。因此，我们也不能因为班主任讲的是抽象的内容就不重视，当班主任介绍一些如何培养兴趣、如何端正态度、如何激发学习动力的方法时，我们就要认真记下来，并且好好体会，并努力行动起来。

2. **具体的方法要一点点积累**

很多任课教师虽然没有系统地介绍学科学习方法，但是，在上课中，特别是讲解例题时，会详细介绍一些解题技巧，对于数理化学科来说，解题技巧是最重要的学习方法。因此，我们在上课记笔记时，不仅要记下例题，更重要的是记下解题思路。课后，要找同类型的题目进行训练，这样，才能学会这一解题的方法。如此长期坚持，你就会学到很多解题方法。

3. **学习方法是有层次的**

最具体的方法就是解题技巧，面对一道题如何审题、如何解题；其次，就是各门学科通用的方法，如如何预习、复习、听课、记忆、练习等；再次，就是从心理学层次，有关元认知的方法，如注意力、观察力、思维力、想象力培养的方法；最后，哲学层次的方法，即最抽象的方法，如用矛盾的、发展的、全面的观点来看问题，要抓住主要矛盾，具体情况具体分析，等等。这些方法虽然抽象，但应用面也是最广的，它适用每一学科，适用于每一节课的内容。很多同学因为它太抽象，感到很难操作。因此，要尽量把哲学的方法具体化。

指点迷津

1. 我们班主任比较重视学习方法的指导，但是，他对具体的方法指导并不多，他关注的是兴趣、态度、动力等抽象的内容。这些抽象的东西怎么才能学到呢？

抽象的东西不好理解，一般可以通过具体案例来学习。班主任希望我们培养学习兴趣，端正学习态度，增加学习动力时，往往会举班中同学在这方面做得比较好的例子。那么，我们就以这位同学作为自己的学习榜样，你可以与这位同学交流讨论，让他谈一谈自己的经验，也可以直接观察他的表现，反思自己与他有什么差距。只要用心学习，一定会有收获的。

2. 数学老师常说解题方法很重要，但他从来没有系统地归纳过这些方法；政治老师常把方法上升到哲学高度，我觉得不太好把握。我该怎么办？

每个老师的习惯不同，有的老师会系统地介绍学科方法，有的老师则把方法渗透在课堂教学中，在讲解例题时分析学习方法。你的数学老师是属于后者。你可以向他建议，安排一节课系统介绍一下学习方法，也可以把他上课讲的例题好好整理，自己去概括、总结这些宝贵的经验。政治老师习惯把方法上升到哲学高度，你就得逆向思维，把哲学的方法具体化，在哲学思维的指导下去探究具体学科的各种方法。

二、如何学习同学的经验

故事启示

宋国大夫高阳应为了兴建一幢房屋，派人在自己的封邑内砍伐了一批木材。这批木材刚运到宅基地，他就找来工匠，催促其即日动工建房。工匠对高阳应说："我们目前还不能开工。这些刚砍下来的木料含水太多，质地柔韧，抹泥承重以后容易变弯。"高阳应听了工匠说的话以后，冷冷一笑。他自作聪明地说："依你所见，不就是存在一个湿木料承重以后容易弯曲的问题吗？然而你并没有想到湿木料干了会变硬，稀泥巴干了会变轻的道理。用变硬的木料支撑着变轻的泥土，怎么会倒塌呢？”听后，工匠只好遵照高阳应的吩咐去办。

不久，一幢新屋落成了。开始那段日子，高阳应对于很快就住上新房颇感骄傲。他认为这是自己用心智折服工匠的结果。可是时间一长，高阳应的这幢新屋越来越往一边倾斜。没过多久，这幢房子终于倒塌了。

启示：高阳应说“用变硬的木料支撑着变轻的泥土，怎么会倒塌呢？”表面上看去这经验也很有道理，而事实说明工匠的经验才是正确的。木料含水太多，容易弯曲，不能支撑房屋。为什么工匠的经验经得起考验，这是因为其经验是工匠们长期实践中总结出来的。这则故事对我们的学习也有启示，每一个同学都会有自己的学习经验，谁的经验最好需要通过实践来检验。

方法真经

核心观点：同学的经验有很多，所以，要有选择地学。

每个人都有自己的特点，每个人也都会有自己的学习经验。因此，我们要善于向同学学习。

1. 仔细观察

同学与自己一起上课、一起生活，便于我们观察。通过观察，主要了解同学的学习态度、学习习惯、学习方法。比如，你的同桌数学成绩不错，那么你就观察一下，他平时有多少时间用于数学学习，他的听课笔记是怎么样的，他买了什么样的课外书，等等。把这些信息收集起来，进行分析，从而找出同桌数学成绩好的原因，值得学习的地方就学过来。

2. 与同学交流

在班级中，各门学科都会有优秀生。那么，我们可以在课余时间多与这些优秀的同学交流，交流是有目的的，相当于采访同学，所以，要做好采访准备，想一想该问哪些问题。可以问一问他的学习计划、学习目标、学习方法、学习习惯，等等。

3. 学会倾听

通常，考试结束后，班主任会开一次班会总结一段时间以学习的得失。此时，我们就要认真倾听，了解同学们成功、进步的经验。下面，就是一次学习总结会上的发言：

同学一：从我的学习经验来说，想要成绩提高，一定要上课百分之百的专注，课后一定要自己独立完成作业，不能偷懒，注重平时的积累，要及时纠错。比如我的英语成绩，在上学期偷懒，不做纠错题，作业经常抄袭，成绩一塌糊涂，这学期我坚持完成每次作业，做纠错题，成绩就有进步。

同学二：我觉得历史、语文等学科的背诵很重要，倘若是临考前几天背，仍很有效，背诵时最好也动笔，一边在纸上归纳重点，一边默背，再反复背几次，效果不错。

同学三：学习数学时要专注，最好能将老师列举的例题摘下，如有不懂的步骤应下课及时向老师提出。历史学科即使已经背了知识点，但做题的时候仍经常会因未读懂题意未明白出题人的意图而失分，不知道怎么解决。

同学四：对于学习，不要求快速地完成，我要按照自己的方法，即使跟不上别人，做的题目没别人那么多，但只需脚踏实地，认真地完成，弄懂学习中的疑难问题。我觉得学习中还应该明白哪些知识点很重要，哪些知识只要求了解，对于那些重要知识我们应该多做些练习，而那些只要求了解的知识就不必花太多时间练习，这样可以节约时间，有更多的时间去巩固其他重要的知识。

当我们听了这些经验后，同学们会有这样的困惑：我是全部学习呢，还是按照一个同学的经验重点学习？我觉得首先要对同学总结的经验进行分析，主要讲的是哪方面的经验，然后，对照自己的实际情况，最缺的地方是什么，既不能全部照搬，也不能只局限于一个同学的经验。应做到取他人之长补自己之短。

指点迷津

1. 我的同桌物理成绩相当好，我看他每学期都买一套试卷来练习，后来，我就跟着他买一样的试卷进行练习，可为什么我的成绩一直不如他呢？

理科成绩要提高，做练习是必要的。同样的练习试卷，为什么有的同学效果好，而有的同学效果就不好？这取决于做练习的方法。第一，要有选择地做。应根据自己的实际情况，选择自己的薄弱之处，通过做练习来巩固相关的知识与方法，不是为了做练习而做练习。第二，做练习要有反思、感悟的过程。好好思考、归纳这道题的特点，总结一下解题的经验，这样，不断地练习就会使自己的解题经验越来越丰富。

2. 班长知识面很广，我曾问他为什么知识面这么广，他说几年来一直采用“宝塔式读书法”学习，我是否也可以拿过来用一用呢？

“宝塔式读书法”是邹韬奋的宝贵经验。现代著名记者、政论家和出版家邹韬奋，读书时总是先浏览一遍，对其中特别喜欢的，便在旁边做个记号，再看第二遍，尤其喜欢的再看第三遍，最最喜欢的便一有时间就看。这样，他读过的书籍就形成了一座宝塔，基础最大，是广泛浏览的，然后越往上数量越少，读得越精。邹韬奋把这种读书方法形象地总结为“宝塔式读书法”。

人的精力是有限的，即使天天看书，也不可能把已有的书全看完。为了使自己有较广的知识面，就得博览群书，为了自己有一技之长，就得深入看专业书。可见，对每一个人来说，哪些书泛读、哪些书精读，情况不同，不管哪一种情况，都应学会搭建自己的“书塔”。“书塔”实质上就是一个人的知识结构，如果塔基大，就能把塔造得更高更美。

三、如何学习状元的经验

故事启示

小雨（化名）是沈阳某重点高中一名高三学生，成绩在班里一直处于中上等水平。开学时学校特意把高考状元请回校园，向学弟学妹们介绍一些学习经验。这是个难得的学习机会，小雨不仅自己听得仔细，还叫上了妈妈。“看人家，每天就睡三个小时。”回到家，这句话就常挂在了妈妈嘴边。小雨在那次讲座后也备受鼓舞，“就剩下几个月了，我必须抓紧一分一秒冲刺”。打那时起，小雨夜以继日，每天把睡眠时间也定成了三四个小时。这样努力了一两个月，小雨的精神状态明显没以前好，而且常常头痛。一次，小雨因太累，上厕所时坐在马桶上睡着了。这种状态把小雨折磨得够呛，想睡又不敢睡，心里特别焦虑，导致最后耳鸣、神经衰退，手也不会写字了。

启示：小雨在学习状元经验时，没有考虑到自身的实际情况，只是盲目地照搬，结果不仅没有把自己的学习成绩提上去，而且把自己的身体也搞垮了。这个故事告诉我们，在学习他人经验时，不能不加考虑盲目照搬，一定要具体情况具体分析，从自己的实际出发，合理地吸收。

方法真经

核心观点：状元的经验不一定就是最好的，因此，只能借鉴，不能照搬。

书店有很多介绍高考状元学习经验的书，同学们也比较热衷于购买、学习。但很多学生没有真正用好这些书，在观念上有偏差，认为高考状元的经验就是最好的，没有考虑到自己的实际情况，盲目照搬，效果不佳。

高考结束后，媒体会大量介绍高考状元们的学习方法。这是我们学习的好机会，但要注意不是每一个方法都是适用的，我们要重点学习一些普遍性、对自己有益的学习经验。

1. 重视阅读

状元们往往都提到大量阅读名著，大量阅读报纸、杂志。他们认为课外阅读对提高语文能力和阅读能力很有帮助。学习英语也应大量阅读文章，这对提高语感、提高语法知识颇有益处。

2. 专心听讲勤思考

状元们在学习方法上的一个共同特点就是上课用心听讲，课后把老师布置的作业用心做好，多加思考、总结。

3. **做习题的主人**

不做习题的奴隶，这也是他们共同的学习方法。他们认为，做题不要太多，要精，要多思考，同一题型做几道找到了规律即可。

4. **勤学加巧学**

学习要刻苦、要勤奋，这是大家公认的。但只有做到巧学，才不会成为题海的牺牲者、溺水者。

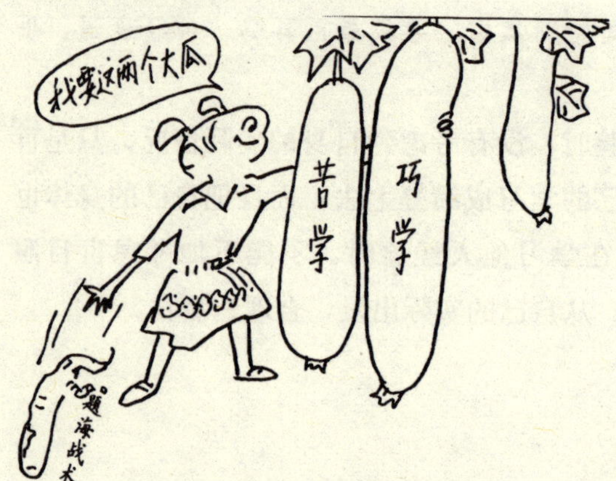

在巧学上，状元们有以下策略：第一，科学安排学习内容。在特定的时间内，学习内容既不能太多，也不能太少。在记忆效果好的时间段，重点进行记忆。第二，发挥学习习惯的作用。如预习、记笔记、复习、讨论、反思等都是良好的学习习惯。这些习惯能帮助我们有效地利用时间，提高学习效果。第三，劳逸结合，快乐学习。“文武之道，一张一弛。”要休息好，使自己有饱满的精神状态，才能进行快乐的学习。

指点迷津

1. 有好的方法才会有好的成绩，那么，高考状元的方法是不是就是最好的呢？

高考状元的方法对他自己来说肯定是适合的，因此，学习效果好，也取得了第一的成绩。但并不能说他的方法也是最好的。只有最适合自己的方法才是最好的方法。我们可以学习一些状元的经验，但要找到适合自己的方法，就得了解自己的学习基础、学习习惯、个性特点，在此基础上找到对你来说“第一”的方法。

2. 我看了很多高考状元的故事，模仿了状元的学习方法，可我连考一个班级第一名都很难，这又是为什么呢？

要考班级第一取决于很多因素的影响。第一就是你的学习基础。你如基础不好，即使采用了好方法，也不可能在很短的时间里就变成第一名。第二要看学习效果，介绍状元方法的书很多，你在学，别人也在学，到底谁学得好，关键看学习效果如何。第三要看在模仿状元的方法时是否结合自己的特点有所改进，如果不考虑自己的情况盲目模仿，还会起反作用。

四、如何学习作家的经验

故事启示

一天，一群猴子在河边的草地上踢球。忽然有一只猴子不小心把球踢到河里，大家都急忙地想办法。它们见到河边有些干树枝和小石子，想到了可以把小石子和干树枝拿来当工具。于是一只猴子把小石子扔到水里，球近了一点，但是不能把球捡回来，又有一只猴子用树枝划呀划，它们一边扔石子一边用树枝划，皮球靠近了河岸，最后它们终于把皮球捡回来了，它们又能在河边高兴地踢球了！

启示： 猴子能成功地捞起球，是因为它们把小石子和干树枝当工具，这是聪明的选择。那么，我们学习要学得快学得好，也得善于利用工具。现在，工具书越来越多，除了《新华字典》、《成语词典》、《英汉词典》以外，还有各学科知识点的词典。其实，除了字典、词典是学习工具，作家们写的著作，同样可以是我们学习写作方法的工具书。

方法真经

核心观点：我们不仅能从作家身上学到写作的经验，而且能学到做人的道理。

我们从小学开始就学习古今中外文学家的文章，如古代有李白、杜甫的诗歌，欧阳修、韩愈的散文，曹雪芹、罗贯中的小说，鲁迅的杂文。很多同学会想到，要学好语文就必须向这些诗人、散文家、小说家学习。有些作家对学习方法有总结，有的作家留给我们的只是作品。针对不同的作家，我们该如何学习他们的经验呢？下面我们以李白和茅盾为例。

例一：李白的诗是如何写出来的

李白没有明确总结过自己的学习方法，但他是最伟大的诗人，我们可以通过了解李白的经历、作品来学习其写作特点。可以通过搜集李白的诗歌，采用文献法，来阅读总结李白的诗，了解李白的经历。李白的诗，既豪迈奔放，又清新飘逸，而且想象丰富，意境奇妙，语言轻快，人们称他为“诗仙”。

(1) 广泛的阅读为写出好诗奠定基础。李白“五岁诵六甲，十岁观百家”，李白少年时代的学习范围很广泛，除儒家经典、古代文史名著外，还浏览诸子百家之书。(2) 从道教中吸取营养。李白很早就崇尚当时流行的道教，喜欢隐居山林，求仙学道，这对形成浪漫主义诗风密切相关。(3) 漫游经历促进了浪漫风格的形成。他的一生绝大部分都在漫游中度过，游历了大半个中国。20 岁时只身出蜀，开始了广泛漫游，南到洞庭湘江，东至吴、越，寓居在安陆（今湖北省安陆市）、应山（今湖北省广水市）。他到处游历，广交朋友，其经历促进了诗歌浪漫风格的形成。(4) 注重语言的修炼。李白诗中常将想象、夸张、比喻、拟人等手法综合运用，从而形成神奇异采、瑰丽动人的意境。虽然极度的夸张、贴切的比喻和惊人的幻想，让人感到的却是高度的真实。在读到“抽刀断水水更流，举杯消愁愁更愁”，“白发三千丈，缘愁似个长”这些诗句时，读者不能不被诗人绵长的忧思和不绝的愁绪感染。(5) 注重想象力的培养。李白的诗想象奇特，出人意料的新颖，使人读李白诗就仿佛进入了神山仙境，处处使人耳目一新，浮想联翩，产生“恍恍与之去，驾鸿凌紫云”的感觉。李白的奇想，无论用于布局谋篇，还是用于写景、抒情、记人、叙事，都能异想天开，涉笔成趣，使人读来妙思泉涌，意兴盎然。

例二：茅盾的学习经验

茅盾是中国著名的作家，他的主要作品有《子夜》、《林家铺子》等。他对如何读书的经验进行了总结。他说在读文章时，至少要读三遍，采取粗精结合、学用结合的消化理解式阅读方式。这种“三遍”式读书法，归纳起来就是：

第一遍：鸟瞰式。粗读、快读，一口气把它读完，以获得对全书完整的印象，居高临下，看清全貌。

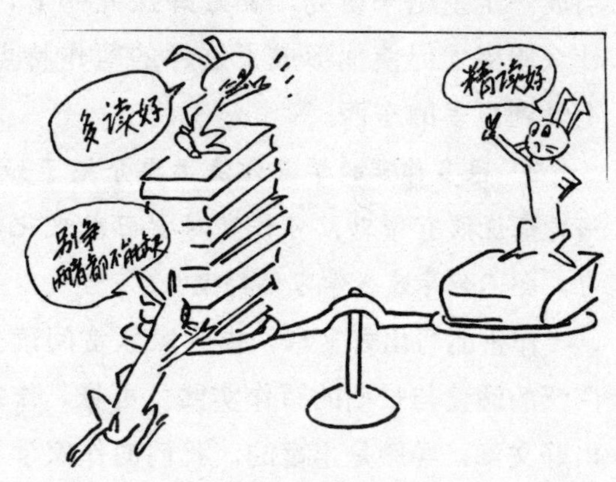

第二遍：精读式。要逐字逐句逐段逐章研读，挖掘作品的深层含义，从各个角度思考、品味作品的意义。

第三遍：消化式。这时要着重考虑书中的内容能否为自己所用，可从哪个角度用。在运用的过程中，加深对作品的理解。

另外，茅盾读小说或观剧时注意力高度集中，达到了入迷的程度。他说带着几分“入迷”走入作品中，和书中人一同笑一同哭，这才算不负那小说或戏曲。一位作家写作品的时候，也非“入迷”不可。他的感情要和他笔下人物的感情合一。作家必须自己先这么“入迷”，然后可望读者也“入迷”。茅盾的学习经验主要是针对阅读文学作品而言，但对我们阅读也有重要的启发，即要做到粗读、精读与研读，而对文学作品就要以身“体”之，以心“验”之。体验到文学的优美，作者的情感，达到“入迷”的程度。

指点迷津

1. 我的理想是当作家，语文书中有很多作家的作品，看了这些作品就能学到作家的真本事吗？

要当作家必须向作家学习。有人要问，我们语文课的作品都是作家写的，阅读了这些作品是否就是已经向作家学习了？阅读文章是向作家学习的一个途径，除此之外，还有很多途径，作家除了作品之外，还有很多优秀的品质也值得我们学习。首先，要了解作家的生平简历；第二，要了解作家的作品概况与主要成就；第三，学习作家的学习方法与写作特点。可见，仅仅读几篇作家的文章是不够的，我们要把它当成一个主题来研究，要好好探究一下，作家的作品有什么特点，是什么原因才促使他形成了这样的写作特点。只有这样，才能从作家身上学到更多的东西。

2. 很多作家的学习方法主要介绍了如何阅读与如何写作，这对学习语文来说很有帮助，可作家对学习数理化的方法很少介绍，我向作家学习，会不会导致我学习偏科呢？

作家能写出好文章，供大家欣赏阅读。每一个作家的成功都离不开广泛的阅读与长期的写作实践。可见，作家对如何阅读文学书，如何写出好文章，经验是丰富的。我们向作家学习的主要是他的阅读方法和写作方法，但这并不导致在学习上的偏科。我们可以用同样的热情投入到向科学家学习中，投入到对科学问题的钻研中。齐头并进，两手都要抓，两手都要硬。

五、如何学习科学家的经验

故事启示

鲁班是木匠的祖师爷，以善做木匠工具而著称。一位财主观察鲁班制作木器连续10天，他从实地观察中得出一个结论：鲁班制作的木器之所以那样好，就是因为他有一把好斧子，鲁班的斧子肯定是一把“神斧”。再看看自己家里的那把斧子，实在是太平凡、太一般了，难怪做不出好家具来！于是，财主向鲁班提出要买他的斧子，开价10两银子。鲁班不肯，财主把价格逐步提高到一百两银子。这时，正碰上鲁班一个学生的母亲死了，因为家贫，无力安葬。鲁班为了这个学生能够办母亲的丧事，便同意把斧子卖给那财主。

财主万万没有想到，“神斧”到了他手里，用起来却很不顺手，做的家具也都非常拙劣。他便又来到鲁班家里，想要弄明白这是怎么回事。他一走进鲁班的家，一下子愣住了，只见鲁班正用他扔掉的那把斧子在做一件木器呢！斧子在鲁班的手里就像“神斧”一样，被运用得出神入化，仅仅几分钟时间，一件精美的木器便做了出来。

启示：同样一把斧子在鲁班手里如“神斧”一样，能做出精美的木器，而在财主手上就不听使唤，好像破斧子一样。财主认为不能做出精美的木器是因为斧子的不同。他没有看到要做木器需要技术，而这技术是看不到，摸不着的。我们很多同学往往犯了财主同样的错误，认为别人成绩比自己好是因为别人买了一些课外书，用了什么学习工具，可当自己也买了这些课外书与工具书后还是学不好，这才意识到学习方法的重要。

方法真经

核心观点：学习科学精神、探究方法，最好的途径就是向科学家学习。

很多同学都立志当科学家、发明家，因此，特别重视数理化的学习，喜欢看科学家的故事，也希望从科学家身上学到宝贵的经验。因此，牛顿、居里夫人、爱迪生、爱因斯坦、袁隆平、钱学森、华罗庚、陈景润就成了我们崇拜的对象。那么，我们应如何来学习科学家的宝贵经验呢？下面，我们以中国古代的发明家鲁班与现代伟大的科学家爱因斯坦为例进行介绍。

例一：学习鲁班的观察能力与探究精神

鲁班生活在春秋末期到战国初期，出身于世代工匠的家庭，从小就跟随家里人参加过许多土木建筑工程劳动，逐渐掌握了生产劳动的技能，积累了丰富的实践经验。鲁班还是一位出色的发明家，他很注意对客观事物的观察、研究，受自然现象的启发，致力于创造发明。一次攀山时，手指被一棵小草划破，他摘下小草仔细察看，发现草叶两边全是排列均匀的小齿，于是就模仿草叶制成伐木的锯；他看到各种小鸟在天空自由自在地飞翔，就用竹木削成飞鹞，借助风力在空中试飞。鲁班一生注重实践，善于动脑，在建筑、机械等方面作出了很大贡献。

鲁班的发明创造很多，木工使用的不少工具器械都是他创造的。如曲尺（也叫矩或鲁班尺），又如墨斗、刨子、钻子，以及凿子、铲子，锯等工具传说也都是鲁班发明的。这些木工工具的发明使当时工匠们从原始、繁重的劳动中解放出来，劳动效率成倍提高，土木工艺出现了崭新的面貌。后来，人们为了纪念这位名师巨匠，把他尊称为我国土木工匠的始祖。

石磨也是鲁班发明的。传说鲁班用两块比较坚硬的圆石，各凿成密布的浅槽，合在一起，用人力或畜力使它转动，就把米面磨成粉了，这就是我们所说的磨。在此之前，人们加工粮食是把谷物放在石臼里用杵来舂捣，而磨的发明把杵臼的上下运动改变做旋转运动，使杵臼的间歇工作变成连续工作，大大减轻了劳动强度，提高了生产效率，这是古代粮食加工工具的一大进步。鲁班发明磨的真实情况已经无从查考，但是从考古发掘的情况来看，龙山文化时期（距今四千年左右）已经有了杵臼，因此到鲁班的时代发明磨，是有可能的。

在兵器方面，据《墨子·公输篇》记述，鲁班曾经为楚国制造攻城用的“云梯”和水战用的“钩强”，在战争中发挥了较大的作用。在建筑和雕刻方面，鲁班的贡献也很多。《述异记》上说，鲁班刻制过立体的石质九州地图。

例二：学习爱因斯坦的热爱科学的品质与创新思维

爱因斯坦是现代物理学的开创者和奠基人，相对论的提出者。爱因斯坦在数学方面有着很高的天赋，他在 12 岁到 16 岁时就已经自学了解析几何和微积分。他的同学还在学校平面几何的浅水里扑腾，他却利用课余时间畅游在微积分大海里。

在爱因斯坦所有的成功要素中，最重要的一条就是热爱科学，淡泊名利。爱因斯坦曾经说过：“对真理和知识的追求并为之奋斗，是人的最高品质之一。”从一定程度上来说，这种对探究未知真理的热爱是爱因斯坦对待科学的真实写照。当世人对爱因斯坦的科学贡献给予巨大的荣誉时，他却觉得不安。他说：“苦和甜来自外界，坚强则来自内心，来自一个人的自我努力。我所做的绝大部分事情都是我自己的本性驱使我去做的。它居然会得到那么多的尊重和爱好，那是我深为不安的。”他虔诚地相信，科学只能由那些全心全意追求真理向往理解事物的人来创造。

不迷信权威，具有批判意识是科学家必须具备的品质之一。科学应该相信事实，而不是权威的论断或者已有的理论。相对论是物理学上一次伟大的革命，它完全变革了传统的时空观，使人们对物质、时空等的认识提高到一个全新的高度。只有不迷信权威，不为经典的物理学知识所束缚，相信实践，具有强烈的批判意识才能做出如此成就。爱因斯坦在思想方法上没有任何保守性，他很少顾及权威和因袭的教条。他曾经说过："为了惩罚我蔑视权威，命运使我自己竟成为一个权威。"正因为他的亲身体验，他告诫青年人要发展批判的独立思考。他说："使青年人发展批判的独立思考，对于有价值的教育也是生命攸关的。"

指点迷津

1. 科学家是长期坚持科学研究并取得巨大成就的伟大人物。而我只是普普通通的中学生，感觉相差的距离很远，怎么才能从科学家身上学到更多的东西呢？

科学家卓越的本领和造诣不是天生的，在学生时代他们也是普普通通的学生，有的成绩还很差。但他们有当科学家的远大志向，对科学研究有浓厚兴趣，愿意把自己的一生精力投入到科学研究事业上来。为此，很早就养成了自学的习惯，敢于提出问题，刻苦钻研，并且喜欢做科学实验，对实验过程中的一些细节进行深入的研究。科学家拥有的这些科学精神、探究方法都是值得我们学习的。如果要从科学家身上学到更多的东西，可以买几本介绍科学家经历、成果的书。通过广泛阅读来获取精神养料。

2. 我的理想也是当一名科学家，我也看了很多科学家的故事，如果将中学生到科学家的历程分成三步，那么这三步是什么呢？

要成为科学家，首先要具备扎实的功底，如牛顿所说的"站在巨人的肩膀上"，因此，学生时代，包括读大学、研究生都是打基础的阶段，这是第一步。第二步，能对一些简单的问题进行研究，能熟练运用研究的方法，写出高质量的研究论文。第三步，能对未知世界的疑难问题进行研究，并取得突破性进展，其研究成果能对社会发展起到重要的作用。

六、如何学习教育家的经验

故事启示

凤在山林里游弋，乌鸦和麻雀飞到跟前，看看凤，又看看自己，自惭形秽。乌鸦和麻雀问道："凤小姐，你怎么长得这样美？"凤和蔼可亲地笑了："这美丽是我学习得来的。"麻雀又问："那你是怎么学习的呢？"凤展开斑斓的双翅，从树上飞下来，走到麻雀和乌鸦跟前，说道："我们凤的家族，有向周围百禽学习的习惯和传统。你们看，我的嘴，是向鹦鹉学来的，我的头是向锦鸡学来的，我的身是向鸳鸯学来的，我的翅膀是向大鹏学来的，我的羽毛是向孔雀学来的，我的双足是向仙鹤学来的。向周围的鸟类学习，把它们的长处变成我的长处，把它们的美丽变成我的美丽。"

启示：凤的长处与优点是靠学习得来的。那么，人的长处与优点也不同样如此吗？一个人的能力是有限的，优点也是有限的，但都有值得向他人学习的地方。要增加自己的能力，发展自己的优点，就必须向他人学习。

方法真经

核心观点：我们要找到适合自己的学习方法，可以从教育家的身上得到启示。

教育家是从事教育研究，并直接参与教育实践的人，因此，对学习方法也必定有深入而又系统的研究。我们要构建自己的学习方法系统，只向旁边的老师与同学学习是不够的，仅向作家与科学家学习也是不够的，还必须向教育家学习。他们的学习方法、理念往往是先进的，也是深刻的、全面的。下面以古代教育家朱熹和现代教育家陶行知为例进行介绍。

例一：朱熹的学习经验

朱熹是南宋著名教育家。他的弟子就他的读书意见归纳为“朱熹读书法六条”：循序渐进；熟读精思；虚心涵泳；切己体察；着紧用力；居敬持志。

循序渐进是一般的读书规律，进度适当，方能见效；熟读精思说明读书必须读与思相结合；虚心涵泳是说读书需要虚心、专心；切已体察是考察体验自己的身体力行情况，强调学以致用，避免死读书，要密切联系生活，将所学应用于社会实践，在实践中进一步深入理解，将知识转化为能力；着紧用力是指时间上要抓紧，精神上要振作；居敬持志是指精神专一，全神贯注，要有远大的志向与顽强的毅力。

朱熹读书法内容丰富，着重论述了其中关于读和思、言与行、虚与实等关系的见解。立志是学习的准备，熟读是深思的前提，虚心是博学的关键，惜时是勤奋的标志，运用是学习的目的。这些富有哲理的思想都值得我们学习。

例二：陶行知的学习经验

陶行知是现代著名的教育家。他认为要读书首先要选取好书。他说：“我们应当明白，书只是一种工具，和锯、锄头是一样的性质，都是给人用的。”

陶行知主张活学。他说：“书呆子就是读书没有目的的人。我平时尽力劝人不要做书呆子。书是一种工具，只能用，不可读。旧时代之学生之生长的过程有三个阶段：一是读死书；二是死读书；三是读书死。新时代之学生也离不了书，所不同的是：用活书，活用书，用书活。”

他主张读了书要善于用。他说："从前的书本教育就是以书本为教育，学生只是读书，教师只是教书。在生活即教育的原则之下，书是有地位的，过什么生活就用什么书，书不过是一种工具罢了。书是不可死读的，但是不能不知用。"

要做一个聪明的人一定要读书，而且一定要把书读活。"我们要活的书，不要死的书；要真的书，不要假的书；要动的书，不要死的书；要用的书，不要读的书。"每天要想一想，我今天学到了什么，又有多少知识用起来了。

指点迷津

1. 古今中外都有教育家，可他们说的方法也不相同，我到底应该相信谁呢？

教育家的方法有很多，这些方法虽然不同，但都经过实践证明，是行之有效的方法。之所以不同是因为思考的角度不同。因此，首先要了解教育家的时代背景，真正领会其教育思想的实质，然后结合自己的特点，有选择性的吸取。

2. 现在提倡创新学习，从内容上说也不能局限于教材，而很多教育家重点讲的只是如何读书，是否应对这些观点进一步拓展呢？应如何操作？

应对这些观点进行拓展。创新学习主要强调发现新知识，探究新问题。具体可以这样做：首先，从内容上要做到开放性，不能局限于教材，而是要走出课堂、走出学校，参加各种各样的实践活动；其次，方法上采取自主、合作、探究的学习，注重实践活动、亲身实践，自我感悟；再次，要善于进行学科整合，尝试主题学习。

探究活动

优缺点列举法就是一种逐一列出事物优缺点，进而探求解决问题和改善对策的思维方法。他人的学习经验肯定有很多优点，可一旦盲目照搬他人经验时，缺点就会随之产生。下面，请你用优缺点列举法来分析，并想一想学习这一经验的对策。

方法提示：可以对他人的经验列一个表，如果你要学习，哪些方面需要有所改进，也一一列出。

	优 点	缺 点
他人经验		
我的对策		

经验篇名言

1. 从实践中学，从书本上学，从自己和人家的经验教训中学。要克服保守主义和本本主义。

——邓小平

2. 生活中最有用的东西就是自己的经验。

——司各特

3. 经验是真知与灼见之母，因而它的一切举止都是明智而又坚定的。

——欧 文

4. 生活是由一系列的经验组成。每一个经验都会使我们变得成熟一些，虽则有时我们很难体会到这一点。

——福 特

5. 要想知道将来发生什么事情的人必须回溯过去。

——福 莱

6. 谁接受纯粹的经验并且按照它去行动，谁就有足够的真理。就这个意义上说，正在成长中的孩子是聪明的。

——歌 德

7. 挫折可增长经验，经验能丰富智慧。

——叔本华

8. 思想有时需要具有某种粗糙，正如绘画有时需要用粗纹纸一样。具有这种品质的思想，最有可能与实际经验的本质相适应

——哈罗德·罗森堡

9. 经验永远不会对你做错误的引导；把你引导错的只是你自己的判断，而你的判断之所以对你发生误导的作用，乃是由于它根据那种并非借着实验而产生的经验来预料的结果。

——达·芬奇

10. 不要因为别的人相信或否定了什么东西，你也就去相信它或否定它。上帝赠予你一个用来判断真理和谬误的头脑。那你就去运用它吧。

——杰斐逊

第十讲

策略篇

◉导 读◉

【方法真经】

1. 不管是顺境还是逆境，都要用积极的心态来对待。
2. 要经常对学习的三个系统进行反思，找出自己的问题所在。
3. 学会迁移，其实就找到了学习的一条捷径。
4. 文科生必须过好阅读关、积累关、记忆关。
5. 理科生必须重视母题、变题与错题。
6. 男生应重视学习力、竞争力与创新力的自我培养。
7. 女生最重要的一点就是要培养自信心。

【思维纵横】

是否善于学习主要不是看是否有学习兴趣，也不是看学习是否勤奋，而是看是否有自己的学习策略。学习策略是宏观上的“谋学”，它区别于具体的方法与经验，但它又与经验、方法紧密相连，因为，有特色的学习策略的形成是学习经验的总结与升华，而具体学习方法则可以保证学习策略落到实处。可见，学习本讲内容可与“经验篇”、“学科篇”、“课内篇”、“课外篇”结合起来。

夫兵形象水，水之形，避高而趋下；兵之形，避实而击虚。水因地而制流，兵因敌而制胜。故兵无常势，水无常形；能因敌变化而取胜者，谓之神。故五行无常胜，四时无常位，日有短长，月有死生。

用兵的规律好像水的流动，水的流动是由于避开高处而流向低处；用兵获胜，是由于避开敌人的“实”而攻击敌人的“虚”。水因地形的高低而制约其流向，作战则根据不同的敌情来决定不同的战法。所以，用兵作战没有固定刻板的战场态势，没有一成不变的作战方式。能够根据敌情变化而取胜的，就叫做用兵如神。五行相生相克没有哪一个固定常胜，四季相接相代也没有哪一个固定不移，白天有短有长，月亮有缺有圆。

以上是《孙子兵法》虚实篇中最后一段话。虚实，反映了力量两种基本的形态。一般说来，“实”是指强大、主要和有备的力量，“虚”是指薄弱、次要和无备的力量。在具体的作战实施过程中，我们不能够把“虚”简单地看做“弱”，它有时是指要害、关键的部位。“虚”和“实”是在双方力量对抗中显现的，是反映双方力量对抗的一个非常重要的对立统一范畴。这个范畴揭示了力量对抗的基本规律，形成了“避实击虚”的重要战略战术原则。

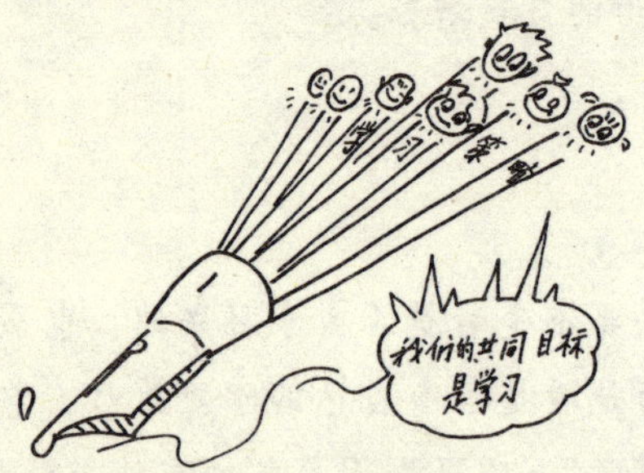

孙子从流水中得到启发，认为用兵作战没有一成不变的态势，就像流水没有固定的形状和去向一样。能够根据敌情的变化而取胜，就称得上用兵如神。我们可以从孙子以实击虚的战略思想观点中得到启发：学习方法也不是固定死板的，也要根据学习内容、学习环境、学习时间的不同作出不同的规划。这种系统的学习方法设计就是学习策略。它不是单一的学习方法，而是多种方法的综合运用。

学习策略虽然与学习方法密切相关，但它不等于学习方法。学习方法是学习者在学习过程中运用的一些具体的操作方法，属“战术”层次，如记笔法、记忆法、分类法和比较法等。而学习策略是学习者为了提高学习的效果和效率，有目的、有意识地制定的有关学习过程的复杂方案，是学习者在完成特定学习任务时选择、使用和调控学习程序、规则、方法、技巧、资源等的思维模式。它是属“战略”层次。

我们认为，下列七个学习策略既涉及课内学习，也涉及课外学习，应引起我们的高度重视。它们是：适应环境的策略，积极反思的策略，快速迁移的策略，文科生的学习策略，理科生的学习策略，男生的学习策略，女生的学习策略。这些学习策略也要坚持避实就虚的战略思想，做到发扬自己的长处，回避自己的短处。

一、适应环境的策略

心理效应

如果把一只青蛙扔进沸水中，它便会因感受到巨大的痛苦纵身而出，如果把一只青蛙放进温水中，它会感到很舒服，然后再慢慢升温，即使升至 80℃，青蛙也仍然会若无其事地待在水里。随着温度的继续上升，达到 90℃～100℃时，青蛙就会变得越来越虚弱，在此情况下，青蛙已经失去自我脱险的能力了，直至在舒适中被烫死。在第二种状况下，青蛙为什么不能自我摆脱险境呢？这是因为青蛙只能感应出激烈的环境变化，而对缓慢、渐进的环境变化却不能及时做出感应。这就是“青蛙效应”。

分析：“青蛙效应”告诉我们一个道理：生于忧患，死于安逸。反思一下自己是否盲目地生活，在激烈的竞争环境下是否没有一点危机感。如果没有意识到激烈的环境，最后就会像这只青蛙一样，被煮熟、淘汰了仍不知晓。因此，我们要有危机感、紧张感，适度加压，把压力变动力，如果处于逆境，则要果断奋起，不断超越自己，超越过去。

方法真经

核心观点：不管是顺境，还是逆境，都要用积极的心态来对待。

学习都要在一定的环境下进行，学校的学习环境有教室、阅览室、实验室。在假期，有家中的书房、图书馆、博物馆、科技馆、少年宫等。以上说的是物理环境，平常说的逆境与顺境，是抽象的，是我们内心能感知的一种环境。所谓适应环境的策略就是不管在什么环境下，都能积极、主动学习的策略。

1. 环境分析法

环境分析法就是分析目前固有的环境，哪些方面对自己的学习有利，哪些方面对自己不利，从而制定对策，做到趋利避害。很多同学都有这样一种体验，一旦环境改变，一时间很难适应，从而影响了学习效果。如有的同学在课堂内与同学们一起学习时的效果好，一个人在家学习时的效果差；有的同学听老师讲课的效果好，而与同学讨论时的效果差。特别是升学后，来到了一个新的学校，需要一个很长的适应过程。一旦发现学习效果不好，就得想一想是否因为环境变化不适应所引起的。

2. 顺境的对策

学习上没有什么困难，轻轻松松就能拿高分，经常受到老师的表扬，同学关系相处得很和睦，父母也很关心你，可以说，天天都是快乐的日子，这样的生活状况当然是顺境。有人说，顺境只要保持下去就可以了，还要有什么策略吗？俗话说，天有不测风云，一个人不可能永远都处于顺境中，而且，在顺境中堕落的也大有人在。那么，在顺境中要注意什么呢？第一，不能骄傲自满，要对自己提出更高的要求。第二，对迎接逆境作好准备。学习上会加深难度，同学之间也难免出现一些矛盾。第三，要珍惜顺境时的宝贵时间，谁也说不准顺境的状态能保持多久，因此，要牢牢抓住这宝贵的时间提高学习效率。

3. 逆境的对策

谁都不喜欢逆境，可是它偏偏会不知不觉找上我们。比如，因一件小事，同学间发生矛盾，一时解决不了影响双方的学习；或者是家里父母闹离婚，一想到此事就没心情学习；还

有最为普遍的就是考试成绩不理想。这些问题，有的同学遇上后不知所措。那么，面对逆境到底得采用什么策略呢?

首先，要有良好的心态。要坚信困难只是暂时的，只要自己努力，问题很快能解决。其次，分析困难产生的原因，同学关系也好，家庭关系也好，学习问题也罢，既然有这样不好的结果，肯定有原因。找到了原因，才能找到解决问题的方法。最后，遇到烦恼时，情绪非常低落，因此，学会情绪调节法也很重要。如果心理承受能力差，就找个无人的处所好好宣泄，或转移情绪，或升华目标，若心理承受能力不错，就该马上投入到学习中。

指点迷津

1. 我成绩不错，一般都能进入班级前5名，对我来说，还需要调节自己的心理状态吗?

成功后，要增强自信心，记住自己的成功，激励自己再次努力。但也不能骄傲自满，应明白“山外有山楼外有楼”，要给自己定一个更高、更有激励作用的奋斗目标，实现一次次自我飞跃。

2. 考试失败后，我该怎么办?

失败后不能沉溺于失败的阴影中。首先，进行自我反省，总结失败的原因，将一段时间内自己的问题找出来，然后将所有问题罗列好，可以经常提醒自己。其次，要保持乐观的心态。要相信自己通过努力会取得进步，可以看一些名人警句，鼓足勇气，决不向困难屈服。最后，整理好错题。选准时机去问老师、问同学，把它们弄懂。

二、积极反思的策略

心理效应

反馈是现代科学技术的基本概念之一，指将系统的输出返回到输入端并以某种方式改变输入，进而影响系统功能的过程。心理学借用这一概念，以说明学习者对自己学习结果的了解，而这种对结果的了解又起到了强化作用，促进了学习者更加努力学习，从而提高学习效率。这一心理现象称做“反馈效应”。心理学家布朗表明，反馈方式不同对学习的促进作用也不相同。一般来说，学生自己进行的主动反馈要优于教师的反馈。

分析：反馈效应告诉我们，要重视反馈，重视反思。在学习过程中，我们一定要及时地进行自我反馈，避免毫无目的的学习和不知道自己的学习结果的学习方式。而反思是自我反馈的前提。我们不仅要反思自己的学习过程，也要反思自己的学习结果。只有这样，自我反馈才能是全面的、及时的。

方法真经

核心观点：要经常对学习的三个系统进行反思，找出自己的问题所在。

所谓积极反思策略，就是经过一段学习之后，对自己的学习计划、学习内容、学习方法、学习效果等方面进行自我评价，发现存在的问题，及时制定新的对策。

1. 反思的时间

反思一般在学习后进行。有的同学喜欢在课间10分钟反思一堂课的得失，有的同学习惯在睡前反思一天的收获，大多数同学在考试失败时会反思自己失败的原因。反思是一种对自己的决策、行为以及由此所产生的结果进行审视和分析的过程。反思学习是个体在分析自我经验、监控和评价学习行为的基础上，依据某种标准对自身的经验和行为所进行的批判性的思考。如今天学了什么？我用什么方法进行学习？学习的效果好吗？哪些方面有待改进？等等。其目的就是找经验、找教训。

2. 反思的目的

反思的目的是发扬优点，改正缺点。发现自己学习过程中的问题，想出解决问题的策略。虽然反思的主要内容是已经过去的学习过程，但是目的却是以后的学习过程。比如，今天晚上的反思针对的内容是今天的学习过程，但为的是明天的学习更加有效。在一个连续学习过程中，反思处于中间环节，所以我们才说“前要思、后要想”。经过反思获得的经验，是作为我们调整目标、调整计划、调整方法的重要依据。

3. 反思的内容

主要是对整个学习过程进行反思，看看自己是哪一个学习系统出了问题。学习过程有三个系统，它们是动力系统、操作系统、控制系统。学习的动力系统是负责学习的始动、推动、继续的系统。学习的操作系统是负责信息知识的接收、加工、储存、输出等具体实质性学习职能的系统。学习的控制系统是负责对学习统摄、调控的系统。它对动力系统、认知系统起着主导统摄作用，驾驭控制着整个学习过程，包括计划与评价两个机制。通过反思，就会找到自己的很多学习问题，有观念问题、态度问题、兴趣问题、方法问题、能力问题、习惯问题，等等。

4. 反思的方法

要提高反思的质量，除了纵向思维之外，也离不开横向思维。纵向思维主要是针对自己前后两次学习表现结果的分析，而横向思维是指将自己的学习与同学比较，为什么有的地方自己做得比他人好，而有的地方同学要胜出一筹，这就是左对照、右比较。反思的目的在于行动，只有马上行动，才能把反思的成果体现出来。

指点迷津

1. *如果每次考试后就总结一下这一阶段的学习效果如何，这是否就算是全面的反思呢？*

是否有反思意识，决定反思内容的广与窄。对学生来说，学习的每一环节都可以反思。如对阅读的反思、对听课的反思、对练习的反思、对复习的反思、对考试结果的反思，等等。可现实中，很多同学只有到了考试成绩不理想时，才会进行反思活动。这样的反思只停留在对学习结果的反思，范围就相对狭窄了。

2. 什么样的反思才是高质量的？

反思质量是否高取决于反思是否全面而又深刻。同学们经常会总结考试失败的原因。影响考试的原因有很多，它包括内部原因，也包括外部原因。而内部原因又包括学习基础、审题能力、解题方法等。如果只找出某个方面，而忽略其他方面，就是片面的反思，其效果是不理想的。

三、快速迁移的策略

迁移效应：在学习心理学中，先行学习对后继学习的影响，称为“迁移效应”。它有三种效应方式：先行学习 A 促进了后继学习 B 的效应，称为正效应；先行学习 A 干扰和阻碍了后继学习 B 的效应，称为负效应；先行学习 A 促进了后继学习 B 无任何影响，称为零效应。

分析：迁移是一种学习对另一种学习的影响，指在一种情境中获得的技能、知识或态度对另一种情境中技能、知识的获得或态度的形成的影响。我们每天的学习都在使用迁移，但真正了解迁移的有关的知识的人则非常少，可见，目前大多数同学的迁移是自发地发生的，并不是自觉运用迁移的方法来实现的。迁移具有无比的威力，因为，学习任何一种新知识时，都可以找到与之相关的旧知识，都可以运用迁移能力，在已有知识和经验的基础上快速领会、理解新知识。

方法真经

核心观点：学会迁移，其实就找到了学习的一条捷径。

快速迁移策略就是在学习中，利用心理规律，有意识地让迁移发生，从而提高学习效果的策略。

1. 新旧结合法

要实现迁移，既要对旧知识进行归类，又要对新知识进行归类。找到前后两种知识的共同点，对比旧知识来学习新知识，就容易理解，这就是一种最典型的迁移。有些迁移能轻而易举地实现，而有的迁移则需要一番冥思苦想的过程。如果两者的相同点比较明显就容易实现迁移，但很多情况下，两者间的共同点是隐藏在现象背后的，不易发现，这就成了迁移发生的主要障碍，因此，要有效实现迁移，就必须挖掘知识背后之间的联系。

2. 做到举一反三

简单地说，先掌握解决母题的技能，然后把这种技能运用到解同类的题目中来。可见，掌握概念、熟悉原理，对迁移的实现会有很大的帮助，特别是在解题过程中。如果概念不清、原理不熟，就不能顺利解题，其实质就是知识不能很好地迁移。发现隐性的知识是学习中比较困难的，因为，它不是教材中白纸黑字的清楚呈现，也不是老师一五一十地讲解，它需要我们借助于已有的知识与方法，努力去寻找线索，方能整理出新知识。

3. 寻找隐性知识

知识点的联系不仅表现在显性知识上，也表现在隐性知识上。不管是阅读还是在听课，为了更好地实现迁移的效果，都要努力去寻找隐性知识。实现隐性知识的内在联系，是难度最大的知识迁移。

指点迷津

1. 遇到难题怎么做才能实现迁移呢？

遇到难题做不出来，可以从三个方面努力。第一，先复习与此题相关的知识，知识不熟练是不可能迁移的。第二，找一找与此题相类似的例题，掌握这类题的解题方法。第三，把难题尽可能分解成几步，转化成简单的题，使迁移一步步实现。

2. 我喜欢打篮球，技术也不错，可是我数学成绩不好，做题目总感觉自己反应不快，想不到解题的思路。请问申屠老师，是否能把打篮球反应快的技术迁移到做数学题目中来呢？

这是两类不同的问题，不能直接进行技术迁移。迁移发生的前提是两者存在相同的地方。打篮球反应快说明篮球技能好，而做数学题反应快强调的是解题技能，主要需要掌握相关的数学知识、解题思路。不过，它们之间发生迁移也并非没有可能。可以把信心、勤奋等品质迁移过来。你对打篮球有信心，以此来鼓励自己，只要努力，同样也可以把数学学好。

四、文科生的学习策略

心理效应

培哥效应指的是倒背如流的秘密。培哥记忆术的固定编码有很多种，如按照自己身体各部分的上下编号，按进门后能看到的东西编码，按自己的亲朋好友的姓名编号，等等。比如，(1)——帽子，(2)——眼镜，(3)——围巾，(4)——衣服，(5)——腰带，(6)——裤子……并熟练地记下来，然后通过联想与要记的材料相连接。如要求你记住这样几个词：(1)大象，(2)打气，(3)洗澡，(4)电风扇，(5)自行车，(6)水……这样你就可以把大象与固定编码的第一号帽子联系起来，联想到大象的鼻子上戴了一顶帽子。要记住第六个词“水”时，把它与裤子产生联想——水把裤子弄湿了。通过这样的编码联想，有意识地把联想的事物放大，表象清晰而奇特。有利于提高记忆效果。

分析：培哥效应可以避免记忆的枯燥单调。但需要经常训练，并尽可能地使自己的联想奇特醒目。作为文科生，记忆的内容很多，因此，可以利用培哥记忆术来帮助记忆。

方法真经

核心观点：文科生必须过好阅读关、积累关、记忆关。

文科生要学习的内容以人文科学为主，这要求文科生对文学、历史、政治、经济、天文、地理等课外书有广泛的阅读，同时需要及时地积累和记忆。可以说，文科生的学习策略就是过好阅读关、积累关、记忆关的策略。

1. 过好阅读关的策略

阅读是“学习之母”。它既是学习的开端，也有助于提高学习效率。有研究表明，阅读后的记忆率要比听讲后的记忆率高出 1.66 倍。文科生要比理科生读更多的课外书。这些书主要涉及文学、历史、哲学、经济学、地理等。如果局限于教材，知识面是相当狭窄的，长此以往，眼界越来越窄，知识越来越少，不利于成绩的进步和自身素质的提高。

2. 过好积累关的策略

在学校主要做好课堂笔记，课后及时整理，在课外要多观察、多阅读，不忘整理、总结，把自己关注的知识点一一积累下来。点点滴滴的积累必须利用细小的时间，积少成多，集腋成裘。此外，还要在节假日时间拓展知识面，对自己感兴趣的问题用探究的方式进行学习。

3. 过好记忆关的策略

文科要求多读多背，这不仅应作为文科生最重要的方法，也是最重要的习惯，一定得要求自己每天都有新知识吸收进去。因此，什么时候读什么、记什么、背什么都要有整体规划。形成固定习惯，不要等到考试再临阵磨枪。另外，在记忆时千万不要死记硬背，要在理解的基础上进行记忆。提高记忆效果要掌握下列原则方法。第一，表征化原则。应用形象生动、易于记忆的表象来帮助记忆。第二，组织化原则。激活记忆中的有关知识结构，并根据某种主题、情节等组织这些激活的信息，以便将它们与要记忆的信息联系起来。第三，联想化原则。把要记忆的新信息与原有知识结构进行各种相对应的联系，借助于原有的熟悉经验来记忆新内容。常用的记忆方法有概括法、提纲法、图表法、比喻法、联想法。

4. 重视数学的策略

学习文科，要在数学学科上打好坚实的基础，要明确这门学科对文科生来说是非常重要的。如果要在高考中取得高分，数学非拿高分不可。首先，要把教材理解透，例题要深刻领会，课后要多花时间做练习，巩固当天学习的知识，对一些难题务必请教老师。详细学习策略参照“学科篇”。

指点迷津

1. 我的数学基础不好，每次考试都不理想，我该怎么办？

基础不好就得补课，因此，要花点时间好好研读一下数学教材，每一个知识点不能遗漏，每道例题都要仔细品味。课后的练习主要是巩固知识点。所有习题都要认认真真地做起来。抓好了教材，把握好了课后习题，基础就打扎实了。

2. 文科生要记的内容很多，我觉得自己记忆力很差，同时又比较懒，我很想改变，可又做不到，我该怎么办？

文科生要记很多内容，若懒于记忆，就要着手改变。要改变自己就得从这个“懒”字入手。你要变得勤快地记忆，每天要规定内容去记，坚持下去，你会发现自己的记忆力提高了，成绩也进步了。

五、理科生的学习策略

心理效应

定式是心理学中的一个概念。大意是指以前的心理活动会对以后的心理活动形成一种准备状态或心理倾向，从而影响以后的心理活动。所谓定式思维效应是指人们因为局限于既有的信息或认识的现象。人们在一定的环境中工作和生活，久而久之就会形成一种固定的思维模式，使人们习惯于从固定的角度来观察、思考事物，以固定的方式来接受事物。

分析：我们遇到一些发生变化的新题型，可能因为自己的定式思维而碰壁，但如果遇到同类型的题目，我们就会因为定式思维而快速解题。可见，学习定式效应可以使我们找到失败的原因，同时也可提高解题效果。作为理科生应领悟其中的奥秘。

方法真经

核心观点：理科生必须重视母题、变题与错题。

与文科生相比，理科生有很多公式、原理需要学习和掌握。因此，要学好理科，抓住练习是最重要的一环。所以，理科生特别要重视母题的积累、变题的训练、错题的反思工作。

1. 重视母题

母题就是有代表性的好题目，它可以是围绕重点、难点知识来设计的例题，也可以是解题技巧具有普遍性的习题，还可以是联系实际，灵活多变的好题。要重点分析经典的母题，重视对经典母题的反思和提升。如要了解命题人的立意，提取题目信息，培养审题能力，形成一种解题策略。对于知识点的掌握要非常熟练，注重探究和分析定理的来龙去脉，真正理解它的本质。

2. 重视变题

所谓变题，有两种情况，一个是已知条件变换，设问没有变，第二种是已知条件没有变，设问发生了变换。经常进行变题训练，有利于提高解题的灵活性。目前，考题之所以难，难在灵活，这是国家培养综合素质强、全面发展的人才的需要，也是今后高考出题的方向。因此，上课听完老师讲解例题之后，或看完辅导用书上的例题之后，自己也应把例题变一变角度，再进行思考。对教材中的一些习题，自己也可以变换一下条件，自己出题，自己练习。

3. 重视错题

重视错题就是要重视收集不同类型的错题，分析错误的原因，有针对性地进行训练。不同错题类型产生的原因迥然不同，其解决的策略也各异，方法也有别。有的题本来就不会做，究其原因是知识点没掌握，概念不清，公式没记牢。有一些是模棱两可似是而非的题，这主要是知识点理解不到位。还有一部分是会做却做错了的题，这就是非知识性错误的题，如审题不严谨，做题不细心。考试中还有可能因心理紧张导致做错题。凡是知识性错误的要重点补课，非知识性错误的也要引起注意，要提高自己的应试技巧。

指点迷津

1. 平时成绩不错，可一考试，就产生怯场心理。我该怎么办？

首先，要认清考试的目的，克服恐惧感，考场并不可怕，只是比平常正规一些而已。其次，要沉着冷静地走出狭隘的患得患失的阴影，不贪求成功，只求正常地发挥自己的水平。赛场是高层次水平的较量，同时也往往是心理素质的较量，“狭路相逢勇者胜”，只要树立信心，一分耕耘必定有一分收获，最终定会交出满意的答卷。

2. 遇到难题怎么办，是放弃还是花大量时间思考？

面对难题时要注意两点：第一，自信和乐观很重要，要相信自己，只要自己经过了认真思考，就是进步。第二，对于疑难的问题要积极思考，争取自己解决。实在思考不出来，就打上问号，课后去问同学或老师。总之，千万不要被困难吓倒。

六、男生的学习策略

从前，挪威人在海上捕得沙丁鱼后，如果能让它们活着抵港，卖价就会比死鱼高好几倍，但只有一条渔船能做到带活鱼回港。后来，人们发现这条船的鱼槽内不过是多了一条鲶鱼而已。原来当鲶鱼装入鱼槽后，由于环境陌生，就会四处游动，而沙丁鱼发现这一“异类”后，也会因紧张而加速游动。如此一来，沙丁鱼便延长了寿命。这就是“鲶鱼效应”。

分析：鲶鱼效应强调的是竞争的作用。有些男生比较贪玩，做事情相对比较粗心，对自己要求不严，也不积极参与竞争，做事拖拖拉拉，效率低。因此，对这些男生来说，可以有意地创造一个竞争的环境，发挥一下“鲶鱼效应”的作用很有必要。

方法真经

核心观点：男生应重视学习力、竞争力与创新力的自我培养。

做一个对社会有用的人是每一个男孩的奋斗目标。在青少年时期，我们要学会学习、敢竞争、勇于创新，对自己严要求、多鼓励。

1. 增强自己的学习力

在学习力方面，男生有自己的优势，也有自己的缺点。比如，男生的视觉能力，特别是视觉的空间知觉能力明显优于女生。在记忆上，男生抽象记忆较强。但是，男生往往比较粗心，又缺乏恒心，不管如何，增强学习力（包括学习动力、学习毅力和学习能力）是必需的。大部分男生学习状态不能持久，当他们心血来潮时，就积极地学上一阵子；热度一下去，就又放弃了。不会像大多数女生有计划地学习。男生往往想急于求成，经常寄希望于短时的突破，不愿意去多记，不愿意花时间去积累。而语言的习得讲究细水长流，循环反复地记忆操练。同时在解题时男生大多能注意到局部与整体的关系，但却较少注意部分和细节，比较粗心大意。

2. 提高自己的竞争力

“天行健，君子以自强不息”是很多有志男儿的座右铭。男生往往有强烈的求知欲望，渴望成功的心愿比女生更强烈，大多数男生也喜欢竞争，有强烈的好胜心，这是男生的优势。在制定策略时，就要考虑发展这个优势。因此，可以多参加一些竞争活动，来提高自己的竞争力。

3. 发展自己的创新力

男生好动，爱探索，活动范围大，课外知识比较丰富。无论是看电视，阅读课外书，还是玩游戏，都喜欢知识性、趣味性和探索性强的内容。但男生的注意力较女生难以持久，枯燥乏味的读写引不起他们的兴趣。男生不喜欢机械刻板的学习方法，喜欢探究一些稀奇古怪的东西。好奇心强。因此，培养自己的创新能力非常符合男生的心理需求。

指点迷津

1. 我是一个男生，性格比较外向，大大咧咧，我最讨厌记记背背的学科，但我喜欢做数理化习题，可我知道语文英语又必须得学好，我该怎么办？

很多男生喜欢做数理化，但不喜欢语文、英语。要改变这一局面，可以做到以下三点。第一，先培养学习语文、英语的兴趣。努力去发现学科中的有趣的内容。第二，要养成良好的读书习惯。晨读时，保证充足的精力朗读课文，在课外，要增加自己的阅读量，提高自己的阅读能力。第三，要过好记忆关。死记硬背本来没有兴趣，可以采用趣味记忆法，如联想记忆，对比记忆，等等。

2. 我是一个粗心的男生，考试时经常审错题，我该如何改变呢？

男生比较粗心，所以会犯审错题的毛病。这种旧习惯的改变不是一朝一夕就能完成的。很多同学一犯这毛病就总结说“下次我一定注意”，可是真到了下次还是会犯同样的毛病。申屠老师建议犯此毛病的同学可以做一做“审题实验”，即用半个月的时间，天天训练审题，直到改变粗心为止。

七、女生的学习策略

心理效应

“甜柠檬”心理就是认为自己的柠檬就是甜的。每个人都有自己的优点，都有自己的优势，每个人也都有自己的特点，千万不要轻易说自己这不好，那不如人，不妨试试“甜柠檬”心理，学会接纳自己，逐渐增强自信。

分析：很多女生觉得自己的智力不如男生，从而产生自卑的心理。有研究表明，人体大脑两半球偏侧性功能专门化在发展速度和水平上是有性别差异的，但并不是说女生就不如男生。如果你是自卑的女生，不妨用一用“甜柠檬”心理，多想一想自己的长处，勇于接纳自己。

方法真经

核心观点：女生最重要的一点就是要培养自信心。

男生与女生在智力水平上并没有什么差异，只是在思维特点、情绪表现上有差别。男生思维特点多偏于逻辑思维型，所以，一般较喜欢数、理、化学科，女生由于偏向情绪色彩，更多偏于形象思维，一般较喜欢文科。也可能正是思维、情绪上的差异，才导致很多女生自信心不足。首先，认识上有误区，认为数理化学得好才是聪明的表现；其次，往往因一次考试失败，影响了情绪，影响了信心。为此，作为女生，在学习上可以采取以下策略。

1. 培养自信心的策略

首先，乐观的态度是培养自信心的基础，特别在遇到挫折时，一定要看到自己的优势，而不要仅盯住自己的劣势。其次，要多用纵向思维，少用横向思维。很多女生缺乏信心，是因为拿自己与优秀的同学比，越比越没有信心。如果与自己的过去比，你看到自己在进步，就会越来越有信心。最后，不断努力是自信心的有力保障。如果自己不努力，就不会有收获，也就没有自信的来源。为了让自己有越来越多的自信来源，就必须不断努力。

2. 提高理科成绩的策略

首先，多做习题。查出自己的知识漏洞，请教同学或老师，将漏洞补上，少聊天，多将时间放在学习上。其次，学会钻研。女生应多思考、多做题、多钻研、多总结。对理科的学习不能停留在应付层面。有时间还要多看一些和理科学科相关的课外书籍，拓展视野。再次，积累方法。在做的同时还要进行思考，注意题型和学习方法的归纳和总结。

3. 消除学习焦虑的策略

学习焦虑常表现为心神不宁、自卑自责、头疼头晕、惶恐急躁等。过度的焦虑使得注意力难以集中，干扰记忆的过程，影响思维的活动，而且对身心健康产生很大的危害。学习焦虑不仅是学习优异的拦路虎，而且是我们生命中的一种慢性自杀。萧伯纳曾说过："悲哀的秘诀，在于有余暇来烦恼你的快乐。"把你的学习生活安排的尽量充实严谨，目标一旦确定，就一头扎进去，享受紧张，体验充实，欣喜于收获，唯独不给焦虑留出时间。

指点迷津

1. 我是一个比较感性的女生，数理化对我来说有难度，不知该怎么办。

比较感性的人往往跟着感觉走，高兴时就认真学习，心烦时就放弃学习。因此，面对数理化的难题也不可能顺利解决。要解决这一困难，就要做到以下三点：第一，学习要有计划，目标明确，要努力克制自己的不良情绪；第二，课堂上要集中注意力，把重点、难点一一记下来，课后还要及时整理笔记，消化新知识；第三，碰到数理化疑难问题，要敢于向同学、老师请教，不让问题遗留下来。

2. 我遇到难题时往往不知道突破口在哪里，我该怎么办？

有三种途径可以一试。第一，检查相关的知识、原理是否掌握，若没有，及时复习相关知识。第二，在教材或参考书上看一看同类的例题，先理解好例题，掌握其中的解题技巧和思路，争取做到举一反三。第三，把这道难题进行分解，把它转化为几道简单的题目，逐一啃下。

探究活动

在取得成功和遭遇失败时，应采取的学习策略是不同的。请你针对不同的情况提出几条策略。

方法提示：列一个表，把策略一一写出。

成功时的学习策略	失败时的学习策略

策略篇名言

1. 三人行，必有我师焉。择其善者而从之，其不善者而改之。

——孔　子

2. 读书之法，在循序而渐进，熟读而精思。

——朱　熹

3. 夫志当存高远，慕先贤，绝情欲，弃凝滞，使庶几之志，揭然有所存，恻然有所感；忍屈伸，去细碎，广咨问，除嫌吝，虽有淹留，何损于美趣，何患于不济。若志不强毅，意不慷慨，徒碌碌滞于俗，默默束于情，永窜伏于平庸，不免于下流矣。

——诸葛亮

4. 学习并不等于就是模仿某些东西，而是掌握技巧和方法。

——高尔基

5. 我们不需要死读硬记，我们需要用基本的知识来发展和增进每个学习者的思考力。

——列　宁

6. 学习文学而懒于记诵是不成的，特别是诗。一个高中文科的学生，与其囫囵吞枣或走马观花地读十部诗集，不如仔仔细细地背诵三百首诗。

——朱自清

7. 学习知识要善于思考，思考，再思考。我就是靠这个方法成为科学家的。

——爱因斯坦

8. 坚决的信心，能使平凡的人们，做出惊人的事业。

——马尔顿

9. 自信与骄傲有异；自信者常沉着，而骄傲者常浮扬。

——梁启超

10. 不要容您自己昏睡！趁您还年轻力壮，血气方刚，要永不疲倦地做好事情。

——契诃夫

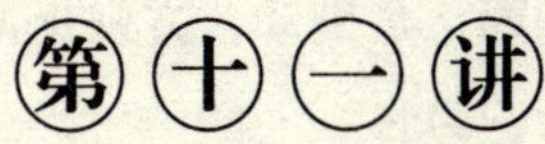

第十一讲 习惯篇

导 读

【方法真经】

1. 高效预习要做到读、记、查、问、练。
2. 要养成听、想、问、记相结合的听课习惯。
3. 要养成及时、独立、认真完成作业的习惯。
4. 养成及时复习的习惯，才能消化更多的知识。
5. 考前、考中、考后的习惯都需要培养。
6. 良好的自学习惯会让你终生受益。
7. 养成良好的观察习惯，培养敏锐的观察能力。
8. 切磋是合作学习，琢磨是自主学习，两者形成合力，威力无穷。
9. “一前两后”的反思习惯是方便可行的。
10. 创新的习惯最难培养，但最有价值。

【思维纵横】

学习方法的经常使用就会形成自己的学习习惯，这学习习惯应体现在不同的学习活动中，不管是课内还是课外，也不管是接受学习还是探究学习都需要好习惯的支持。可见，本讲内容与“学科篇”、“课内篇”、“课外篇”、“探究篇”直接相关。

故善战者，求之于势，不责于人，故能择人而任势。任势者，其战人也，如转木石。木石之性，安则静，危则动，方则止，圆则行。故善战人之势，如转圆石于千仞之山者，势也。

善于作战的人，借助于有利的态势而取胜，并不是局限于自身的力量，所以他能将自身的力量与巧妙的借势结合起来。善于创造有利态势的将帅指挥部队作战，就像滚动木头、石头一样。木头、石头的特性是：放在平稳的地方就静止，放在陡险的地方就滚动；方的容易静止，圆的容易转动。所以，善于指挥作战的人所造成的有利态势，就像转动圆石从万丈高山上滚下来那样。这就是所谓的“势”。

这是《孙子兵法》势篇中最后一段话。意思是指善于作战的指挥者利用“势”来取胜。那么，善于学习的人，也必定会利用自己的“学势”，它就是良好的学习习惯。好习惯是一种理性的行为，坏习惯则是一种惰性的结果。人是由思想支配和意志调节的高级动物，具有动物本能和理性的双重性。理性能引导人们追求更高层次的东西和享受精神上的愉悦、感情的和谐。追求成功的过程就是一个理性战胜惰性的过程。不管是伟人还是成功人士，生来本普通平凡，也有各种缺点和不足，只不过他们认准一个目标后，坚持不懈地克服自身的惰性，养成良好的习惯，最终获得了成功。

培根说：“习惯是一种顽强巨大的力量，它可以主宰人生。好的习惯可以助你成功，坏的习惯将会束缚你终生。”英国作家萨克雷曾说过：“播种一种行为，收获一种习惯；播种一种习惯，收获一种性格；播种一种性格，收获一种命运。”其实，我们的很多行为都是习惯使然，但多数时候，我们对习惯的认知却显得漠然，没有发挥好习惯的作用和影响力。我们也许没有很好的天赋，但一旦有了好的习惯，就一定会给自己带来意想不到的收益。

学习习惯是指学生为达到好的学习效果而形成的一种学习上的自动倾向性。我们必须养成良好的十大学习习惯：认真预习的习惯、专心听课的习惯、完成作业的习惯、及时复习的习惯、积极应考的习惯、主动自学的习惯、认真观察的习惯、切磋琢磨的习惯、学后反思的习惯、创新学习的习惯。

一、认真预习的习惯

故事启示

有一只大青蛙是捕害虫的高手，很多动物建议它办一个捕虫培训班。不久，这只大青蛙真的办起了一个培训班，来报名培训的动物很多，有小青蛙、小鸟、小鸡、小鸭。每一个学员都领到了一本培训手册。大青蛙张开它的大嘴，高声说道："同学们，为了培养大家的自学能力，我想等大家预习这本手册后再开始上课。所以，大家就带着教材回家吧！"

在回家的路上，小鸡对小鸭说："其实对我们来说，吃不吃昆虫无所谓，反正有主人会喂养。""对，我也不想预习，学得会就学，学不会就拉倒。"小鸭回答道。而小青蛙认为自己是害虫的天敌，长大了自然会吃害虫。只有那只小鸟觉得应"笨鸟先飞"，就认认真真地预习了教材。从此，小鸟养成了上课前预习教材的好习惯，最终也成了捕害虫的高手。

启示：小青蛙自以为天赋很好，觉得没必要学习，而小鸡与小鸭，缺乏动力，也没有预习，只有那只小鸟既懂得预习的重要性，也知道笨鸟先飞的道理。功夫不负有心人。这只小鸟实现了自己的理想。这一故事告诉我们，预习是一种好习惯，也是走向成功的第一步。

方法真经

核心观点：高效预习要做到读、记、查、问、练。

预习是学习的第一步，因此，要培养学习习惯，首先就得培养预习习惯。这要求我们认识到预习习惯的重要性，掌握预习的方法，最重要的一点就是坚持天天预习，有了恒心，才可能养成习惯。

1. **认识到预习的重要性**

课前预习也是学习的重要环节，预习能发现自己知识上的薄弱点，可以扫除课堂学习的知识障碍，对听课内容选择性强。提高听课效果，最重要的是能发展我们的自学能力，减少对老师的依赖，增强独立性。预习能帮助我们实现以上目标，还可以加强记课堂笔记的针对性，改变学习的被动局面。

2. **掌握预习的方法**

可实行“读、记、查、问、练”五步预习法。一是阅读：读懂新知识的含义，同时，找出新知识与旧知识的联系；二是记笔记：对重点问题，划出或记入预习笔记，对不懂的地方标上记号，在感受深刻处记下自己的感悟；三是查资料，有些问题试着自己解决；四是提出自己的问题，准备请教老师或同学；五是试做课后练习题，通过练习来发现问题，不会做、不会答可以再预习，也可以记下来，等老师授课时集中注意听讲或向老师提出问题。

3. **不同学科不同对待**

各学科性质存在差异，如语文是人文性和工具性的统一，数学强调对客观世界的定性把握和定量刻画，英语则更多关注提高语言实际运用能力。因此预习的侧重点应有所不同。语文、数学要重视读、思、做，英语应重视发挥磁带的作用，加强口语训练。

指点迷津

1. 我习惯于上课认真听，下课认真做的学习方式。当然，我知道课前预习是不错的学习习惯，只是在学校里可供自己安排的时间很少，自修课的重心放在作业上，几乎没有时间给自己预习。我该怎么办?

预习的方式可以多种，可以是早一天预习，也可以是每个单元前的预习，还可以是上课前的几分钟预习。现在老师布置的作业数量比较多，要做到预习明天要学习的全部内容不太现实。因此，建议你在每一单元学习前预习，然后有空时再预习一下当天要学习的内容，哪怕课前几分钟预习也是有帮助的。

2. 我知道课前要预习，可我很难做到，预习时看书很无聊。有办法改变吗?

如果只是把要学习的内容提前看一遍当做预习，这确实趣味性不强。我们要求的预习是有挑战性的，要求通过“读、记、查、问、练”五步法来实施。就是说要找出重点和难点，还要提出有价值的问题。这是一种自主的探究学习。所以，随着你钻研的深入，趣味性也会增大，预习也就不是一件无聊的事了。

二、专心听课的习惯

故事启示

王一卜是2010年陕西省高考文科状元。如何才能专心听课，她有自己的绝招。她说:“我觉得高考想要考得好，重要的是真正喜欢所学的科目。现在好多同学都把学习当成一种负担，其实，只要我们端正了态度，用学知识的心态去对待它，一切就变得很容易了，听课就当老师是在讲故事，用这样的心情听课，就会记得特别牢。”王一卜用这样的心态去听课，因此，注意力也特别集中，听课效果也特别好。

启示：王一卜把听课当做听故事。这是一种良好的态度，也是一种听课的好习惯。要养成这种听课习惯，首先要端正听课态度，其次要努力抓住重要信息，同时要发挥自己的想象力，把知识性的内容想象成故事中的内容。王一卜这一好习惯，值得我们学习。

方法真经

核心观点：要养成听、想、问、记相结合的听课习惯。

对学生来说，课堂45分钟是最重要的学习时间，因为在课堂中，老师会针对最重要的知识进行讲解，会组织大家讨论难点，一堂课可以学到很多知识点。但是，如果不认真听课，也就浪费了这宝贵的时间。所以说，养成认真听课的习惯，是接受知识最有效的途径。

1. 学会倾听

课堂倾听是一种含有听课技巧和听课艺术的积极高效的听课，它包括鉴赏性思考，主动性理解，批判性接收等方面。既要认真听老师的讲解，也要认真听同学的提问与回答，理解含义，记住要点。在适当的时候，可提出自己的不同观点，积极参与课堂对话与讨论。

2. 专心的要求

专心要求全神贯注地听老师讲解，眼睛要盯着老师或黑板，看老师的表情或板书内容，耳朵听老师讲课，头脑思考所讲的内容，思路应与老师同步。具体地说就是不东张西望，不讲与上课无关的话，不做与上课无关的动作，不被周围的事物影响。最重要的一条就是紧跟老师的思路，要把知识发展思路及老师的引导思路弄清楚。思路是我们思考问题的线索，我们要把老师在讲课时运用的思维形式、思维方法和思维规律理解清楚。

3. 听、想、问、记结合

通常，老师讲课分成几个大步骤：开始复习与新课有关的旧知识，接着引入新课，然后进行新课的分析讲解、推理，启发学生理解掌握新课的内容，最后进行概括小结。我们的思路不但要跟着老师走，而且要向老师学习如何科学地思考问题，以便使自己思维能力的发展建立在科学的基础上，使知识的领会进入更高级的境界。我们要在认真听的基础上思考，在思考的基础上提出自己的问题，在发现好知识、好方法的时候及时记笔记，做到听、想、问、记有序结合。

指点迷津

1. 上课听不懂没有关系，反正有书，课后可以看书。这种观点对吗？为什么？

如果课前没有一个必须当堂掌握的决心，会直接影响到听课的效果，如果在每节课前，学生都能自觉要求自己必须当堂掌握，那么上课的效率一定会大大提高。实际上，有相当多的学生认为，上课听不懂没有关系，反正有书，课后可以看书。抱有这种想法的学生，听课时往往不求甚解，或者稍遇听课障碍就不愿继续听下去，结果浪费了上课的宝贵时间，增加了课后的学习负担，这正是一部分学生学习负担产生的重要原因。

2. 上课时脑子一片空白，老师说的内容完全听不进去，经常分心，注意力无法集中，我该怎么办？

集中注意力听课是非常重要的，分心是注意力集中的反面，分心不是没有注意，只是没有把注意指向和集中在当前的学习任务上，心不在焉，必定“视而不见、听而不闻”。所以，要使自己注意力集中，就要做到指向性明确，紧跟老师的思路。同时，课前做好预习工作也有助于提高听课的注意力。

三、完成作业的习惯

故事启示

有一个猎人养了两条猎犬，大的叫“赛虎”，小的叫“小黄”。赛虎勇敢、凶猛，每次上山打猎，猎人都要带着它，而小黄聪明，但不够勤奋，猎人有时就把它扔在家里。有一天，小黄问赛虎：“就从智商看，我也不比你差，从基本功看，我搜索、追捕、衔拾这三种狩猎本领也还不赖，为什么主人常带你上山，常给你奖励？”赛虎回答说：“我也不明白，你的天赋确实比我好，可我比你勤奋，比如主人在训练时，要求我们搜索目标，我是不达到目标誓不罢休，可你却常常半途而废，就拿今天来说吧，主人把搜索目标掷出，命令我们衔拾回来，你不是做了一半就放弃了吗？”小黄突然明白了，发出了感叹：“原来是我训练不刻苦，作业没完成的缘故啊。”

启示：一只优秀猎犬，必须具备搜索、追捕、衔拾这三种狩猎本领，因此，跟踪搜索、追捕攻击和衔拾猎物是训练的重点。主人喜欢赛虎是因为在训练时它认真刻苦，上山打猎时表现得勇敢、凶猛，而小黄虽然聪明，但训练不刻苦，连最基本的作业也不认真完成，自然得不到主人的重用了。这一故事告诉我们，为了掌握学习技能，必须认真完成作业。

方法真经

核心观点：要养成及时、独立、认真完成作业的习惯。

做作业是巩固知识，运用方法的阶段。缺少这一个阶段，前面认真预习、听课获得的内容就不能得到很好的巩固。因此，必须养成及时、独立、认真做作业的习惯，这样，可以把教材中的知识、老师的知识转化成自己的知识。

1. 明确作业的意义

做作业可以加深对知识的理解和记忆，实际上，不少学生正是通过做作业把容易混淆的概念区别开来，对事物之间的关系了解得更清楚，公式的变换更灵活。可以说做作业促进了知识的消化，使知识的掌握进入到应用的高级阶段。做作业可以提高思维能力，面对作业中出现的问题，就会引起积极的思考，在分析和解决问题的过程中，不仅使新学的知识得到了应用，而且使自身得到思维的锻炼，使思维能力在解答作业问题的过程中，迅速得到提高。作业题一般都是经过精选的，有很强的代表性、典型性。因此做过的习题不应扔在一旁，而应当定期进行分类整理，作为复习时的参考资料。

2. 养成及时的习惯

有些同学完成作业的时间很长，很磨蹭，半个小时的作业量需要两三个小时才能完成。由于长时间的晚交、迟交，整天处于补作业的状态，成绩越来越差。再加上老师经常的批评，心理压力越来越大，退缩心理逐渐形成，最终导致越来越厌恶学习。我们应做到今日事今日毕，当天的功课刚学过，印象还比较深刻，做起来顺利，准确率高，又不用花太长的时间就能完成。如果拖拖拉拉积在一块，就会生厌，学过的知识没能加以巩固，做起来会觉得力不从心，因而往往就会去抄袭别人的作业。更重要的是老师布置的作业是学生复习的重要工具，是预习的准备，今天的作业完不成，明天的新课就不容易听懂了。

3. 养成独立完成的习惯

做作业是学生自己的事，必须独立完成，只有独立完成，知识才能真正为自己所掌握。抄袭作业中最明显、最直接的后果，是该学科知识难以有效掌握，导致学习成绩不断下降。申屠老师提醒同学们，不管遇到多大的困难，作业一定要独立完成。

4. 养成认真完成的习惯

有的同学把作业当任务，自觉性差。还要在老师、课代表、父母的催促下完成作业，字迹潦草、不认真。或者放学回家，不做作业，等临近睡觉才完成，马虎了事，错误百出。做作业时注意力不集中，思想开小差，做一会作业玩一会儿等。作业态度充分反映了学生的学习态度，对于很多同学来说，端正良好的学习态度应从端正作业态度开始。

指点迷津

1. 我写作业的习惯不怎么好，每次碰到难题直接 pass，有的时候就直接抄同学的，久而久之，解难题的能力越来越差了。我该怎么办？

要明确做作业的目的是什么，做作业不是玩游戏，想玩就玩，不想玩就 pass。做作业是为了巩固当天学习的知识、方法，为了提高自己的学习能力。因此，简单的题要做，难的题更要认真地做。要努力培养自己刻苦钻研的精神和独立解题的能力，面对难题一定要努力攻破它。

2. 我在做作业时不够专心，会一心多用，经常边听音乐边写作业，导致审题不认真，易犯粗心急躁的毛病，过分追求速度，导致错误过多，题目的正确率很低，浪费了很多时间。我该怎么办？

听课时要专心，做作业同样也得专心。做作业需要全身心投入和积极开动脑筋才行。另外，做作业时要做到心静、心细，做完后还要复查一遍，尽可能提高正确率。

四、及时复习的习惯

故事启示

张晨光是2006年安徽省高考理科状元。在复习方面养成了归纳整理的习惯，具体有三个宝典。宝典一：易错题集锦。就是平时注意归类整理，把一些自己学习、考试中易错题集中到一起，仔细分析错因，记录好题目正误的两种做法，特别注意将错因相同、相似的错题认真分析。宝典二：好题索引。将平时学习考试中，遇到的对自己启发较大的好题集中归纳整理，并用单独的本子标明页码、题号，以备查用和学习。宝典三：试卷分析汇总。每一次试卷都是对自身所学知识的一次检验，因此平时就养成总结每次考试得失的习惯，考得好主要得益什么，考得不好的主要原因又是什么，并归纳整理成册。通过每总结一次，就能更提高一步。

启示：张晨光的经验告诉我们，复习的主要工作就是归纳整理。他的做法主要是整理习题，对“错题”、“好题”进行分析研究，从而巩固书本知识，提高自己的解题能力。其实，除了整理习题之外，也不要忘记回归教材，因为，解每一道习题都离不开教材的基础知识。

方法真经

核心观点：养成及时复习的习惯，才能消化更多的知识。

做作业的过程也是复习的过程，但它是对当天知识的复习。除此之外，还有一个阶段的复习，如一周的复习，一个单元的复习，一本书的复习。这时的复习不是简单地做作业，它可以是对教材的再次阅读，对笔记的补充与完善，对知识点的整理，同时，也要做一些复习题。

1. 遗忘曲线的启示

德国心理学家艾宾浩斯研究发现，遗忘在学习之后立即开始，而且遗忘的进程并不是均匀的。最初遗忘速度很快，以后逐渐缓慢。他认为“保持和遗忘是时间的函数”，并根据他的实验结果绘成描述遗忘进程的曲线，即著名的

艾宾浩斯记忆曲线。根据遗忘曲线，识记后的两三天，遗忘速度最快，然后逐渐缓慢下来。因此，对刚学过的知识，应及时复习。随着记忆巩固程度的提高，复习次数可以逐渐减少，间隔的时间可以逐渐加长。要“趁热打铁”，学过即习，方为及时。忌在学习之后很久才去复习，否则，所学知识会遗忘殆尽，就等于重新学习。

2. 孔子的教导

孔子曾说过:“温故而知新，可以为师矣。”就是说，复习已学的知识能从中获得新的领悟和体会到更多的东西。这个“新”主要指知识达到了系统化的水平，达到了融会贯通的新水平。什么是系统化的水平？首先，知识的系统化是指对知识的掌握达到了一个更高的境界，也就是从整体、全局或联系中去掌握具体的概念和原理，使所学的概念和原理上升到知识系统中的应用位置上。其次，知识的系统化是指能把多而杂的知识变得少而精，从而完成书本知识由“厚”到“薄”的转化过程。最后，系统化的知识相互联系，有利于记忆。

3. 复习的具体方法

（1）尝试回忆法。尝试回忆法就是独立地把老师上课的内容回想一遍。尝试回忆能养成善于动脑思考的习惯。课后直接看书复习当然比尝试回忆省事，但不会留下深刻的印象。而尝试回忆要追寻思索，概括上课所学的内容，一旦想不起来，还要努力寻找回忆的线索，这在一定程度上提高了思考的深度和广度。经常尝试回忆，不仅记忆力大增，而且能逐渐养成爱动脑思考的好习惯。

（2）笔记整理法。在课堂上，我们曾做过课堂笔记，当时主要的注意力集中在听课上，笔记中只能记下一些要点、难点、疑惑点。因此，课后务必对笔记进行整理，使内容充实、丰富，最终形成体系。就像漫画所要表达的一样，一只青蛙天天到“知识体系”的池塘里游一回，意思就是说，要养成课后小结的好习惯。

（3）浓缩复习法。浓缩复习法，即把一些繁杂的内容进行概括、浓缩，提炼成几个要点，帮助我们提纲挈领地掌握其重点。而在需要的时候将要点扩展，又能呈现出内容的原貌。比如，我们记忆《北京条约》的内容时只记“天”“天”“去”“赔”“九”；在记忆辛亥革命的意义时，我们记住“反封”“反帝”“发展资本主义”“国际意义”，这样我们答题的时候只要把记住的这几个字、词扩展开来就行了。

（4）循环复习法。循环复习法是循环往复、不断重复，加深理解和记忆的一种复习方法。这种方法可用于固定内容的复习，也适用于累加知识的复习。比如，多次复习一章、一单元或一本书的内容，每次复习都不是简单机械地重复，而是螺旋式上升，不断获得新收获。学了第一节，及时复习，学过第二节，再将第一、二节的内容全部复习一遍，以此类推，建立新旧知识间的联系，提高熟练程度。循环复习法在功效上优于及时复习法，可以弥补其零散、不系统的缺陷，加强知识的内在逻辑性、系统性。再者，循环复习法又具有一定的难度，要求学生从概念、原理的掌握，到应用理论，联系实际，做到每增加一次复习，对于能力培养和知识掌握就是一个提高。循环复习的目的在于熟练。通常，识记材料的性质、学习的程度和学习的方法是影响遗忘的因素。一般来说，熟练的动作，遗忘最慢；学习程度越高，遗忘就越慢；形象的材料比较容易长久保持。概念、原理，多数是抽象的理性知识，缺乏形象直观性，不易被学生接受，遗忘起来就快。

（5）过度复习法。过度复习法就是在基本学会一种知识或初步掌握一种技能后，不满足于勉强记住或刚刚学会的程度，要再多复习、练习几遍，达到进一步牢固掌握。这种“再多复习、练习”的时间和次数就是过度复习，或叫过度学习。心理学家指出，要想牢固掌握所学内容，任何学习都要过度学习。但过度学习要注意“量”，就是时间和次数要适当，不是过度得越多越好。例如，我们学习十个生字，经过认读、书写、记忆，有五遍就能比较准确地掌握了，这叫适度，心理学家认为，过度复习不要漫无限制，而要适可而止。太少了达不到巩固的目的，太多了又浪费时间和精力。如背诵一首诗歌，诵读第五遍刚好能背诵下来的话，再加两三遍就行了。

指点迷津

1. 下课后，我很少有时间去关注自己对知识的掌握情况，不会抽出时间去复习巩固课堂内容，缺少学习的决心。我该怎么办？

很多同学认为下课了学习也就结束了，这是认识上的误区。只要知识没有理解、不能熟练运用，你对这些知识的学习就不应结束。因此，课后的练习、复习是学习的必要环节。学习毕竟不像听音乐那么轻松。还是需要培养自己吃苦耐劳的精神，特别是当你缺乏恒心的时候。

2. 我学习缺乏自主性，老师要求我们课后复习，可我很少去回顾做过的题目，对于老师传授的知识大部分处于接受状态，思考较少，上完课很少复习整理。我该怎么办?

很多同学没有复习的习惯，不可能很好地巩固刚学的内容，一定会留下很多漏洞。要养成复习的习惯，就要从今天做起。第一，把书再看一遍，这时的看不是全面地看，而是有选择地看，一边看一边记。第二，把笔记整理一下，整理笔记的过程就是复习的过程。第三，要有复习计划，有的时候时间紧，不可能每门学科都有时间复习，那么，就要把时间用在最需要复习的学科上，特别是文科科目，重复一次，就能记住更多的知识。

五、积极应考的习惯

故事启示

龟兔赛跑前，松鼠作为记者采访这两位运动员。松鼠问兔子:“大家都明白，你的跑步速度远远超过乌龟，你怎么会与它去赛跑呢?”兔子回答说:“我知道自己稳胜，才决定与乌龟比，我就是尝一尝胜利后的滋味，如果与你比，我才不敢呢。”松鼠又问:“为了这次比赛，你是否也要准备一下呢?”兔子冷笑了一声，说:“这还用得着准备吗?我就是睡上一觉，那笨乌龟也比不过我”。松鼠采访完兔子，又来采访乌龟，只见乌龟满头大汗，正在练习跑步。松鼠问:“乌龟大哥，你这样拼命地练，是为了战胜兔子吗?”“那当然，只要是比赛，谁不想赢啊?”乌龟回答说。松鼠又追问了一句:“可兔子明明速度比你快啊，你怎么能超过它呢?”乌龟谦虚地说:“从跑步能力上说，我是比不过兔子，可比赛是有偶然性的。哪怕只有一丝希望，我也得争取啊!”

启示: 我们都知道龟兔赛跑的故事。开始比赛后，乌龟拼命地爬，一刻都不停止，兔子认为比赛太轻松了，快到终点时打起了盹。同时乌龟坚持爬行，在兔子醒来前到达终点。兔子的失败就是骄傲的心理导致的，正因为骄傲，没有在比赛前作好充足的准备。这个故事告诉我们，考试如比赛一样，必须作好准备，才能取得好成绩。

方法真经

核心观点：考前、考中、考后的习惯都需要培养。

很多同学平常成绩不错，可在考试时没有真实发挥出自己的水平，甚至因一次升学考试的失误，导致难以进入理想的学校。这与应考的能力有关。如果在平时我们就对应试技能进行必要的训练，养成良好的应考习惯，就不会出现这种令人遗憾的事情。因此，在平时的考试中有必要加强应考习惯的培养。

1. 考前的习惯

(1) 生活习惯。在考前几天，我们不必打乱身体的生物钟已经适应的节奏，可保持原有的就寝习惯，也可以安排适当的体育运动，如慢跑、打羽毛球等，既可以放松身心，增强体质，又有利于饮食和睡眠。

(2) 复习习惯。教材是考试命题的重要参考依据。所以，考前回归教材是明智之举。此外，每天应该做适当的练习或测试，难度和题量都不要太大。在考试前几天，不要再强迫自己去记忆那些难度比较大、容易混淆的东西，而应该着重复习整理基础知识，注意主要定理的变化类型，把握住基础的知识点。还要注意总结以前考试和练习中容易出现的错误点，避免在考试中再犯类似的错误。

2. 考中的习惯

考试过程中既不要过度紧张，也不要过于放松。答题之前，要先填好卷头。开始答题前通读试卷，对试题的类型、每题的题量和分数分布有所了解，做到心中有数，为正式答题打下基础。认真审题，明确要求。注意答卷顺序，按先易后难的答卷法，碰上不会做的题，先放一放。书写工整，格式正确。做完所有的题目后，一定要仔细检查，防止由于粗心马虎而出错。

3. 考后的习惯

不要去想考试成败将会给自己带来什么后果，尤其不要夸大考试成败的影响，对自己的期望要实事求是，正确对待外来的压力。试卷讲评后要反思考试的得失，调整学习策略。

指点迷津

1. 为什么我在考试时考不出应有的水平呢？

在考试中不能考出应有的水平，这说明不是因为自己知识掌握得不好，而是临场发挥不好，这可能是心里太紧张，情绪波动太大影响了发挥。也可能是自己应考技能有问题，如粗心审题导致做错题，或者是考试时间安排不妥，影响了水平的发挥。

2. 什么样的考试心态才是正确的？

对参加考试要有一种积极的态度，不要给自己施加过多的压力。考前，学习态度要端正，做好复习工作。考中，做到先易后难，控制好时间。彻底松懈与过于紧张对考试的发挥都是不利的。考后，总结经验教训。有些同学考前彻底松懈，完全把书丢到一边，成天看电视睡懒觉，这样容易造成考试时精神难以集中，难以考出好成绩。还有些同学考前过于紧张，不停地给自己加压，拼命地背书做题，希望能在题海战术中蒙到考题。结果导致考试的时候疲劳过度，精力不佳，大脑一片空白，连平时会做的题都不会了。

六、主动自学的习惯

故事启示

张立勇因为贫穷放弃了自己的大学梦，高中辍学成为千万农民工中的一名，但他从来就没放弃读书学本事的念头。工作后他开始自学英语，并形成了自学习惯：6 点半到 7 点，背英语，中午 1 点听英语广播，晚上 8 点下班，学习英语到 12 点，深夜 12 点 45 分到 1 点 15 分收听英语广播。就这样他坚持自学英语 10 年，从 2000 年到 2001 年，一年多的时间他陆续参加国家英语四、六级考试，均以 80 多分通过，接着又考了托福，630 分的托福成绩一时间轰动了整个清华大学。2004 年 10 月，共青团中央向张立勇颁发了"中国青年学习成才奖"，他被誉为团中央树立的"全国十大杰出学习青年"之一。

启示：张立勇事迹告诉我们，良好的自学习惯不仅能增加自己的知识，而且还能改变自己的命运。信息社会发展到今天，学习就更成了每个不懈追求者的毕生任务。新理念、新知识、新技术日新月异，知识以目不暇接的速度更新换代。养成主动自学的习惯，是我们这个时代对渴望成功者不容置疑的要求。

方法真经

核心观点：良好的自学习惯会让你终生受益。

我们在课堂上所学到的知识，不过是所有知识当中的一部分，大部分知识还需要我们在自学中获得，从这个意义上说，养成良好的自学习惯对于扩大知识面、提高学习能力很有帮助。

自学习惯是经过反复训练而形成的一种近乎自动化的心理活动过程。良好的自学习惯则是指那些科学的、规范的、符合学习规律及学生认识规律的自学习惯，要达到这个目标，就必须遵循循序渐进的训练步骤。

1. 魏书生的经验

魏书生老师非常重视培养学生良好的学习习惯。他认为自学能力是一个具有不同层次的、主体的范畴，是较为复杂的特殊能力。这就不能幻想通过一两次自学行动的过程使学生具备这种能力。每次自学过程就像点，自学习惯就像线，线才能组成面，最终构成自学能力体。培养自学习惯是培养自学能力的关键，这个关键一接通，学生的大脑机器就能持久地运转起来了。

2. 使用工具书的习惯

工具书主要有字典、词典、参考书，它们是无声的老师。在阅读中遇到不理解的字、词时，就要及时地查阅，如果遇到不会做的题，就得好好看一看辅导书，里面的很多例题可以提供参考。参考书为我们提示解题思路，也能拓宽知识面，启迪思维，是自学的好帮手。

3. 质疑问题的习惯

学贵存疑。如果在自学过程中没有提出问题，对知识的获得没有产生过疑问，那么，可以肯定地说，他不善于学习，也得不到什么收获。只有在学习中发现问题，挖掘难点，不断地产生疑难，又不断地解决疑难，才能获得知识，发展思维。

4. 自学的形式

阅读是自学的一种主要形式，通过阅读教材，可以独立领会知识，把握概念本质内涵，分析知识前后联系，反复推敲，理解教材，深化知识，形成能力。对教材的预习只是自学的一部分，而广泛阅读课外书才算是自学的主战场。另外，自学不仅仅表现为阅读，还有对问题的解决，特别是研究性学习，必须以自学为基础，有了自学，小组间的合作学习才会有质量，研究性学习才能顺利地开展。

指点迷津

1. 我课外书也看了不少，有文体类、娱乐类，也会买一些小说来看，可我的自学能力还是不强，这又是怎么一回事呢？

阅读能力是自学能力的一种，除此之外，自学能力还包括处理信息的能力、利用工具书的能力、提出问题与解决问题的能力等。你经常看一些课外书对你增强阅读能力是有帮助的，但并不代表你的阅读能力就很强了，因为你看的是一些休闲类的书，主要目的是娱乐，并没有带着问题，用研究的方法去学习。另外，如果遇到学术性强的课外书，你也许就会遇到很大的问题。所以，要培养自学能力，仅看娱乐类、文学类的书是不够的。

2. 在学校，上课有老师的讲解，课后有同学的帮助，所以，在学校学习是不可能养成自学的好习惯的。这种观点对吗？

上课有老师的讲解，课后有同学间的讨论，但并不意味在学校就没有自主学习的时候。比如，课前的预习与课后的复习就是完整的自学时间。

即使在课堂上，老师也不是整整 45 分钟时间在讲课。在课堂上积极思考，在做作业时独立完成作业，这些都是培养自学能力的做法。这说明，在学校同样可以培养自学的学习习惯。

七、仔细观察的习惯

故事启示

我国气象学家竺可桢几十年如一日，精心观测天气和大自然的每一个变化，积累了许多重要数据，直到生命最后一刻。他为我国的气象科学、农业生产做出了重要贡献，为祖国赢得了荣誉。竺可桢最令人敬佩的是他时刻都在细心地观察着大自然的每一个变化，从 1936 年到 1974 年的 38 年零 37 天中，一天不落地记日记，这种坚持不懈、献身科学的人格魅力给我们留下了深刻的印象。

启示：我们应该学习竺可桢老先生几十年如一日、坚持不懈、永不放弃的伟大毅力和对待学术一丝不苟、认真负责、刻苦钻研的精神。而仔细观察的习惯正是这种精神的集中体现。

方法真经

核心观点：养成良好的观察习惯，培养敏锐的观察能力。

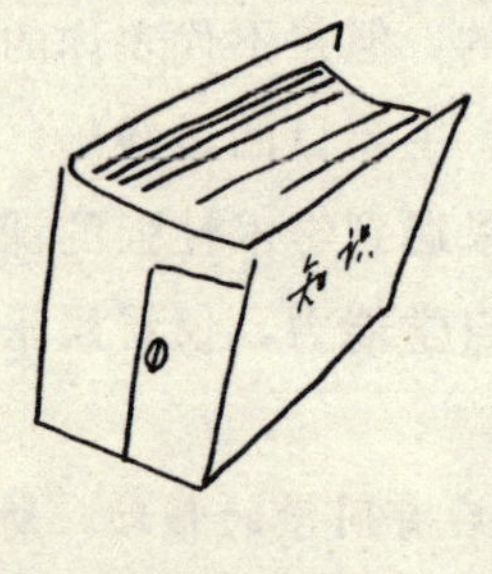

观察是指有预定的目的、有计划的、主动的知觉过程。观察是掌握一切知识的前提，是科学实验和科学发现的基础。伟大的生物学家达尔文曾说过："我既没有突出的理解力，也没有过人的机智，只是在觉察那些稍纵即逝的事物并对其进行精细观察的能力上，我可能在众人之上。"对于我们的学习，也应当努力培养观察的习惯。

"观察"有两层意思，"观"是看的意思，"察"是想的意思，看了不想，不是真正的观察，对认识客观事物毫无意义。要做到观察和思考有机结合，通过大脑进行信息加工，总结出事物的一般规律和特征。观察不仅仅是指实验中的观察，我们特别要重视对生活的观察，对自然现象的观察。对客观事物的观察，是获取知识最基本的途径，也是认识客观事物的基本环节，因此，观察被称为学习的“门户”和打开智慧的“天窗”。达尔文小时候喜欢小动物。一天，他发现了一条蚯蚓，就认真观察，三天三夜地守在那里，观察它的活动。这种观察的专注帮助他长大成为著名的科学家。每一位同学都应当学会观察，逐步养成观察意识，学会恰当的观察方法，养成良好的观察习惯，培养敏锐的观察能力。

1. 生活中的观察

很多同学面对作文题常常没有内容可写，其实用眼、用心去观察生活，让观察成为你的一种习惯，你可以收集到丰富的素材。俗话说“处处留心皆学问”，遇到新奇的事物，或外出旅游，在欢呼兴奋、情绪盎然之际，还要仔细观察、审视细节，不要只笼统地看大概。观察要从形状、声音、颜色、味道、数量等方面入手，还要学会与相邻或者相似的事物进行对比，比如看到鸭，就同鹅进行对比，吃杏时，就说说杏与桃有何异同；等等。

2. 观察时要重视序

在心理上形成观察的“序”是很有必要的。如有远近、里外、上下、左右、前后之分的“地序”，有表示事物发展过程的“时序”、“主次之序”和“分析综合之序”等。按序观察有助于提高观察效率。如观察一座雕塑，从远处观察，就全局来看是从雕塑到背景，就雕塑本身来看是从整体到部分再回到整体。如果观察点移到近处，那观察范围就缩小到雕塑本身，观察的顺序就变成从上到下或从下到上了。

3. 观察时要重分析

要想准确地认识观察对象，首先要抓特点。这就需要在观察中通过事物与事物之间的比较，确定不同事物中的共同点和相似事物中的异同点，掌握它们各自的特点。比较的过程也是发展同学们分析综合思维能力的过程。在观察过程中，对所观察的事物进行认真的分析，运用理性的逻辑判断和推理把思维过程的间接性同观察结合起来。

4. 观察需要联想

在观察中能由此情此景此物想到彼情彼景彼物，由现在想到将来，了解事物的发展变化。在观察中联想可以使同学们的思维更加活跃、意境更加广阔。

5. 观察的主要方法

①先整体后局部。对观察事物，学生首先要全面进行观察，抓住事物的各个方面及其发展变化的全过程，然后进行局部观察（细微观察），在观察过程中抓住事物最本质的属性，捕捉它们之间的细微差异，从而发现事物各个侧面的特点。②连续观察。各种生物体生命活动的变化是一个连续过程，不会在短时间（一节课）完成。因此，要观察某种变化的全过程，就得打破课堂上的时间限制，利用课余时间进行不间断的连续观察，并及时做好观察记录，以便巩固和发展观察成果，提高观察能力。③对比观察法。有比较才有鉴别。比较观察生物体的形态结构、生命现象等，常常可以深刻地理解知识，清晰区分和鉴别不同的生物种类，易于系统掌握生物的内在联系和进化的规律性。④重复观察。为了保证观察的结果可靠性，观察的次数要多，否则就难以区分偶然发生和一贯现象，也就是巴甫洛夫所说的“观察、观察、再观察”，他深刻地揭示了观察的严肃性和科学性。

6. 写观察随笔

对研究对象进行观察，要及时记录观察的经过、观察到的现象，以及自己的反思结果。观察的内容可以是植物、动物，也可以是社会现象，最方便的就是对学校学习生活的观察，把观察到的内容用随笔的形式写下来。

例一：

蜗牛最爱吃什么

黄灵艳

科学课要研究蜗牛，我提前在家门口的泥地上抓来了一只蜗牛。怕它对同一种食物会吃腻，我每天给它吃不同的东西：南瓜、叶子、青菜和沙子，这些蜗牛都爱吃。上科学课的时候，我们汇报了蜗牛会吃什么东西。吴老师问：“蜗牛最爱吃什么？”我没有做过。同学们给我提了很多方法，老师给我很多工具让我做实验。

回家后，我把它爱吃的食物摆放成一个圆形，把蜗牛放在圆的中间。我想：蜗牛最先去吃的东西就是它最爱吃的。一会儿，蜗牛就爬到甜甜的南瓜那里吃了起来。我想，可能是因为南瓜比较甜，所以蜗牛爱吃它。

例二：

有趣的蚱蜢

洪逸潇

今天，我捉了几只蚱蜢。一回到家，我就拿出一只蚱蜢开始观察。这只蚱蜢有一个绿色的身子，一个尖尖的头，头上有两根短短的触角，一双炯炯有神的眼睛和一个爱吃青菜的嘴巴。它有三对脚，前两对脚很短，后面一对脚很大。它的翅膀非常薄，腹部很软。

我拿来一片青菜想喂它，蚱蜢看见了，马上跳上去，张大嘴一口一口地吃起了青菜，没过一会儿，青菜就被吃出了一个大洞。我又拿来一个脸盆，倒上水，想看看蚱蜢会不会游泳。我把蚱蜢放进水里，没想到，它不但没有沉下去，还用后腿用力一蹬一蹬，一下子就游到了边上并且爬了上来。

这真是一只有趣的蚱蜢。

指点迷津

1. 我喜欢小动物，如果我要写金鱼的观察日记，到底要写几篇日记是最合适的呢？

写观察动物的日记，最好是连续写几篇，但到底要写几篇，主要是由观察目的决定。如果你只是完成一篇描写金鱼的作文，你仔细观察一次就行了。如果你是研究金鱼的生活习性，你肯定要创设研究环境，在不同的条件下，金鱼的变化都要仔细观察。因此，你必须进行对比观察，而且要观察一段时间。所以，建议你在放假期间完成这项活动。

2. 观察有什么意义呢？就是为了写一篇观察随笔吗？

观察是研究的一种基本方法，观察的目的当然是研究，而研究的目的当然是提升我们各方面的素质。比如，你的课外活动时间没有很好地进行安排。我们就可以“课外活动时间如何安排”作为我们研究的主题，然后，采用观察法，先观察同学们在做什么，把观察到的现象记下来，然后总结分析，对你一定会有启发。这就是此次观察活动的意义。

八、切磋琢磨的习惯

故事启示

王伟宇是2011年吉林省高考理科状元。他性格较细腻，有耐心，无论哪位同学向他请教问题，他都能够很细心地讲解，如果遇到解不开的问题，他会联合几个同学坐下来，一起分析探讨。在他看来，这样不仅可以很好地团结同学，对自己也是提高和锻炼。说起自己的学习经验，王伟宇说自己并没有什么独到之处，主要是勤思考，多练习，对所学知识点能够做到延伸和扩展，上课认真听讲，课下做一些有针对性的练习，尤其对特殊题型要做好记录，以便加深印象。

启示：王伟宇能成为高考状元，与他的良好学习习惯是分不开的。"他会联合几个同学坐下来，一起分析探讨"，能勤奋思考，"对所学知识点能够做到延伸和扩展"。可见，他已养成了切磋琢磨的习惯。同学间的切磋能够碰出智慧，自己的细细琢磨则能帮助知识消化。

方法真经

核心观点：切磋是合作学习，琢磨是自主学习，两者形成合力，威力无穷。

古代把加工兽骨、象牙、玉、石分别称为切、磋、琢、磨。后以"切磋琢磨"或"切磋"比喻道德学问上的互相研讨、砥砺。我们把切磋琢磨看做是一种探究学习的好习惯。《学记》上讲"独学而无友，则孤陋而寡闻"。同学之间的学习交流和思想交流是十分重要的，遇到问题要互帮互学，展开讨论。每一个

人都必须努力吸取别人的优点，弥补自己的不足。

1. 重视课堂讨论

课堂讨论交流是教学的一种有效方式，是一种多向信息交流活动。它是教师和学生、学生和学生之间重要的互动过程，是探究式科学教育中不可缺少的教学环境。教师将学生引入探究的环境，了解学生的想法，指导教学过程，进行教学评估，学生之间需要相互学习和启发，都主要靠讨论交流。讨论交流是发展儿童思维的过程，是培养学生倾听别人意见、对比不同意见，学会尊重事实、尊重别人、尊重不同意见的过程，是培养学生语言和表达能力的过程，是培养学生敢于争辩和进取的过程。

2. 多与朋友交流思想

要建立与自己交流的伙伴群体。同伴交流是自我成长的有效手段。萧伯纳说:“你有一个苹果，我也有一个苹果，而我们彼此交换这些苹果，那么你和我仍然是各有一个苹果。但是，倘若你有一种思想，我也有一种思想，而我们彼此交换这些思想，那么，我们每人将有两种思想。”可见同伴交流互动能触发灵感。

3. 参与“争辩式”活动

真知总是在争辩中越辩越明，我们的思维也是在互相争辩中获得发展进步。争辩的基础是认真地倾听，学会在听中思考。只有认真地听清了别人的观点，吸收了别人的优点，明确了别人的不足，才能很好地进行反驳。而要想在争辩中驳倒对方，就要学会完善自己的表达，让人听得清楚明白。

指点迷津

1. 切磋是一种合作学习方式，如何做才能提高切磋的效果呢？

每个人都会遇到难题，当你向同学请教时，对方也不一定马上能回答。这时，可以留足独立思考的时间，等两个人都有答案时，再进行交流，这样的做法效果会比较好。它已经包含了问题的讨论与经验交流两方面的内容。如果，围绕一个问题会有不同的解决方案，可能会出现“公说公有理，婆说婆有理”的局面，那么，就比一比，用事实来说话，这也是一种切磋。

2. 切磋琢磨中的“琢磨”是不是就是思考的意思?

“琢磨”的本意是雕刻、打磨，用到学习上可以理解为“思考”。但与“切磋”连用，内含就更丰富，说明是对“切磋”的过程与结果进行思考，而且是反复思考，作出最后的选择。也就是说思考要层层深入，对不同的看法要作出评价，要做到精益求精。

九、学后反思的习惯

故事启示

一只老鹰飞向一只绵羊并抓住了绵羊。一只寒鸦看到此事，它认为自己也可以做到。于是它飞到一只绵羊的背上，试了又试，但是却不能带走绵羊，连它自己也不能飞起来了，因为它的爪子缠在了羊毛里。

寒鸦学老鹰抓羊没有成功，但它没有灰心丧气，而是认真总结经验教训。“我没有抓住小羊，是因为我的力气不如老鹰，爪子也不够锋利。我该做一些力所能及的事。”从此以后，寒鸦再也不学老鹰抓羊了，而是根据自己的特点，专门训练叫声，因此，它的叫声在鸟类中也是出类拔萃的。

启示：寒鸦学老鹰抓羊，自然不能成功，因为它没从自身实际出发。如果到此结束，我们一定会说寒鸦真是非常的愚蠢。但是，可贵的是，这只寒鸦能反思自己的学习行为，并总结出宝贵的经验，它能够结合自己的特点来训练自己的叫声。这个时候，它又变成了聪明的寒鸦。可见，一次失败并不说明什么，只要养成反思的习惯，必定能在失败中奋起，直至成功。

方法真经

核心观点：“一前两后”的反思习惯是方便可行的。

反思既是学生的智力活动，更是学生的情感活动。反思活动对学生学会学习，培养自我调控的意识、能力非常重要。反思力已成为现代人个体发展的基石，每个人都是在不断反思中成长和成熟起来的。所以，我们需要静下心来，自觉养成反思的习惯。每一学习活动结束之后，都可以进行反思，如阅读后、听课后、作业后、考试后、预习后、复习后。但从操作性角度说，有三种反思比较方便，同时又十分重要。它们就是睡觉前的反思、解题后的反思、考试后的反思。

1. **睡觉前的反思**

孔子曰："吾日三省吾身。"睡觉前的反思有两个好处，第一，夜深人静，没有干扰因素，有足够的反思时间。第二，可以对白天学习的内容先回忆一遍，这是很好的巩固过程，然后重点反思自己一天来的得失，鼓励自己在第二天取得更大的进步。

2. **解题后的反思**

解题后的反思就是对问题本质的重新剖析，将思维由个别推向一般的过程，使问题层层深入，思维深化。一般说来，习题做完之后，要从五个层次反思：①怎样做出来的？思考解题采用的方法；②为什么这样做？思考解题依据的原理；③为什么想到这种方法？思考解题的思路；④有无其他方法？哪种方法更好？思考多种途径，培养求异思维；⑤能否变通从而变成另一种习题？思考一题多变，促使思维发散。当然，如果发生错解，更应进行反思：错解根源是什么？解答同类试题应注意哪些事项？如何克服常犯错误？我们应做到吃一堑，长一智，不断完善自己。

3. **考试前、后的反思**

一般来说，考试可分为单元考试、期中考试、期末考试、模拟考试、升学考试，这些都是对一个阶段的检测。考试结果有好有坏，每一次考试或某一门考试可能是成功的，也可能是失败的。可见，对考试的反思实质上是自己对学习成功与失败的一次总结。考试前也应反思，反思每一个学习专题，把分散在各章中的知识点连成线、辅以面、结成网，使学到的知识系统化、规律化、结构化。

指点迷津

1. 作业本错题，我经常不愿意去寻找犯错的原因，以致经常犯同类的错误。我该怎么办？

作业本发回来，发现有很多错题，这时候就值得反思了。我为什么会做错呢？是上课不专心听讲，还是审题不够仔细？如果发现是知识性错误，就得好好复习相关知识点，如果不是知识性错误而是做作业时不够认真，就要改变对待做作业的态度。做作业的目的不是完成任务，面对错题务必及时纠错。

2. 几次模拟考结果都不令人满意，我该怎么办？

考试失败的原因有多种。可能是知识点没有掌握，也可能是由于自己不够细心，还可能是考试太紧张，没有发挥好。不管什么原因，都不能灰心丧气。要想出有针对性的方案，努力赶上。

十、创新学习的习惯

故事启示

1892 年，爱因斯坦偶然读到了一套《自然科学通俗读本》，从而改变了他的世界观。这个 13 岁的犹太男孩意识到，原来他从《圣经》上知道的那些故事是假的。后来，他写道："这滋长了我对一切权威的怀疑，对周围社会确实存在着的信念完全抱怀疑态度。这种态度再也没有离开过我。"爱因斯坦在整个科学生涯中，始终信奉"怀疑一切"这句格言。正是凭这种"怀疑一切"的精神，敢于向牛顿的物理学观点提出挑战，提出了划时代的"光量子"概念，创立了相对论。

启示：爱因斯坦取得举世瞩目的成就，这与他从小具有质疑精神是分不开的。人民教育家陶行知说："发明千千万，起点一个问。"质疑提问是创新的开始，因此，要培养创新学习的习惯，首先得培养自己的质疑精神。

核心观点：创新的习惯最难培养，但最有价值。

当今社会是竞争的社会，而竞争的实质是智力的竞争，智力的竞争是学习的竞争，学习的竞争是学习效率的竞争，而学习效率的提高则有赖于创造性思维的弘扬。要培养创新意识和能力，养成创新的学习习惯是关键。

创新性学习是适应变化万千的未来社会所应具有的一种学习体系和形式。就是要求我们在学习知识的过程中，不拘泥书本，不迷信权威，不墨守成规，以已有的知识为基础，结合学习的实践和对未来的设想，独立思考，大胆探索，别出心裁，创造新思路、新问题、新设计、新途径、新方法的学习活动。那么，要培养创新学习的习惯，具体应如何努力呢？

1. 养成质疑提问的习惯

质疑提问是联系未知与已知的纽带与桥梁，人们要想从未知走向已知，必须经过疑点问题这个中间环节。创新学习的过程就是不断地发现疑点问题、分析疑点问题、解决疑点问题、提高认识的过程。陶行知说过"发明千千万，起点在一问"。创造的过程更是从发现疑点问题开始，没有疑点问题就谈不上创造。

2. 多角度思考问题的习惯

多角度思考问题的习惯，有利于培养和发展学生的求异思维、发散思维、逆向思维等进行创新活动所必需的思维形式。

3. 重视实践操作的习惯

实践操作是人类必不可少的活动，也是一个人的发展中必不可少的活动。创新学习中，无论是发现问题，还是分析问题、解决问题都离不开实践操作活动；体验性知识（能力知识、价值态度知识）和感性知识的获得也都离不开实践操作活动。创造的过程更需要实践操作，未来的创造更需要养成实践操作的学习习惯。

指点迷津

1. 传统式的学习与创新学习的主要区别在哪里?

传统式的学习是维持性学习，学习者从中获取的只是固定不变的见解、观点、方法和规则，目的是应付已知的、重复发生的情况，增长学习者解决既定问题的能力，从而达到维持现存社会制度和现存生活方式的目的。创新学习是一种能带来变化、更新、重组和重新提出问题的学习形式，能使个人和社会在急剧变革中具有应付能力和对突变提前作好准备，是解决个人和社会问题的重要手段。创新学习的主要追求目标是自主性和整体性。通过创新学习，使学习者既具有自主性，即尽可能地自力更生和摆脱依赖，又具有介入更广阔的人际关系、与他人合作、理解和认识自身所在大系统的整体性能力。

2. 如何做才能提高创新学习的效率?

要做到有选择性地学，独创性地学。根据学习的要求有效地选择自己的学习内容，在大量信息面前，具有捕捉信息、敏锐感受和理解的能力，并能根据自己的需要进行分类、整理。独创性地学习是指不满足于获得现成的答案或结果，对所学习的内容能展开独立思考，进行多向思维，能从多种角度去认识同一事物，并善于把它们综合为整体知识，能创造性地运用所学到的内容去适应新的情况，探索新的问题，使自己的视野不断拓宽。

探究活动

“七何检讨法”即 5W2H 检讨法。此法的优点即提示我们从不同的层面去思考与解决问题。所谓 5W 是指：为何（Why）、何事（What）、何人（Who）、何时（When）、何地（Where）；2H 指：如何（How）、多少（How much）。下面，用“七何检讨法”来分析我们有哪些不良的学习习惯，又如何改变它们。

方法提示：按“七何检讨法”的内容，画一表格，把内容一一填上。

	我的不良习惯
为何（Why）	
何事（What）	
何人（Who）	
何时（When）	
何地（Where）	
如何（How）	
多少（How much）	

习惯篇名言

1. 思想决定行动，行动养成习惯，习惯形成品质，品质决定命运。

——陶行知

2. 书读得越多而不假思索，你就会觉得你知道得很多；而当你读书并思考得越多的时候，你就会越清楚地看到，你知道得还很少。

——伏尔泰

3. 习惯真是一种顽强而巨大的力量，它可以主宰人生。因此，人自幼就应该通过完美的教育，去建立一种好的习惯。

——培　根

4. 习惯是行为的女儿，不过女儿反过来养育母亲，并按母亲的模样生下自己的女儿，不过更漂亮，更幸运了。

——杰·泰勒

5. 只要能够掌握思想，养成正确的习惯，就可以掌握自己的命运，而且每个人都可以做到。

——拿破仑·希尔

6. 良好习惯乃是人在其神经系统中存入的道德资本，这个资本不断在增值，而人在其整个一生中就享受着它的利息。

——乌申斯基

7. 习惯支配着那些不善于思考的人们，好习惯可以保证他们不成为坏人。

——华兹华斯

8. 习惯仿佛一根缆绳，我们每天给它缠上一股新索，要不了多久，它就会变得牢不可破。

——曼　恩

9. 播种一个行动，你会收获一个习惯；播种一个习惯，你会收获一个个性；播种一个个性，你会收获一个命运。

——普德曼

10. 教育是什么？就单方面讲，只需一句话，就是养成良好的习惯。

——叶圣陶

第十二讲

能力篇

导 读

【方法真经】

1. 我们要努力提高阅读的速度、理解力、鉴赏力、创造力。
2. 重复是记忆之母，重复的方法有多种。
3. 在信息时代，特别要重视表达能力的培养。
4. 思维能力是学习能力的核心。
5. 要在愉快解题中培养解题能力。
6. 在竞争时代，应考能力也是必须要培养的。
7. 探究能力是衡量一个创新型人才的核心指标。

【思维纵横】

不管是学习理念的转变也好，还是学习方法的学习也好，最终都是为了养成良好的学习习惯，增强自己的学习能力，把自己变成一个善于学习的人。本讲内容是本书内容的最终落脚点，应结合每一讲内容来学习，使自己做到融会贯通。

兵法：一曰度，二曰量，三曰数，四曰称，五曰胜。地生度，度生量，量生数，数生称，称生胜。故胜兵若以镒称铢，败兵若以铢称镒。胜者之战民也，若决积水于千仞之溪者，形也。

获胜的基本原则有五条：一是土地面积的“度”，二是物产资源的“量”，三是兵员众寡的“数”，四是兵力对比的“称”，五是胜负优劣的“胜”。敌我所处地域的不同，产生双方土地面积大小不同的“度”；敌我土地面积大小的“度”的不同，产生双方物产资源多少不同的“量”；敌我物产资源多少的“量”的不同，产生双方兵员多寡不同的“数”；敌我兵员多寡的“数”的不同，产生双方兵力对比不同的“称”；敌我兵力对比“称”的不同，最终决定战争胜负的结果。胜利的军队较之于失败的军队，犹如以“镒”称“铢”那样占有绝对的优势；而失败的军队较之于胜利的军队，就像用“铢”称“镒”那样处于绝对的劣势。实力强大的胜利者统率部队作战，就像在万丈悬崖决开山涧的积水一样，这就是军事实力的“形”。

这是《孙子兵法》形篇中的一段话，体现了军事实力的对比是决定战争胜负的基础这一战略思想。“形”讲的是可视可见的有形物质及其形态。在这里，孙子说的“形”是指战争力量及其表现形式。战争是力量与力量的对抗。力量是战略的一个核心要素。一个成功的指挥家一定是善于利用自己军事力量的人。同样，一个成功的学习者，在学习活动中也一定会充分调动自己的学习能力。学习能力不是天生就有的，是通过学习才获得的。学习能力是最重要的素质，是推动我们不断走向成功的法宝。

学习能力的养成是指以包括听、说、读、写、计算、思考、逻辑推理等认知能力和社会适应能力为核心内容的学习经验积累过程，概括地说就是注意力、观察力、思考力、应用力、自觉力、记忆力、想象力、创造力、情感、兴趣、动机、信念、性格等形成的过程。

一、阅读能力的培养

故事启示

刘海粟是中国卓越的画家。他有一个独特的学习方法，就是“宏、约、深、美”。“宏”是指学习的知识面要广，博采众家之长，以补自己之短。他从6岁时就到书屋识字念书，9岁读《四书》、《五经》、《古文观止》等书籍。后来又阅读了大量的中外名家名著。“约”是指在所学知识的基础上，根据自己的特长，慎重选择自己需要的书籍。“深”是指在学习知识时，一定要精深，不能肤浅地只学习表面的东西，必须做到深刻、透彻地理解和领悟，在此基础上有所发展和突破。“美”是指经过努力，思想及作品达到最佳境界。为了丰富创作的源泉，刘海粟不断地深入生活。他为了观察黄山的景色，先后8次去黄山，对黄山的云、松、石、瀑布有了独特的认识。不断观察，不断学习，在学习中创新，在继承中发展，刘海粟最终融中外名家之长处于一体，成为一代宗师。

启示：从刘海粟的“宏、约、深、美”学习法中可以看出，要达到“宏”是阅读速度的要求，“深”是对阅读理解力的要求，而选择美文来阅读能培养自己的鉴赏力，吸取古今中外名著的精华为自己创作所用，则是阅读创造力的表现。

方法真经

核心观点：我们要努力提高阅读的速度、理解力、鉴赏力、创造力。

阅读是人类社会最重要的学习活动，是人们认识世界、传播信息、交流感情、掌握知识的重要手段。尤其是在21世纪信息时代，阅读已成为我们生活的基本功能和基本生存方式。我们大量的信息是通过阅读获得的，阅读能力越强，知识面也就越广，对问题的理解也就会越深。培养阅读能力主要包括对阅读时的速度、理解力、鉴赏力和创造力这四个方面的培养。

1. 阅读的速度培养

阅读时不要每次只读一个词，要养成习惯每次看几个词并将它们作为一个单元。要主动地去找那些重要的、描述性的和有意义的观点。抓住文章的中心内容，快速地略过其他的内容。用自己的语言概括文章大意，用几个关键词来表达中心。或把陈述的文字转化成问题，即文章讲了什么问题，做到心中要有数。这是培养阅读速度的关键。

2. 阅读的理解力培养

首先，要把握文章各段的要点，精读文章后，能概括出每一段话的大意。其次，能把握全文的中心，理清文章的内容和结构上的各种关系，在理解字面意思的基础上，进一步探求和把握语言的深层含义，善于捕捉作者在字里行间隐含的“言外之意”。最后，能领会文章的逻辑思维过程，明白写作方法，知道文章为什么这样写。

3. 阅读的鉴赏力培养

阅读的鉴赏力指的就是评判能力，即能对文章作认真的评析，能考查其真实性，能判定是非曲直，即不盲目读书，不迷信书本。阅读时，能在全面理解作品的前提下，对作者在作品中表达的内容与思想感情作出自己的判断与评价。能品味作品的优劣：看到佳处，能道出其中的高妙；发现缺陷，不为其错误迷惑。既能鉴赏，又能批判，从而真正在阅读中增长学识。

4. 阅读的创造力培养

阅读中的创造力是阅读能力的最高层次。就是通过阅读后读出书中没有直接体现的内容。比如，找到了章节中的隐性知识；或受书中观点的启发想到了一些新观点；或把书本的知识直接与其他知识联系起来，生成一些新知识；或把书本知识与生活实际结合起来，运用于解决实际问题。这些都是在阅读中表现出来的创造力。这样就能将死书本化为活材料，由旧知识生成新思想。

指点迷津

1. 语文与英语的试卷中，常有阅读理解的题目，可我从来没有拿过高分。是不是与我阅读题做得太少相关？

虽然，多做一些阅读题对提高分数会有帮助，但这不是解决问题的根本途径。你在考试中阅读理解题得分不高，根本原因是阅读能力不强。而阅读能力的提高主要靠不断阅读来实现。因此，建议你制订一个阅读的计划，买几本课外书，认认真真把阅读这项活动做好，当你养成了阅读习惯后，能力也就会逐步提高。

2. 老师建议我们要多读经典著作，特别是诸子百家的书一定要看。可是古代的书很难看懂，这能提高自己的阅读能力吗？

只要能看懂书，对提高阅读能力是有明显帮助的。那么，如何来读诸子百家的书呢？你可以到书店选择一下，买那些有翻译、有注解、有分析的书。按照书中的提示，先把书看懂。为了深入理解，你还要把书中的观点与现实生活结合起来。同时，别忘记写读书笔记。只要坚持下去，一定会提高阅读能力的。

二、记忆能力的培养

故事启示

马克思具有非凡的记忆力，即使在谈话时也可随时指出书中有关引文和数字。马克思超群的记忆力是怎样培养的呢？秘诀只有三个字——博、记、读。“博”是博览群书，“记”就是用各种各样的方法记忆，“读”就是对各种语言下工夫，他用外语去背诵海涅、歌德、但丁和莎士比亚等人的诗歌和作品，借以锻炼自己的记忆力。

启示：马克思不仅在哲学上、经济学上有卓越的成就，他还懂得多种外语，说明他的记忆力是出众的。而这出众的记忆力也是在博览群书的记忆过程中训练出来的。因此，要增强自己记忆力必须像马克思一样，做到博、记、读。

方法真经

核心观点：重复是记忆之母，重复的方法有多种。

记忆就是过去的经验在人脑中的反映，它包括识记、保持、再现和回忆四个基本过程。科学家认为记忆力可分为短期记忆力、中期记忆力和长期记忆力。短期记忆力的实质是大脑的即时生理生化反应的重复，而中期和长期的记忆力则是大脑细胞内发生了结构改变，建立了固定联系。比如怎么骑自行车就是长期记忆，即使已多年不骑了，仍具备这项技能。中期记忆力是不牢固的细胞结构改变，只有曲不离口、拳不离手反复加以巩固，才会变成长期记忆力。短期记忆力是数量最多又最不牢固的记忆。一个人每天只将1%的记忆保留下来。

1983年，我国首届民间文学一等奖的获得者是一位66岁的老人，他就是演唱《玛纳斯》的歌手朱素甫·玛玛依。《玛纳斯》是我国柯尔克孜族流传的一部英雄史诗，有25万行诗句，可是，朱素甫·玛玛依却能完整地背诵出来。欧洲核子研究中心一位荷兰的程序设计专家克莱因，也是个记忆高手。他能记住100×100以下的乘法表，1000×1000以下的平方根，150以下数字的对数值，而且能记到小数点后面第14位。此人还能记住历史上任何一天是星期几。要提高记忆力就要做到每天都进行记忆训练，而且要掌握一些记忆的方法。

1. 联想法

要想快速记忆一件新的事情，一个好的办法是将这个新的事情和已知的旧的事情联系起来，这样你可以很快通过想象记忆回到你要记的事情上来。联想是一种创造性的活动，其特点是思路开阔，富有延展性、灵活性。联想能使脑神经细胞兴奋，在大脑皮层留下清晰的印迹，因而，记忆十分牢固。坚持使用这种记忆方法，有助于发展想象力，培养创造精神。

2. 比较法

比较是认识事物的重要方法，也是进行记忆的有效方法。它可以帮助我们准确地辨别记忆对象，抓住它们的不同特征进行记忆；也可以帮助我们从事物之间的联系上来掌握记忆对象；还可以帮助我们理解记忆对象。

3. **规律记忆法**

使用规律记忆法，能培养我们的思维能力，养成把事物联系起来思考、透过现象抓住本质、开动脑筋揭示事物内在规律的良好习惯，这对于提高我们的思维水平是极有好处的。

4. **谐音法**

谐音记忆法是一种巧妙的、用途广泛的记忆方法。它可以化难为易、变“死”为“活”，把晦涩分散、枯燥无味的材料，变得诙谐幽默、流畅易记、轻松有趣。恰到好处的谐音记忆，能够激发人的学习兴趣，产生意味深长的记忆效果，并能激发人的创造精神。谐音记忆的核心，是根据记忆对象的发音编成另一句发音相似的话来帮助记忆。

5. **歌诀法**

歌诀记忆法的核心，是把一些材料编成顺口溜，赋予它们一定的音韵和节律，使材料合辙押韵，朗朗上口，易记易背。有些内容枯燥、零散的材料，难于记忆，这时就适宜借助歌诀来帮助记忆。如小时候学过的“字母歌”以及彩虹的颜色顺序。

6. **观察法**

进行观察记忆时，必须开动脑筋，分析比较，抓住特征。必须仔细观察、一丝不苟，做到准确无误，而不能“大概是”、“差不多”地马虎从事。有些同学的观察记忆力不强，漫不经心的观察不能帮助我们准确记住应记的对象。

7. **图示法**

图示的特点是直观、容易引起联想，从中得到暗示和启发。因此，用图示方法来帮助记忆也是一种行之有效的办法。

8. **分割记忆**

另一个帮助我们记忆的办法是把要记忆的信息分解为很多小块，然后分段记忆，这会比一口气记忆一大段信息简单一些。

9. **多记录多回顾**

不要过于相信你的记忆力，在身边带张纸不是坏事。当你在上课或者在家的时候，你可以把学到的和想到的作为笔记记录下来，随时浏览、复习，以帮助理解透彻，这对你意义重大。你可以每天专门留出一部分时间来回顾，或者叫复习；也可以在晚上作业完成后，花 10～15 分钟对你做的笔记或者其他任何信息做一下回顾总结。

指点迷津

1. 经常看到一些新闻报道说某人是记忆高手，过目不忘，非常羡慕，如果我经过训练是否也能做到呢？

对于大多数普通的人来说，通过训练，记忆力也是可以明显提高，也可以成为记忆高手。反之，缺乏训练，记忆力会衰退。试着照书中的方法去试一试，你会有所进步的。

2. 我很想提高自己的记忆力，该如何训练呢？

制订一个记忆力训练计划，规定什么时间记忆什么，每天坚持。采取的记忆方法可以有多种，如联想法、比较法、谐音法、歌诀法等。长期坚持下去，记忆力肯定会提高。

三、表达能力的培养

故事启示

在日内瓦会议期间，一个美国记者主动和周总理握手，周总理出于礼节没有拒绝，但没有想到这个记者刚握完手，忽然大声说："我怎么跟中国的好战者握手呢？真不该！真不该！"然后拿出手帕不停地擦自己刚和周总理握过的那只手，并把手帕塞进裤兜。这时很多人在围观，看周总理如何处理。周总理略略皱了一下眉头，他从自己的口袋里也拿出手帕，随意地在手上扫了几下，然后走到拐角处，把这个手帕扔进了痰盂。他说："这个手帕再也洗不干净了！"

美国代表团访华时，曾有一名官员当着周总理的面说："中国人很喜欢低着头走路，而我们美国人却总是抬着头走路。"此语一出，话惊四座。周总理不慌不忙，脸带微笑地说："这并不奇怪。因为我们中国人喜欢走上坡路，而你们美国人喜欢走下坡路。"

启示：美国记者擦完手后仍把手帕塞回裤兜，而周总理是擦完手后把手帕扔进了痰盂。周总理的意思是：你的手帕还能用，我的手帕因为擦了以后沾染了你这无耻小人手上的病菌，再也不可能将手帕洗干净使用了，所以我就把它扔到痰盂里去。

美国官员的话里显然包含着对中国人的极大侮辱。在场的中国工作人员都十分气愤，但囿于外交场合难以强烈斥责对方的无礼。如果忍气吞声，听任对方的羞辱，那么国威何在？周总理的回答让美国人领教了什么叫做柔中带刚，最终尴尬、窘迫的是美国人自己。

方法真经

核心观点：在信息时代，特别要重视表达能力的培养。

表达力就是用外部的行为（语言、神态、身段等）把思想表达出来的能力。语言表达力是一个人智慧的反映，是一切学习的基础。语言是一种特殊的力量，人们通过语言来表达自己的思想、观点、看法、情感和信息，以此得到他人的理解、接纳、支持。

在日常生活中，我们经常遇见“伶牙俐齿”、“口若悬河”的人，也常遇到“口拙舌笨”、“不善言辞”之人。相比较而言，人们会很自然地把语言表达能力的高低与智商的高低联系起来。语言表达能力与逻辑能力直接相关，语言的准确性，来源于思维的清晰性；语言的条理性，体现了思维的逻辑性；语言的连贯性，体现了思维的周密性；语言的流畅性，体现了思维的敏捷性；语言的多样性，体现了思维的丰富性。语言训练本身能催进思维的发展，当然思维的不断发展，反过来又促进了语言的不断发展。

怎样才能提高表达能力呢？

1. 努力学习和掌握相关的知识

出色的口头表达能力，其实是由多种内在素质综合决定的，它需要冷静的头脑、敏捷的思维、超人的智慧、渊博的知识及一定的文化修养。为此，要掌握良好的表达能力可努力学习有关理论及知识、经验。如学好演讲学、逻辑学、辩论学、哲学、社会学、心理学等。

2. 努力学习和掌握相应的技能、技巧

如讲演时，就要做到：准备充分，写出讲稿，不照稿直念；以情感人，充满信心和激情；以理服人，条理清楚，观点鲜明，内容充实，论据充分；注意概括，力求用言简意赅的语言传达最大的信息量；协调自然，恰到好处地以手势、动作，目光、表情帮助说话；表达准确，吐字清楚，音量适中，声调有高有低，节奏分明，有轻重缓急，抑扬顿挫；幽默生动，恰当地运用设问、比喻、排比等修辞方法及谚语、歇后语、典故等，使语言幽默、生动、有趣；尊重他人，了解听者的需要，尊重听者的人格，设身处地为听者着想，以礼待人，不带教训人的口吻，注意听众反应，及时调整讲话。

3. 积极参加各种能增强口头表达能力的活动

多参加演讲会、辩论会、讨论会、文艺晚会、街头宣传、信息咨询等活动，要多讲多练。凡课堂上老师讲的或自己在书中学到的知识都尽可能地用自己的话讲出来，也有助于提高自己的口头表达能力。锻炼口头表达能力要有刻苦精神，要持之以恒。只要我们勤于学习，大胆实践，善于总结，及时改进，我们的口头表达能力一定能不断提高。

指点迷津

1. 上课时，我看有的同学一发言就滔滔不绝，我真的很羡慕，请问如何才能提高自己的语言表达能力呢？

同学发言时能做到滔滔不绝，其一是知识面广，这样保证有东西说，其二是口才好，能把自己想到的清晰地说出来。你想提高自己的语言表达能力，可以向这些同学学习，课外进行广泛阅读。另外，好的口才并不是天生的，平常需要多练习，如课堂内的讨论、对话要积极参与，在课外也得与同学多交流。只要这样努力下去，你也可以做到在发言时滔滔不绝。

2. 怎样提高自己的文字表达能力？

文字表达能力与口头表达能力一样，是人们交流思想、表达思想的工具，是学好专业、成就事业的基础。要提高自己的文字表达能力，除了完成老师布置的作文以外，还要坚持写日记、写随笔、写研究报告。只有不停地写，认真总结，文字表达能力才会不断提高。

四、思维能力的培养

故事启示

1852年，一个名为李维·斯特劳斯的德国少年告别了他收入微薄而可怜的父亲，到美国去碰运气。他随身带了一卷帆布以备不时之需。李维到达美国加利福尼亚时正值淘金高潮，他看到许多衣衫褴褛的人正忙于在河床上筛洗淤泥，淘取金沙。他忽然萌发出一个想法，为什么不利用带来的帆布为淘金者做裤子呢？于是他立即设法用帆布裁制成裤子给淘金者穿。由于裤子坚实耐用，又很合体，大受欢迎。后来这种裤子受到了市场的青睐，最终形成了自己的品牌——Levi's。

启示：李维来到美国的时候，已经有成千上万的人在淘金，淘金已是无利可图。李维注意到淘金工人都是衣衫褴褛。淘金很费衣服，一件崭新的衣服，用不了两天就磨破了。李维思考其中的商机，决定生产牛仔裤，最终，他成为淘金队伍中赚钱最多的人。可见，一个成功的人肯定是思维出众的人。因此，我们必须重视思维能力的培养。

方法真经

核心观点：思维能力是学习能力的核心。

思维具有广阔性、深刻性、独创性、批判性、逻辑性、灵活性、敏捷性、创造性。因此，培养自己的思维能力也可从此入手。

1. 明确思维的特点

广阔性指思路广泛，善于把握事物各方面的联系和关系，善于全面地思考和分析问题。深刻性指善于深入地钻研和思考问题，善于区分本质与非本质的特征，能抓住事物的主要矛盾。思维的独立性指善于独立地发现问题、思考问题、解决问题，不依赖、不盲从、不武断。批判性指一个人能依据客观标准进行思维并解决问题的品质。逻辑性指考虑和解决问题时思路鲜明，条理清楚，严格遵循逻辑规律。灵活性指思考和解决问题时，思路灵活不固执己见，善于发散思维，解决问题，能足智多谋，随机应变。敏捷性指思路清晰，解决问题迅速，又能当机立断，不优柔寡断，不轻率从事。创造性指思维活动的方式不仅善于求同，更善于求异。

2. 培养思维能力的途径

课外阅读、课堂学习，以及参加社会实践都可以发展自己的思维能力。阅读是发展思维能力的一个重要途径，阅读时将“学”与“思”结合起来，能在读书的过程中发现一些本质性的问题，并反复思考，形成自己独特的见解，这对思维的培养具有重要的意义。通过实践培养人的思维是一种非常好的方法，这就要求我们在实践的过程中多思考、多提问，明确实践的目的、意义、价值，善于反思、总结，不断提高自己的思维水平。在我们的学科学习过程中，思维能力的训练具有重要的意义，如语文、音乐、美术可以培养我们的形象思维，数学被称为“思维的体操”，做数学分析本身就是对思维的一种训练，再如，历史、哲学可以培养我们的辩证思维。

3. 掌握不同的思维方法

思维方法是人们从无数次思维活动的经验和教训中总结出来的智慧结晶，可分为两大类：一类是提高思维智能的方法，例如形象记忆法可以提高记忆力、联想创造法可以提高创造力，等等；另一类是科学地观察问题、分析问题和解决问题的方法，例如辩证思维法、逻辑思维法、逆向思维法、系统思维法，等等。只有经过长期大量的思维训练，我们才能在思维实践活动中纯熟地运用思维方法，指导各种问题的解决。这就像一个人要想学会游泳，光知道游泳的方法和技巧还不够，他必须在水里进行训练才能将所学的游泳方法和技巧转化为游泳技能。不重视方法的训练只会是低水平的重复，劳而无功；不加强训练，学到的方法就转化不成技能，没有实用价值。

指点迷津

1. 思维有哪三种普遍的形式？

形象思维、抽象思维、灵感思维是三种普遍的思维形式。形象思维是借助于具体形象来展开的思维过程，亦称直感思维。由于艺术家、文学家在进行创造活动时较多地运用形象思维，所以也有人称之为艺术思维。抽象思维是运用概念、判断、推理等来反映现实的思维过程。灵感思维是在不知不觉之中突然迅速发生的特殊思维形式，亦称顿悟思维或直觉思维。

2. 我在写作时，对事物的描写不够细腻，语文老师说我需要加强形象思维的训练，请问具体怎么做呢?

对事物的描写不够细腻，直接原因是对事物的观察不够细致。当然，写作时要利用丰富的词汇来表达，你还得加强这方面的积累。另外，语言形象的表达还离不开比喻、排比、比拟等修辞方法的使用。可见，形象思维的训练可以具体到字词句的积累，与平常的仔细观察应结合起来。

五、解题能力的培养

故事启示

唐天琪是2010年天津市高考理科状元。她认为做题就像玩游戏“打怪”。她说:“做题切忌只看不做，遇到难题就迫不及待地看答案，这是个误区。其实在解题过程中能够学到很多东西，训练久了，头脑会变得清晰起来，看到题目后会马上反应出该用哪把‘钥匙’打开这把‘锁’。”她对大家普遍反感的背诵和题海有着自己的见解：无论是大量记忆，还是海量做题，都只是学习的一种手段，目的都是对知识的更深层次的理解。所谓“熟读唐诗三百首，不会作诗也会吟”并非毫无道理，背诵和做题都是一个熟能生巧的过程，关键要在理解中记忆，在做题中梳理和积累思路。

启示：唐天琪之所以有较强的解题能力，是因为她做到了以下几点。第一，要喜欢做题，可以把做题当做玩游戏一样快乐。第二，不急于看答案，保证自己有独立思考的时间。第三，做题只有达到一定的数量，才能看到题后马上想到思路。第四，不要盲目地做题，对好题与好的解题方法，要做到理解记忆。

方法真经

核心观点：要在愉快解题中培养解题能力。

解题实质上就是应用各种思维方法和知识，对问题作出一系列恰当的、巧妙的转换。把解决复杂问题归结为解决简单的问题，把陌生的问题转化成我们熟悉的、会解的问题。在解题中，常常需要减少未知元素，缩短条件和目标的距离，以此探索解题思路。在解题中将元素统一、将条件和目标统一、将新问题和会解的旧问题统一，是重要的解题思考方法。解题的三个层次是模仿解题、迁移解题、变式解题。在平时的学习中，我们要注意培养自己的审题能力、迁移能力和灵活解题能力。

1. 培养自己的审题能力

通过审题过程提取解题信息是解题的第一步，很多学生由于高度焦虑或粗心大意、注意力不集中，时常人为地歪曲题意，导致解题失误。因此，培养我们的审题能力非常关键。审题能力有四重境界。第一是读懂试题，第二是明确试题的知识范围，第三是明确题型，第四是明确出题者意图，把握好了这四点，我们就能准确提取题目信息了。

2. 培养迁移能力

有些同学解题时时常受一些曾经似乎做过的题的影响，这个见过，那个见过，就顺着记忆做下去了，实际上由于其中一个条件、关键词、数据或编排顺序的改变等已使题目变得与原题大不相同。因此，培养迁移能力而非盲目照搬能力非常重要。要对例题、类题、错题重点研习。对教材中的例题要理解透，对自己做错的题要反思，对重点的习题要归类，从而在理解的基础上实现迁移，在有效的时间提高自己的解题效果。

3. 重视量的积累

要有效地提高自己的解题能力，做一定数量的习题是必需的，没有量变不可能有质变。要做多少练习，对每一个同学来说是不同的，要以掌握相关知识为标准。那么，是否教材中的习题都会做了，就表明已经掌握了教材的知识呢？这也未必。因为，知识点是固定的，但习题是活的，围绕一个知识点可以变化多重角度进行出题。这也就是很多人为什么在平常做作业时没有什么困难，而一旦到了考试时，就不能正确完成。这是因为考试的题目角度新，同学们初次接触，没能掌握好解题技巧。

4. 培养灵活解题的能力

灵活解题的能力表现在两个方面。一是指能用简便的方法解题，二是不会因题目条件发生变化而束手无策，而是能随机应变，顺利解题。这种能力的形成，需要一定数量的习题训练，对各种类型的题如何解都做到心中有数。另外，最重要的就是发挥自己的想象力。不管多么复杂的习题，总是离不开公式、原理、具体的方法。一旦我们开始审题，要应展开想象，把公式、原理、具体的方法进行有机组合，把几种解题的情景先在大脑里预演一番。然后，选择出最好的一种思路来解题，只有这样，才能做到灵活解题。

指点迷津

1. 很多同学说，为了提高解题能力，一定要准备一本课外辅导用书，这有没有道理呢？

这是有道理的，虽然教材中也有一些习题，但这些习题主要起到巩固基础知识的作用，其综合性、灵活度还不够，要提高解题能力，除了做教材中的习题外，可以买一本辅导书。当然，辅导书上的练习也无须每道必做，而是重点看看对各类例题的分析，然后选做一些综合性高、灵活性强的题目，弥补教材的不足。

2. 有的同学说学习文科学科，只要把书背熟，题目自然会做。因此，文科生没必要加强解题能力的训练。这观点对吗？

对于文科生来说，熟记教材内容是基本功，是非常重要的。不记住基础知识，确实无法回答问题。但是，认为背熟了知识自然就会做题，这种观点也是错误的。很多同学教材几乎能倒背如流，可回答问题还是不尽如人意。因为没有针对性地回答，要么太啰唆，要么遗漏重要观点，没有掌握答题的技巧和技能。可见，文科生同样需要加强解题能力的训练。

六、应考能力的培养

故事启示

严浩是2010年湖北省高考文科状元。他最大的一个特点就是喜欢研究试卷。平时考完试，别的同学都是忙着对答案，看自己哪里对了哪里错了，而严浩是津津有味地研究试卷，看这份试卷哪里出得好，哪里出得不好，有没有改进的地方。对于严浩而言，他对自己的定位已经不是一个成天被学习、被考试的学生，而是把学习当做自己的研究兴趣。通过研究，应考复习就有了努力方向。“比如地理考试中的水文题，一般就会考查含沙量、汛期等知识点，把这些知识点记牢了，类似的问题怎么变化都能做出来。”

启示：严浩的故事告诉我们，要提高应考能力可以从研究考题入手。任何题目都有它的考查理由，通过研究题目，弄懂命题人究竟想考查什么，解决考题也就变得容易了。

方法真经

核心观点：在竞争时代，应考能力也是必须要培养的。

现在的社会存在着激烈的人才竞争，不管是升学还是就业，都离不开选拔性考试。选拔性考试不同于一般的学业考试，是以争取临场正常发挥甚至超常发挥，尽可能夺取高分为目标。因此，做好备考，提高应考能力不仅是顺利升学的需要，也是适应竞争社会的需要。要提高自己的应试能力，务必做到以下几条。

1. 明确考什么知识

知　识	要　求
记忆	对有关事实、概念、原理的再认或再现

续表

知　识	要　求
理解	在考试大纲规定的范围内，在记忆的基础上对有关知识的转换、解释、推理
应用	在规定的范围内，在理解的基础上把有关知识应用于新情景、新材料、新问题之中，分析和解决那些之前未曾涉及的问题

2. 明确考什么能力

(1) 获取和解读信息的能力。试题信息包括题中给的材料、题干、选项等文字信息，也包括图像、表格、地图、示意图、统计图，等等。有些信息是教材之外的，多数是联系实际、热点问题、新材料、新知识，也许是我们未见到的，切入点较新，同学们会感到较生疏，但都是针对书中基础知识来出题，所谓“远离教材，源于教材”。

(2) 调动和运用知识的能力。将所学知识与试题的形式和内容建立正确的联系。既然是源于教材，那么试题中的内容针对教材的哪册书，哪个单元，什么知识点，应能准确地找出来。熟练、准确是制胜的法宝。有的时候，一道题涉及了几个单元的知识，这就要求我们具备一定的综合分析和解决问题的能力。

(3) 描述和阐述事物的能力。这个能力主要是用在非选择题的作答上，答题时有的需要定性分析，有的需要定量分析，但都需要用科学的观点和清晰的术语来表达。

(4) 论证和探讨问题的能力。这是一个综合性较强、较为复杂、提高较慢也较难的能力，要求运用判断、归纳、演绎、比较、概括等手法论证问题。论证问题要观点明确，表述清晰，逻辑严谨。

3. 冲刺阶段的复习策略

(1) 课堂抓效率。我们在上课时要认真做到“一听、二记、三思、四迁”。认真听取老师的教学建议；做好重点、难点的笔记工作；做到边听边想，紧跟老师教学思路；学会知识的迁移，掌握将教材的主干知识迁移到解决实际问题的能力。通过四个方面的努力来提高课堂听课效率。

(2) 课后重整理。首先，我们要系统地研究教材，抓住主干，构建完整的学习体系。一般是对照考试说明来梳理体系。其次，要回归教材，查漏补缺。临考阶段，我们往往会出现知识“返生”现象，若是知识点有遗漏，要通过阅读教材加以巩固；若是方法有障碍，则要在看书的基础上多角度思考问题，提高知识应用时的迁移速度。自主整理的目的在于形成方法、熟练运用。我们要经常思考和整理平时不断形成的解题思维模式和技巧，提高应变能力。

(3) 练后思提高。临考前，我们要调整好自己，进入全真模拟状态。考前每天安排做一些真题，练习时尽可能保持稳定的心理状态和清醒的思维状态，练后要及时反思总结。主要包括做题时间是否合理安排、错题的成因、自己的正确答案是否还可以进一步改进和重组、这份试卷中自己在学科知识能力网络中有哪些薄弱部分，然后有针对性地去巩固和提高。

4. 自觉运用答题策略

(1) 认真审题：一不漏题，二不看错题，三要吃透题，把握关键字词，特别是对似曾相识的题，不要轻率从事，一定要三思而行。此外，还要注意发现题目中的隐含条件，并谨防陷阱。

(2) 细心答题：解题要力求一次成功，要先想好，再快速下笔。注意书写格式的规范。选择题要注意优先选用排除法、特殊值代入法或比例运算法以及图像法。计算题先要尽力将解题的思路（所用的规律、公式）都列出来，不要因纠缠于繁杂、重复的分步计算而耗费过多的时间。论述题要抓住中心，开门见山，言简意赅，避免不必要的冗长与烦琐。

(3) 验证答案：这一步骤一般应放在最后，若剩下的时间太少，可采用近似估算法、结果代入法进行。如果时间够用，对已发现的自己做错的题，可用理解阅读法（重新审题目）、逐步检查法或试题重做法进行。

(4) 每题必答：对于一道难以解答的题，哪怕只有一点模糊意识，也要表达到试卷上，不要放弃任何一个可能得分的机会。

指点迷津

1. 考试时应保持怎样的心态才好呢?

要有一个平和的心态，认真仔细地对待，面对难题，做到不慌张，冷静地理清解题思路。因此在平时做作业时，要当做考试一样，认真地做，考试时，要当做平时做作业一样，以平和的心态对待。为了避免考试时因遇上自己的薄弱学科紧张，在平时的学习过程中，对待不同的学科，要花费不同的投入程度和时间，要花较多时间去补薄弱学科的不足，同时，也不能忽略其他学科。

2. 我考试时经常会时间不够，这是什么原因呢？对此，又如何改进呢?

时间不够有两种原因，第一种就是知识不熟悉，考试时无法快速提取相关知识。如果是这种情况，就要在平时多复习，多做题。第二种原因是在考试时没有做到先易后难的原则。考试一开始就碰到了难题，没有做到先回避，而是花了大量的时间，结果，影响了时间的合理分配，导致考试时间不够。如果是这种情况，以后考试时一定得自我提醒，遇到难题可以先放一放，等容易的题做好后再来做难题。

七、探究能力的培养

故事启示

爱迪生是举世闻名的美国电学家、科学家和发明家，被誉为“世界发明大王”。他除了在留声机、电灯、电话、电报、电影等方面的发明和贡献以外，在矿业、建筑业、化工等领域也有不少著名的创造和真知灼见。爱迪生一生共有约两千项创造发明，为人类的文明和进步作出了巨大的贡献。

孩童时期的爱迪生比一般孩子更为好奇，并且有一种将解决难题付诸实验的本能，以及两倍于他人的精力和创造精神。周围的朋友说道，他学说话好像就是为了问问题。他提出的一些问题虽然不重要，但不容易回答。由于他问的问题太多，他家的大多数成员甚至都不想回答。但是，他的母亲总是试图帮助他。一次他问父亲："为什么刮风?"父亲回答："我不知道"。爱迪生又接着问："你为什么不知道?"

启示：任何探究都源于好奇心。孩子都有好奇心，而爱迪生的好奇心就更加出众，他不停留在好奇，他敢于问，敢于实践，敢于发明，敢于创造。可见，他还有信心与勇气，还有恒心。

方法真经

核心观点：探究能力是衡量一个创新型人才的核心指标。

探究学习是学生在主动参与的前提下，根据自己的猜想或假设，在科学理论指导下，运用科学的方法对问题进行研究，在研究过程中获得创新实践能力、思维发展，自主构建知识体系的一种学习方式。探究过程包括以下要素：提出问题、猜想与假设、制订计划和设计实验、进行实验与收集证据、分析与论证、评估、交流与合作。如果从过程来看，探究的能力主要包括：提出问题的能力、调查研究的能力、实验研究的能力、发明创造的能力、合作研究的能力，等等。

1. 提出问题的能力

科学家对周围的现象和事物都十分留意，一切大的或小的，常见或不常见的，为了揭示大自然的神秘，他们仔细观察思考周围的事物。他们不仅是观察，更重要的是以探究的眼光审视所观察的事物。例如，牛顿思索树上熟透的苹果为何落地，从中得到启发，发现万有引力定律。法拉第通过奥斯特发现电流磁效应，反向思考通过磁能否获得电。

2. 调查研究的能力

①选题的能力。选题也就是事先要明确调查什么，解决什么问题。关注自己身边的事，关注热火朝天的社会生活，这样选题，才切合实际。②设计问卷的能力。把调查的问题细化，设计问卷要考虑"是什么、为什么、怎么办"三类问题。③采访的能力。选择有代表性的采访对象进行采访。问题有层次性，思路清晰。④撰写调查报告的能力。对问题的背景、现状有清楚的描述，对原因分析客观，对策分析有理有据，逻辑严密，实用性强。

3. **实验研究的能力**

科学家不只是提出问题，还会努力找出问题的答案，他们会借助查阅资料，观察和实验等方法来收集有关信息及证据。实验目的是检验假设是否成立，检验结果可能被证实；如果最初的假设遭到否定则需修订或做出新的假设，然后继续检验，直至新的假设通过所有实验验证为止。

能通过观察和实验收集数据。如奥斯特在一次做报告时偶尔捕捉到通电导线周围的小磁针发生了偏转，最终成为世界上第一个揭示电和磁有联系的人。能通过公共信息资源收集资料。尝试评估有关信息的科学性。会阅读简单的仪器说明书，能按使用说明操作。会使用简单的实验仪器，能正确地记录实验数据。具有安全操作意识。科学事实是检验科学结论的唯一标准，证据是进行科学分析的根据，如不进行实验，不收集科学数据，实验探究将无法进行下去，所探究问题的结论也就不可能形成。

4. **发明创造的能力**

这种能力具体体现为：具有雄心壮志，洞察力强，敢于迎接各种挑战；具有好奇心，对发明创造充满必胜信心；习惯寻找事物的各种原因，善于质疑；有勇气，不受传统习惯势力束缚，有一种“初生牛犊不怕虎”的创造精神；有科学的态度，喜欢观察、实验，不怕挫折，有恒心。

5. **合作研究的能力**

通过交流与合作能写出简单的探究报告：包括探究问题、探究过程和探究结论，有准确表述自己观点的意识，在交流与合作中既坚持原则又尊重他人，能思考他人的意见，改进自己的探究方案，合作精神应贯穿在科学探究各个环节中，在科学探究过程中既有分工又有合作，讲究团队精神，运用集体智慧来完成探究过程。科学家很乐意将自己的研究成果公布于众，并与同行们交流，他们认为这种交流是智慧的交换，对得出正确的结论是十分有益的。在交流过程中，科学家很注意倾听和尊重他人提出的不同观点和评议，即坚持原则，也勇于放弃或修正自己的观点。

指点迷津

1. 学习态度、学习方法、学习能力之间有什么内在联系？

有了积极的学习态度，就会主动去寻找适合自己的学习方法，一个好的学习方法的使用，就会提高我们的学习能力。反过来，随着学习能力的提高，又可以帮助我们学到更多的方法，方法的有效则能使我们取得更大的学习成果，而学习成果又会强化我们积极的学习态度。可见，三者之间存在着互相联系、相互促进的关系。

2. 我很想提高自己的探究能力，可成立一个小组开展研究性学习又觉得不好操作，是否有别的办法？

如果觉得以小组形式开展研究不方便的话，就可以通过自己一个人搞小课题的形式来训练自己的研究能力。比如，你想一想自己最大的学习问题是什么，然后就以它作为自己研究的课题。你可以利用查文献、观察、采访老师和父母、同学，设计问卷进行自我评价，借助自我实验等方法进行研究，这对你增强探究能力帮助是很大的。

探究活动

下面有 9 个黑点，请用笔画出连续的 4 条线，要求通过这 9 个点。画后请谈谈自己的体会。

● ● ●

● ● ●

● ● ●

方法提示：没有画成功的原因就在于不敢“超出”，画了 3 个点就开始转弯了。请大家改变这一定式思维，再试一次。

能力篇名言

1. 人是活的，书是死的。活人读死书，可以把书读活。死书读活人，可以把人读死。

——郭沫若

2. 阅读的最大理由是想摆脱平庸，早一天就多一分人生的精彩；迟一天就多一天平庸的困扰。

——余秋雨

3. 对于创新来说，方法就是新的世界，最重要的不是知识，而是思路。

——郎加明

4. 胜利将由最有耐力的人获得。

——拿破仑

5. 我从来不记在辞典上已经印有的东西。我的记忆力是用来记忆书本上还没有的东西。

——爱因斯坦

6. 知识，只有当它靠积极的思维得来，而不是凭记忆得来的时候，才是真正的知识。

——托尔斯泰

7. 要使人成为真正有教养的人，必须具备三个品质：渊博的知识、思维的习惯和高尚的情操。知识不多就是愚昧；不习惯于思维，就是粗鲁或蠢笨；没有高尚的情操，就是卑俗。

——车尔尼雪夫斯基

8. 如果我们选择了最能为人类福利而劳动的职业，那么，重担就不能把我们压倒，因为这是为大家而献身；那时我们所感到的就不是可怜的、有限的、自私的乐趣，我们的幸福将属于千百万人，我们的事业将默默地、但是永恒发挥作用地存在下去，而面对我们的骨灰，高尚的人们将洒下热泪。

——马克思

9. 生活赋予我们的一种巨大的和无限高贵的礼品，这就是青春：充满着力量，充满着期待、志愿，充满着求知和斗争的志向，充满着希望、信心的青春。

——奥斯特洛夫斯基

10. 情感和愿望是人类一切努力和创造背后的动力，不管呈现在我们面前的这种努力和创造外表上是多么高超。

——爱因斯坦

参考文献

1. 郑和钧，邓京华. 高中生心理学［M］. 杭州：浙江教育出版社，1993.
2. 李兴方. 人生格言精华辞典［M］. 石家庄：河北人民出版社，1993.
3. 施良方. 学习论［M］. 北京：人民教育出版社，1994.
4. 谭顶良. 学习风格论［M］. 南京：江苏教育出版社，1995.
5. 柳松. 尖子学生学习诀窍［M］. 南京：江苏少年儿童出版社，1996.
6. 魏书生. 中学生实用学习法［M］. 辽宁：沈阳出版社，1998.
7. 王立美，张海军. 学生实用学习方法大全［M］. 北京：学苑出版社，1999.
8. 张奇. 学习理论［M］. 武汉：湖北教育出版社，1999.
9. 李洪玉，何一粟. 学习动力［M］. 武汉：湖北教育出版社，1999.
10. 姚梅林. 学习规律［M］. 武汉：湖北教育出版社，1999.
11. 沈怡文. 学习方法［M］. 武汉：湖北教育出版社，1999.
12. 蒯超英. 学习策略［M］. 武汉：湖北教育出版社，1999.
13. 孙琴安. 名家读书法［M］. 上海：上海辞书出版社，2001.
14. 易发久. 成功一定有方法［M］. 北京：世界图书出版公司，2001.
15. 龚正行. 中学生学习方法指导［M］. 北京：华夏出版社，2002.
16. 姜来. 现代学习方法与技巧［M］. 北京：金盾出版社，2002.
17. 周左盾，朱忆源. 高效学习——来自名人的学习方法［M］. 辽宁：沈阳出版社，2002.
18. 天人. 名言妙语大全［M］. 呼和浩特：内蒙古文化出版社，2002.
19. 任长松. 探究式学习——学生知识的自主建构［M］. 北京：教育科学出版社，2005.
20. 孙子. 孙子兵法·孙膑兵法［M］. 北京：中华书局，2006.

摆渡者教师书架(现已出版部分)

丛书名称	主编或作者	书　　名	定价(元)
大师背影书系	张圣华	《陶行知教育名篇》	24.90
		《陶行知名篇精选》(教师版)	16.80
		《朱自清语文教学经验》	15.80
		《夏丏尊教育名篇》	16.00
		《作文入门》	11.80
		《文章作法》	11.80
		《蔡元培教育名篇》	19.80
		《叶圣陶教育名篇》	17.80
教育寻根丛书	张圣华	《中国人的教育智慧·经典家训版》	49.80
		《过去的教师》	32.80
		《追寻近代教育大师》	29.80
		《中国大教育家》	22.80
杜威教育丛书	单中惠	《杜威教育名篇》	19.80
		《杜威学校》	25.80
		《杜威在华教育讲演》	29.80
班主任工作创新丛书	杨九俊	《班集体问题诊断与建设方略》	19.80
		《班主任教育艺术》	22.80
		《班级活动设计与组织实施》	23.80
新课程教学问题与解决丛书	杨九俊	《新课程教学组织策略与技术》	16.80
		《新课程教学现场与教学细节》	15.00
		《新课程备课新思维》	16.80
		《新课程教学评价方法与设计》	16.80
		《新课程说课、听课与评课》	16.80
新课程课堂诊断丛书	杨九俊	《小学语文课堂诊断》(修订版)	18.60
		《小学数学课堂诊断》(修订版)	18.60
		《小学综合实践活动课堂诊断》	23.60
		《小学品德与生活(品德与社会)课堂诊断》	22.80
名师经验丛书	肖　川	《名师备课经验》(语文卷)	25.80
		《名师备课经验》(数学卷)	25.60
		《名师作业设计经验》(语文卷)	25.00
		《名师作业设计经验》(数学卷)	25.00
个性化经验丛书	华应龙	《个性化作业设计经验》(数学卷)	19.80
		《个性化备课经验》(数学卷)	23.80
	于永正	《个性化作业设计经验》(语文卷)	20.60
		《个性化备课经验》(语文卷)	23.00

续表

丛书名称	主编或作者	书　名	定价(元)
深度课堂丛书	《人民教育》编辑部	《小学语文模块备课》	18.00
		《小学数学创新性备课》	18.60
课堂新技巧丛书	郑金洲	《课堂掌控艺术》	17.80
课改新发现丛书	郑金洲	《课改新课型》	19.80
		《学习中的创造》	19.80
		《多彩的学生评价》	26.00
教师成长锦囊丛书	郑金洲	《教师反思的方法》	15.80
校本教研亮点丛书	胡庆芳	《捕捉教师智慧——教师成长档案袋》	19.80
		《校本教研实践创新》	16.80
		《校本教研制度创新》	19.80
		《精彩课堂的预设与生成》	18.00
		《让孩子灵性成长:青少年野外活动教育创新》	20.00
		《联片教研模式创新:一题一课一报告》	23.00
美国教育新干线丛书	胡庆芳	《美国学生课外作业集锦》	35.80
美国中小学读写教学指导译丛	胡庆芳　程可拉	《教会学生记忆》	22.50
		《教会学生写作》	22.50
		《教会学生阅读:方法篇》	25.00
		《教会学生阅读:策略篇》	24.80
提升教师专业实践力译丛	胡庆芳　程可拉	《创造有活力的学校》	22.50
		《有效的课堂管理手册》	24.00
		《有效的课堂教学手册》	32.80
		《有效的课堂指导手册》	24.80
		《有效的教师领导手册》	25.80
		《提升专业实践力:教学的框架》	30.80
		《优化测试,优化教学》	22.50
		《有效的课堂评价手册》	26.80
中小学教师智慧锦囊丛书	费希尔	《初为人师:教你100招》	16.00
	奥勒顿	《把复杂问题变简单——数学教学100招》	17.00
	格里菲思	《精彩的语言教学游戏》	17.00
	墨菲	《历史教学之巧》	18.00
	沃特金 阿伦菲尔特	《100个常用教学技巧》	16.00
	扬	《管理学生行为的有效办法》	16.00
	鲍凯特	《让学生突然变聪明》	17.00
	库兹	《事半功倍教英语》	17.00
	鲍凯特	《这样一想就明白——100招教会思考》	17.00
	海恩斯	《作文教学的100个绝招》	15.00
教育心理	俞国良　宋振韶	《现代教师心理健康教育》	25.80

续表

丛书名称	主编或作者	书　名	定价(元)
教师在研训中成长丛书	胡庆芳　林相标	《校本培训创新:青年教师的视角》	21.80
		《教师专业发展:专长的视野》	21.60
		《听诊英语课堂:教学改进的范例》	31.60
		《提升教师教学实施能力》	22.00
中小学课堂教学改进丛书	胡庆芳　王　洁	《改进英语课堂》	32.80
		《改进科学课堂》	26.00
		《改进语文课堂》	28.00
		《改进数学课堂》	31.00
其他单行本	胡庆芳	《美国教育360度》	15.80
	徐建敏 管锡基	《教师科研有问必答》	19.80
	杨桂青	《英美精彩课堂》	17.80
	陶继新	《教育先锋者档案》(教师版)	16.80
	单中惠	《西方教育思想史》	59.80
	孙汉洲	《孔子教做人》	27.90
	丰子恺	《教师日记》	24.80
	陶　林	《家有小豆豆》	27.00
	徐　洁	《教师的心灵温度》	26.50
	赵　徽 荆秀红	《解密高效课堂》	27.00
	赖配根	《新经典课堂》	29.00
	严育洪	《这样教书不累人》	27.00
	管锡基	《中小学综合实践活动课程资源包》	39.80
	孟繁华	《赏识你的学生》	29.80
	申屠待旦	《教育新概念——教师成长的密码》	27.00
	严育洪　管国贤	《让学生灵性成长》	28.00

“新课程教学问题与解决丛书”荣获第七届全国高校出版社优秀畅销书一等奖!

《陶行知教育名篇》荣获第八届全国高校出版社优秀畅销书一等奖!

“大师背影书系”荣获第八届全国高校出版社优秀畅销书二等奖!

《名师作业设计经验》(语文卷)、《名师作业设计经验》(数学卷)、《名师备课经验》(语文卷)荣获第17届上海市中小学幼儿园优秀图书三等奖!

《西方教育思想史》荣获全国第二届教育科学优秀成果二等奖(1999)!

在2006年全国教师教育优秀课程资源评审中,“新课程教学问题与解决丛书”中的《新课程教学组织策略与技术》《新课程教学现场与教学细节》《新课程备课新思维》和《新课程说课、听课与评课》被认定为新课程通识课推荐使用课程资源,《陶行知教育名篇》被认定为新课程公共教育学推荐使用课程资源,《课改新课型》被认定为新课程通识课优秀课程资源,《小学语文课堂诊断》被认定为新课程语文课优秀课程资源,《小学数学课堂诊断》被认定为新课程数学课推荐使用课程资源!